互联网思维

组织、生态与管理

Internet Thinking
Organization, Ecology and Management

余来文　林晓伟　孙燕　陈霖 编著

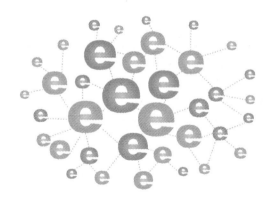

经济管理出版社
ECONOMY & MANAGEMENT PUBLISHING HOUSE

图书在版编目（CIP）数据

互联网思维：组织、生态与管理/余来文等编著 . —北京：经济管理出版社，2020.6
ISBN 978 - 7 - 5096 - 7153 - 5

Ⅰ.①互…　Ⅱ.①余…　Ⅲ.①互联网络—应用—商业模式—研究　Ⅳ.①F716

中国版本图书馆 CIP 数据核字（2020）第 093521 号

组稿编辑：申桂萍
责任编辑：申桂萍　康国华
责任印制：黄章平
责任校对：董杉册

出版发行：经济管理出版社
　　　　　（北京市海淀区北蜂窝 8 号中雅大厦 A 座 11 层　100038）
网　　址：www. E - mp. com. cn
电　　话：（010）51915602
印　　刷：三河市延风印装有限公司
经　　销：新华书店
开　　本：720mm × 1000mm/16
印　　张：16. 5
字　　数：314 千字
版　　次：2020 年 7 月第 1 版　　2020 年 7 月第 1 次印刷
书　　号：ISBN 978 - 7 - 5096 - 7153 - 5
定　　价：58. 00 元

前　言

当前，科学技术发展日新月异，全球经济一体化深入发展，企业的边界日益模糊，市场竞争已演化为组织生态之间的竞争。组织生态竞争优势逐渐成为企业参与市场博弈的重要工具，而如何获取组织生态竞争优势则是所有企业一直在思考的问题。从世界500强企业的发展历程可以看出，大部分企业均将产品研发和市场销售作为核心业务，而将其他中间环节外包，以此来优化自身供应链，强化竞争优势。然而，目前从总体看，我国的企业供应链呈现出明显的"两头大，中间小"的格局，中间的流通环节长期弱化，严重影响了整个供应链的健康发展。

随着人类社会从工业时代向信息时代加速转型，互联网对经济社会的影响日益深化，并推动着创新组织方式的变革。越来越多的创新主体依托互联网进行创新资源配置、信息传递和价值共创，形成了线上线下结合的"互联网＋"创新生态系统。美国的硅谷既是创新生态系统的典范，也是互联网技术、组织和思维方式的重要发源地。创新生态系统与互联网的融合，是德国的"工业4.0"战略的关键环节。海尔、华为等中国的创新型企业在加速互联网化转型的进程中，也在打造适应自身需求的"互联网＋"创新生态系统。从国家层面看，创新驱动发展和"互联网＋"是中国推动经济转型的核心战略。创新驱动发展，需要打造富有活力的创新生态系统；"互联网＋"则强调互联网等新一代信息技术与其他领域的融合。"互联网＋"创新生态系统是两大国家战略的有机结合，有助于利用互联网在信息交互方面的优势提升创新效率，推动互联网时代的万众创新，具有重要的现实意义。

不少人对"互联网＋"时代的理解还不深，不过行业领头羊们早就在这瞬息万变的商场中感受到了暴风雨的前奏。无可非议的是网商电商确实改变了我们的生活，传统行业的生存也受到了严重的威胁，传统行业到底该何去何从？部分传统企业也开始尝试进行线上营销，多是借助B2B、B2C等电商平台来实现网络渠道的扩建，但更多的线下企业还停留在信息推广与宣传的阶段，不会，甚至不敢尝试网络交易方面的营销。因为他们找不到合适的方案来解决线下渠道与线上渠道的冲突问题。还有一些商家自搭商城，但是成功的不是太多，许多企业还停留在第一代PC互联网时代，尚未转变观念，把重点放在第二代移动互联网时代。

互联网催生的新产业与传统产业并不冲突，而是可以相得益彰的。绝大多数的传统行业可以通过互联网进行转型升级，也就是说互联网的诞生与普及并不必然让传统产业灭亡，而是让其以一个新的姿态适应新的环境，迎接新的时代，就像一个不断成长的人一样。李克强总理在国务院常务会议的重要讲话中强调："互联网＋双创"，彼此结合起来进行工业创新，将会催生一场"新工业革命"。平台正在成为一种普遍的市场形式或行业组织形式，它正在改变企业的生产方式和创业模式，拥有一个成功的平台也将使企业获得竞争优势。在目前全球前百企业中，有60家企业，包括苹果、谷歌、微软这样的著名公司，其主要收入源自平台商业模式。在中国，三大互联网巨头：阿里、百度、腾讯，均是通过平台商业模式获利并持续扩大自己版图的。

从2000年初露锋芒，到如今大行其道，共享经济已经渗透到我们日常生活的各个角落，比如Uber、Airbnb。摩拜和ofo共享单车的独角兽之争又将共享经济推到了舆论的风口浪尖，现如今，共享经济俨然成为全球范围影响最广的一种新型商业模式。根据普华永道的报告显示，2025年，全球共享经济的市场规模将达到3350亿美元。共享经济对闲置资源剩余价值的再利用，打破了原有的商业模式，甚至打破了固有的组织边界，个体不再仅依附于商业组织存在，以一种全新的组织形式重构企业与人的相互关系。云计算、大数据、移动互联网等高新技术的发展使共享经济从理想成为可能。凡是使用权较刚需、隐私权可保障、收益权可共享、交易成本较低的行业都在迫切探索共享经济的新型商业模式。每个行业都可能因为共享经济的渗透而出现一家独角兽级别的公司。

任正非先生亲自解读华为战略时指出，现代企业竞争已不是单个企业与单个企业的竞争，而是一条供应链与另一条供应链的竞争。企业的供应链就是一条生态链，用户、合作者、供应商、制造商的命运在一条船上。只有加强合作，关注用户、合作者的利益，追求多赢，企业才能活得长久。现在有一些制造业的领军企业，面对门口的野蛮人感到很头痛。比如有些硬件生产企业，原来认为只要通过规模化不断的降低成本就可以建立护城河。但"平台＋内容＋终端＋应用"生态模式突然闯进来后，你单靠硬件赢利，人家靠内容来补贴，靠平台来赢利。那你怎么竞争？典型的不战而胜，根本不用战，胜负已定。

腾讯集团董事局主席马化腾认为，"互联网＋"生态是以互联网平台为基础，利用通信技术与各行各业的跨界融合，推动各行业优化、增长、创新、新生。在此过程中，新产品、新业务与新模式会层出不穷，彼此交融，最终呈现出一个"连接一切"的新生态。而"社群＋"生态是以社群为基础，通过互联网平台与各行各业的社群跨界融合，催化各行业的优化、增长、创新、重构。在此过程中，新物种、新模式、新生态会层出不穷，彼此交融，最终呈现一个互惠互利、互联互通、共生共治、共创共享的生态圈。

如今，日益先进的技术应用于各类软件，配合持续增长的马力，从数据中提取有价值信息的方式也会逐渐完善。用大数据在全球经济中各行业创造价值的途径很多。私人公司、政府和公共部门，都有很大的机会利用大数据来提高效率和提升价值。数据已经成为一个生产要素。麦肯锡全球研究院估计，2010 年全球企业储存在磁盘上的新数据超过 7 艾字节，而用户在个人电脑和手机等设备上储存的新数据超过 6 艾字节。1 艾字节相当于美国国会图书馆储存信息的 4000 多倍。大数据现已触及全球经济的每个行业。像实体资产和人力资本等生产中的其他要素，大数据是诸多现代经济活动顺利开展不可或缺的部分。

在互联网的思维下，学会资源整合十分关键。在固有思维下，可能提升业绩的唯一方式就是扩大规模。如果一家店的营业额不够高，那就再开三四家。整合赢天下，更多的渠道（上下游）、更好的技术、更全面的数据，只有充分地对这些资源进行选择、配置，才能给广告主带来更大的价值，让"1 + 1 > 2"。你需要做的是忘掉业绩、模式、管理、技术、流程。如果你有 1000 万元，那么你可以直接请人来解决这些问题，用现金流的方法来看待。一家店一年做 150 万元的业绩，10 家店就是 1500 万元，100 家就是 1.5 亿元。

"这是最好的时代，这是最差的时代。我们面前应有尽有，我们面前一无所有。"这是 100 多年前狄更斯对工业革命后的社会的描述。而现在，我们也曾多次引用这一名言来描述我们面对的不可抗拒的互联网时代。为此，我们将毫不懈怠，努力前行，绝不回头，竭尽所能，用精准、有效的方法，为更多在移动互联网时代转型升级的中国企业插上腾飞的翅膀。

余来文

2020 年 1 月 8 日

目　录

第一章　互联网思维与组织变革

开章小语： 从互联网企业的组织变革成功来看，互联网的发展使分享经济快速发展，多元化的生态分工使市场变得越来越精细，不同的组织积极发挥其专长，实现相互协作。企业也必须进行相应的变革，以适应这一变化。在互联网时代，企业外部环境发生变化，企业模式创新，生产组织模式调整，资源配置和价值创造模式更新。企业在这一轮重大变革中寻求组织变革和创新变革的正确方向，并根据互联网的特点重构企业组织。运用网络思想进行组织变革，是网络时代组织管理的需要。网络企业必须突破组织内部和外部的界限，形成平台、开放、协同的新的组织形式。

互联网像一杯啤酒，有沫的时候最好喝。

——马云

【开章案例】　宁德时代：
千亿独角兽的"知本＋资本"式成长

目前，我国动力锂电池行业集中度过高，小企业逐渐被边缘化，产业结构调整格局严峻，产业链企业迎来了"大浪淘沙"的筛选时期。随着动力电池企业的成长，产业链整合，电池行业毛利率下降，整车厂的补贴退坡压力转嫁到上游电池企业。作为动力锂电池时代的领导者，宁德时代新能源科技有限公司（简称"宁德时代"）以"芯"为研发重点，致力于与国内外众多著名汽车公司建立战略伙伴关系，积极创新产品和服务，逐步从追求数量发展转变到提高质量和效率的发展方向。在没有补贴的情况下，宁德时代应该如何面对自身技术和实力的不断增长？如何进一步推进自主创新，使企业快速成长，从而参与世界市场竞争，推动我国电池汽车产业渡过难关？

一、公司简介

宁德时代新能源科技有限公司成立于 2011 年，总部位于中国福建宁德。

宁德的核心技术是动力和储能电池，以及整个产业链的研发和制造能力，包括材料、电池、电池系统、电池回收和二次利用。其专注于新能源汽车动力电池系统和储能系统的开发、生产和销售，致力于为全球新能源应用提供一流的解决方案。宁德时代致力于通过技术创新生产锂离子电池、锂聚合物电池、燃料电池等新能源电池，利用研发制造为用户提供绿色能源消费的生态平台。公司从用户需求出发，把控研发、设计、生产每个环节，提供满足用户需求的产品方案。聚焦多个学科领域研究，坚持自主开发，不断创新全链条核心技术，引领行业发展。宁德时代不断拓展全球布局，立足中国从而推动世界新能源改革进程。公司被授予"中国动力和储能用锂离子电池前10强企业""中国储能产业最具影响力企业""售后服务五星级体系认证""2017年国家技术创新示范企业"等荣誉。2017年，12GWh动力电池出货量仅用7年时间就超过松下、LG等传统巨头，并获得宝马、上汽等汽车巨头的订单，成为全球最大的未上市动力电池巨头。

二、创新产品技术，匠心质造中国"芯"

长期以来，宁德时代采用标准化项目管理体系，将生产技术经验和积累转化为国内外标准专利成果，全面高效地进行生产经营。在宁德时代，一系列标准化项目管理体系和工作流程日趋成熟，从一线员工到高层管理领导，有效保证了日常工作的科学性和合理性。宁德时代在电池材料、电池系统、电池回收等产业链重点领域，拥有核心技术优势和可持续研发能力，形成了全面完善的生产服务体系。公司还成立了宁德研发中心，投资数亿元，引进国际一流仪器设备数千台，具备材料、铁芯、电池系统的综合分析测试能力。

宁德时代在坚持自主研发的同时，积极与国内外知名企业、高校、科研院所建立深入合作关系，主导并参与制定了40多项标准。公司始终坚持"核心"的向往，以实力的概念制定相关完善的标准和规范，成为品牌成长的助推器。宁德时代成立了标准管理委员会，将其作为标准化工作的组织和管理机构，涵盖了锂电池材料研发、电池设计、电池管理系统、生产工艺、电池检测和评价等标准化工作的各个方面，如图1-1所示。

三、政策利好驱动，延伸产业链

在沪深股市创新举措下，宁德时代积极引导资本流向科技型产业。作为崛起的新能源产业代表之一，宁德时代主要为新能源汽车生产电池。近年来，中国新能源汽车产能和产量居世界首位。国家不断向新能源汽车产业资源倾斜，以"补贴＋政策"的方式建立了新能源汽车的下游市场和上游产业链，宁德时代开启了动力电池产业一体化，如图1－2所示。

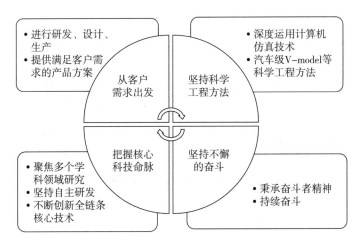

图1－1　宁德时代坚持的四项原则

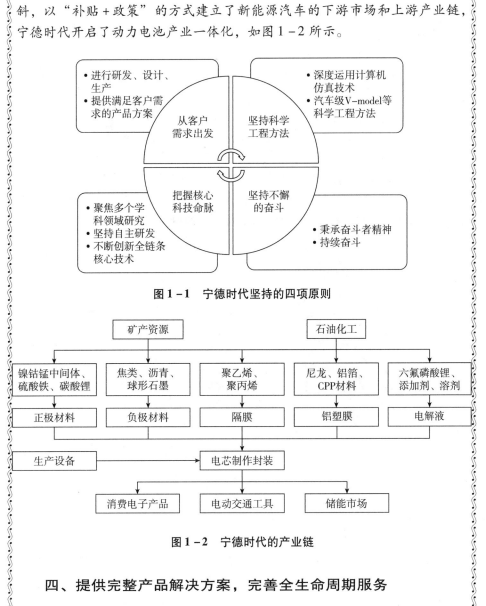

图1－2　宁德时代的产业链

四、提供完整产品解决方案，完善全生命周期服务

宁德时代始终为全球用户提供完整的产品解决方案和完整的产品生命周期服务。通过LCC运赢宝平台服务，公司专注于绿色交通和能源领域。用户只需输入简单的操作数据，即可解决不同操作方案的全生命周期成本，为

用户提供强有力的决策支持，创造更大的价值。宁德时代的安全理念也是电池生命周期的安全。第一个是整个过程。从电池的量子动力学模拟分析入手，从机理分析、电池材料选择与设计、电池设计、电池系统设计到整个制造过程都必须进行安全控制。第二是电池系统安全，包括电气安全、功能安全、机械安全和化学安全。经过多年的不懈努力，宁德时代严格控制了电池设计、验证和生产的每一个环节，力求电池系统的安全性达到最佳。

在绿色交通方面，宁德时代锂离子动力电池产品可应用于电动客车、电动物流车等特殊车型。多年的研发经验和成果应用于设计和生产，以满足高能量密度、防水防尘、延长寿命等各种功能要求。储能产品的应用领域包括电网调频、通信基站等，可以调节新能源的平稳运行，跟踪计划削峰填谷，实现节能降耗及新能源的有效利用。宁德时代积极探索与汽车制造企业和终端用户的合作，构建绿色生态的物流生态圈，如图1-3所示。

战略	• 打造世界一流服务体系
目标	• "五星"级服务 • 创新体系
运营	• 满意服务→智慧平台→安全体系→培训认证→备件物流→CSI管理→品质改善→服务营销→电池回收

图1-3　宁德时代的服务体系

五、案例启示

在现阶段，互联网动力锂电池的独角兽企业，诸如比亚迪、松下电器、国轩科技、孚能科技等，已经收获了大量的专利技术成果和用户资源，营收规模已经打开。由于受新能源补贴政策的影响，技术要求逐步提升，需要企业不断进行技术提升和组织生产的变革。宁德时代为该领域的企业IPO潮带来了新的转型浪潮，提振了资本对新能源科技行业的信心。

第一，拓展全球"朋友圈"，实现"换道超车"。新能源汽车是驱动技术的重大升级改造，使全球汽车企业回到了同一个起点。一旦国内汽车工业抓住机遇，将实现"变道超车"。宁德时代在新能源汽车发展目标上，从"造成"到"造好"，瞄准布局海外市场，在欧洲、北美等地建立子公司，并快速进入发展阶段，全球化是其新的方向。在我国锂电力产业发展中，存在着怎样的投资机会，如何把握这些机会，都是迫切需要解决的问题。

第二，对内降成本，对外争夺定价权。在动力电池竞争格局迎来全球化洗牌的新时期，宁德时代的成长核心在于：一方面，要与产业链协调，降低成本，控制成本端价格，不断更新技术能力，不断提高核心竞争力，确保增量降价的稳定利润空间；另一方面，在市场占有率稳定提高的基础上，扩大全球用户和产能，从全球新能源汽车生产中受益。

第三，贯彻多项配套措施，建立公司品牌。宁德时代要将多项战略目标协同起来，打造整体的供应链，连接上下游企业，加强同行业之间的联系，形成多效沟通的良性循环过程。宁德时代需要不断完善公司的专利保护规章制度，确保公司的健康发展。同时加强企业品牌建设，提升公司品牌形象。品牌创造过程中，将企业精神与企业文化结合起来，把企业品牌打造成知名品牌，使企业品牌所代表的产品与用户产生"精神共鸣"，形成企业品牌魅力。

资料来源：
(1) 宁德时代官网，参见 http：//www.catlbattery.com.
(2) 沈伟民．宁德时代崛起密码［J］．经理人，2018（05）：26-38.
(3) 肖俊清．宁德时代：创业板首迎"独角兽"锂电巨头引领全球［J］．股市动态分析，2018（23）：31.

第一节　互联网思维到底是什么

什么是"互联网思维"？Twitter 创始人埃文·威廉姆斯（Evan Williams）的解释分为三个层次：一是从商业角度来看，寻找并解决用户的痛点，这不是凭空想象出来的，而是一种改进的动力；二是能够做到减法，把重点放在用户的实际需求上，去掉那些不想要的链接，从而实现一步到位；三是我们应该解放人性，不仅用技术，而且用思想和文化。

互联网思维是如何转变人们的观念呢？互联网的第一大特点，便是高速。随着5G时代的到来，这种速度的提升将会更加迅速。而快不仅是一种实力，更是一种优势。第二个特点就是便捷，具体体现在其可移动性和互动性上。第三个特点是全球化。第四个特点是每个用户都是一个自媒体。

这些特性并不是互联网独有的，但把它们连接在一起，以我们无法想象的方式，从根本上改变了人们的思维模式和生活模式。这是已经持续了300年且占主导地位的工业思维所无法比拟的。例如，在食品生产过程中，工业思维认为装配线是中心，主要内容包括环节、指令、交付、执行、效果、反馈和改进等方面，整个生产过程中都不会与用户发生任何互动；而互联网思维却以用户为中心，强调UGC，用户无处不在。

不同的思维方式会形成不同的组织模式，组织行为模式也会随之改变。例如，麦当劳作为快餐行业最典型的例子，目前在全球130多个国家拥有近3万家特许经营店。从工业思维的角度看，麦当劳平台上的用户关注的是餐饮服务的效率，而不注重麦当劳内部的人和故事。从互联网思维的角度看，它不仅是一家餐厅，也是一个将面粉、牛肉、鸡肉等产品的供应商与特许经营者联系在一起的平台。因此，如果要问互联网思维最大的特色是什么，便是互联网思维能够使人们更加关注消费背后的人和故事，更注重企业作为一个组织平台的作用。

一、互联网动了谁的奶酪

中国四大发明——造纸术、印刷术、指南针、火药对世界的发展产生了深远的影响，中国人民对此一直感到自豪。当今中国人还可以为四项新发明（高铁、扫码支付、共享单车和网购）感到自豪。如图1-4所示。

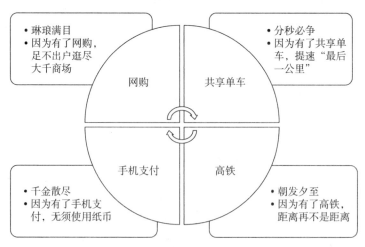

图1-4　中国"新四大发明"

1. 赌局：谁赢了结果，谁赢了未来？

2013 年 12 月 12 日，小米董事长雷军在中国年度经济人颁奖典礼上对格力电器董事长董明珠喊话："请全国人民做证，五年内，如果我们的营业额超过格力，董明珠就会输给我一元。"董明珠立刻回答说："第一，我告诉过你这是不可能的；第二，我不赌一元，我赌你十亿元。"

5 年后，虽然雷军输掉了与董明珠立下的赌局，但他成功地履行了 IPO 前小米硬件净利润率不会超过 5%，而手机业务是小米最大的收入来源的承诺。根据小米科技的财务报告，智能手机收入占总收入的 65.1%，为 1138 亿元，同比增长 41.3%。据 IDC 数据显示，全球智能手机出货量首次出现全年下滑，同比下降 4.1%。但小米却同比增长 29.8%，出货量达 1.19 亿部智能手机，成为全球第四大手机制造商。此外，小米云在物联网和互联网服务领域获得了快速发展。

2. 生死抉择："互联网 +"的转型升级

许多人对互联网时代并没有很深的理解，但行业领袖们早已感受到了这个瞬息万变的市场中这场风暴的序幕。从马云和王健林的"一亿赌约"到雷军和董明珠的"十亿赌约"，传统产业与电子商务行业之间的碰撞更加激烈。无可争辩的是，电子商务确实改变了我们的生活，传统产业的生存受到了严重威胁，传统产业到底该何去何从？

一些传统企业也开始尝试网络营销，主要通过 B2B、B2C 等电子商务平台来实现网络渠道的扩张，但大部分传统企业还处于离线信息推广和宣传阶段，尚不敢尝试网上交易营销。因为，他们还没有找到合适的解决办法来解决线下渠道和线上渠道之间的冲突。其实，互联网催生的新产业与传统产业并不冲突且可以相互补充，绝大多数传统产业都可以通过互联网来进行改造和升级。互联网的诞生和普及并不一定使传统产业消亡，而是使其适应新的环境，以新的姿态拥抱互联网时代。

专栏 1-1　　三只松鼠：颠覆传统的"主人文化"

近年来，国内休闲零食品牌纷纷上市，越来越多的小吃店出现在大街小巷。据不完全统计，2018 年，国内知名零售品牌来伊份、良品铺子、盐津铺子、三只松鼠、百草味、想你、洽洽等的销售额超过 200 亿元。在这个庞大数字的背后，是无数吃货的不断购买欲望和消费需求。消费升级和产业升级带动休闲零食产业总体向好。宏观环境方面：食品安全标准促进了行业标准化、品质化、品牌化发展；经济方面：居民人均可支配收入和消费继续增长，消费拉动经济增长；社会层面：收入信心、品牌忠诚度、健康理念都指向消费升级；技术方面：信息化基础设施建设与工业化完善共同推动了产业升级。三只松鼠股份有限公司（简称三只松鼠）在"风口"如何制定准确的企业发展战略？如何进行市场产品升级转型？

一、公司简介

三只松鼠股份有限公司于2012年创立于安徽芜湖，其主要产品包括各种零食。如坚果、肉脯、果干、膨化食品等。三只松鼠成立7年来，已经售出坚果类零食产品超过200亿元，自2014年起，连续五年位于天猫商城"零食/坚果/特产"类目成交额第一名的位置。2018年"双十一"当天，三只松鼠通过各种渠道实现销售额6.82亿元。三只松鼠不断致力于产品的创新，强化"造货＋造体验"的核心竞争力，通过风味、鲜味和趣味打造独特的"松鼠味"。近年来，三只松鼠不断进行产品研发，为了让用户吃得更安全、更健康、更开心，公司建立南京研创中心，与江南大学共建院士工作站等方式，用不断创新的单品和更好的体验，正在重新定义新零食。

二、"只做互联网销售"的思维破壳而出

由于互联网大大缩短了制造商和用户之间的距离，加强了彼此之间的联系，三只松鼠被定位为"互联网用户体验第一品牌"。产品体验是用户体验的核心。互联网的速度可以使产品更新鲜、更快。这就是三只松鼠坚持"互联网用户体验"、第一品牌和"只在网上销售"的原因。

三只松鼠的成功不能不说是奇迹。三只松鼠本应该从它们的房子搬到办公大楼，并拥有自己的"松鼠窝"。从詹氏到三只松鼠，松鼠之父章燎原，最终扎根芜湖。"萌货、无节操、求包养"成为三只松鼠的突出标志，为了让用户在整个购物过程中更加快乐，最好的方法就是超越用户的期望。良好的产品质量是企业应该做的，但同时，良好的服务、良好的包装也是非常重要的，而在包装中送出了一些果壳袋、湿毛巾等超出了用户的预期。三只松鼠也将"用户第一"的理念渗透到企业的内部组织和管理中。在过去，管理组织是自上而下的。随着互联网的发展，在未来可能会逆转。企业中每个岗位的薪酬绩效都是由终端用户决定的。三只松鼠的APP系统完善后，通过该系统形成一个用户评分系统，判断每一位员工的行为是否符合用户的需求，让用户更准确、更快速地获得最终的体验。三只松鼠的主要用户群体包括：①女性白领，本科学历以上；②一线城市，北京、上海为代表；③养颜达人、早教一

族、保险达人；④有房有车，收入较高；⑤4~6岁孩子的家长。

三、互联网服务思维巧妙运用，创造独有"主人文化"

如果淘宝创造了"亲文化"，那么三只松鼠则创造了"主人文化"。通过情感营销，鼓励客服和用户之间对话，不仅包括购买和销售，还包括个人关系。与用户交谈的时间越长越好。网上购物、聊天和交朋友，以交朋友的方式卖东西。相反地，我们现在的微信商业营销，各种刷爆朋友圈，各种琳琅满目的商品，好像我们开错了工具，仿佛打开淘宝一般。这种暴力的营销不仅会让你恼火，还会失去你的朋友。微信企业应该学习情感营销，学习三只松鼠的营销策略，学习如何销售它们的产品。首先，产品本身要获得认可，提高自身产品的品牌竞争力。其次，让别人觉得你的产品对他（她）有好处，而不是说你是为了赚钱而卖的。情感之路，即你是为你朋友着想的，也觉得适合他（她）。如果无法做到只针对一个人，至少做到能针对一群人。三只松鼠的使命是"让世界的主人爽起来"，利用数字技术促进食品工业的进步，促进IP品牌的多元化发展，如图1-6所示。

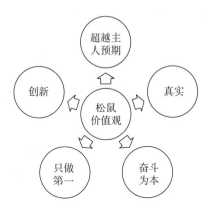

图1-5　三只松鼠的价值观

与此同时，三只松鼠还有着一个长远而清晰的"松鼠梦"——2020年实现松鼠集团100亿元销售目标，并在未来发展成为市值千亿的企业。互联网正在重构食品行业，不久的将来肯定会有市值千亿的食品类电商行业品牌出现，三只松鼠也会一直朝着这个目标努力。

资料来源：三只松鼠官网，http://www.3songshu.com。

二、"互联网＋"商业生态重构的智慧

平台正在成为一种普遍的市场形式或行业组织形式，它正在改变企业的生产方式和创业模式，拥有一个成功的平台也将使企业获得竞争优势。在当今全球前百家企业中，有60家企业，包括苹果、谷歌、微软这样的著名公司，其主要收入源自平台商业模式。在中国，三大互联网巨头：阿里、百度、腾讯，均是通过平台商业模式获利并持续扩大自己版图的。

平台战略：用户至上

到底什么是平台，在互联网产品中的平台模式多为双边或多边平台模式。从双边平台的角度出发，平台战略可理解为讨论企业自身的发展战略。商业模式就是通过满足平台连接的两个或两个以上的参与方的需求而从中盈利的。而为了追求更大的利润，有效方式就是打造生态圈，使得网络效应在生态圈中愈发明显。

换言之，企业平台的成败，取决于如何建立起激发周边网络效应和跨边网络效应的功能机制。随着平台参与者数量的不断增加，生态系统网络实现了良性循环，使企业能够设计出有效的盈利方式，并从中获利。免费思维的应用和用户良好的体验是很好的措施。如何建立一种机制来激发网络的积极效应，对于互联网企业来说是非常重要的。企业平台战略主要从平台的形成、交易和成长三个方面进行设计。

第一，平台形成。临界点的建立是非常关键的。突破临界点后，平台中的用户数将自动吸引新用户，平台将享受网络效应的成果。诸如百团大战、摩拜与ofo的补贴之争，其实都是为了抢先达到此突破点。在此过程中，要为用户提供非网络价值效应。如为首次进入平台的用户提供一定的折扣，提供礼品，甚至奖金，或积极帮助不熟悉平台服务的用户完成第一次体验等。

第二，平台交易。建立用户的过滤机制，在平台交易的过程中十分必要，同时还需要注意数据的积累和挖掘。事实上，不应盲目追求平台的使用者数量。因为在短时间内成员数目的迅速增长，往往会导致平台现有资源的短缺，从而降低员工的服务能力，甚至部分成员的加入，也会降低其他用户的效用和意愿。因此，用户筛选，一方面能够提高交易的安全性；另一方面有助于为平台提供有效的数据，从而有利于平台为该类用户提供个性化服务，促进正向的网络效应。

第三，平台成长。在成长期，平台需要根据市场环境进行战略调整，比如：是选择类似安卓系统的开放式策略，还是类似苹果系统的管制式策略？在此过程中，平台需要确定关键的盈利模式。不同的平台企业有不同的主要盈利模式，但可以参考以下两个标准：找到双边市场需求中的关键环节，设置盈利模式；通过挖掘多方数据来拟定多层级的价值主张，进而推动盈利。

随着进入我们生活的互联网平台企业越来越多，企业应该清晰地认识到平台

战略对于自己的影响力，更应该认识到平台战略对于拆解产业现状，重构产业结构及价值传递方式的影响力。或许部分互联网平台在一开始只是双边平台，等发展到一定阶段会引入其他参与方，这时候我们需要考虑引入的参与方满足用户的需求是不是伪需求，还是单纯地为了扩展盈利模式等原因才进行引入。

专栏 1 - 2　　　科大智能：智能科技、智慧未来

随着技术的不断发展与升级，工业智能化、工业互联网、工业物联网、大数据、工业 4.0、智能工厂、智能物流、工业机器人等都在不断影响着工业自动化行业的未来变革。工业互联网作为新一代信息技术与制造业深度融合的产物，不仅能为制造业乃至整个实体经济数字化、网络化、智能化升级提供关键支撑，还能不断催生新模式、新业态，促进传统产业的改造升级和新动能的培育壮大。大力发展工业互联网，对于深化供给侧结构性改革，释放数字经济增长潜能，从而实现经济高质量发展。科大智能科技股份有限公司（简称科大智能）作为全国领先的工业智能化解决方案供应商之一，在人工智能方面做出了傲人的成绩。

一、公司简介

科大智能科技股份有限公司成立于 2002 年，是全国领先的工业智能化解决方案供应商之一。公司以"工业＋智能"为核心理念，积极布局机器人先进控制、人工智能、大数据等核心智能化技术研发，面向汽车工业、电力工业、消费品工业等领域的关键应用场景，提供涵盖智能装备、智能产线、智能解决方案"三位一体"的完整产品和服务体系。在当前经济与科技快速发展的背景下，科大智能通过技术与产业的紧密结合，实现以智能化技术进步推动工业领域制造和管理运营效益提升的发展愿景，坚持以服务社会和客户为导向，实现合作分享、精益创新，努力成为运用智能科技提供便捷产品的引领者。

二、提供"三位一体"的完整产品和服务体系，创造应用场景

公司坚持以"引领智能科技，开创智慧未来"为使命，坚持"工业＋智能"的核心理念，产品和服务主要涉及人工智能、工业机器人、智能物流、智能电网和新能源方面，主要分为高端装备智能制造和智能电气两大板块，为客户提供涵盖业务全链条的智能化和一体化的综合整体解决方案。科大智能积极布局机器人的先进控制、人工智能、大数据等核心智能化技术研发，并在汽车工业、电力工业、消费品工业等多个领域得到充分的场景应用，如图1-6所示。

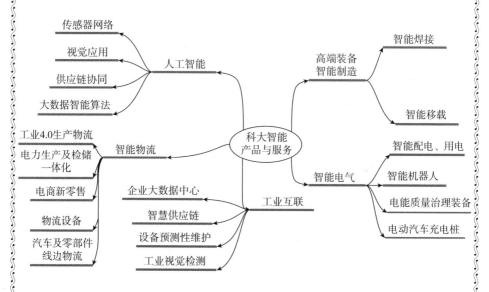

图1-6　科大智能产品与服务

以公司被认定为"国家企业技术中心"为契机，注重关键核心技术的自主研发，积极探索智能化技术在各领域的创新发展之路，不断提高公司核心竞争力；不断加大在机器视觉、柔性加工装置与系统、工业物联网传感器与软件等关键技术研发及其细分市场的应用投入，提升各产品线的盈利质量；根据科技发展趋势，强化人工智能技术、物联网技术在机器人与智能装备的落地应用，提高产品应用附加值；利用好集团研究院模式，整合资源，集中全集团研发力量统筹规划公司技术研究方向，协同推进开发公司重大项目的研发工作，巩固和扩大公司在行业内的技术领先优势。

三、平台愿景：深耕工业智能化业务

科大智能致力于打造"产学研合作体系"，高度重视公司与外部科研机构的技术合作和交流，与中国科学技术大学、复旦大学、合肥工业大学等众多知名高校展开紧密合作。在合作中不断积累科研成果，通过联合创新实现公司多项智能技术的突破和创新。科大智能还聚焦细分行业龙头领域，提高

公司产品业务比重，提升盈利能力；融合公司现有板块和业务线，对核心产品及软硬件系统进行智能升级，提高产品品质，用优秀产品服务公司客户，进一步增强公司产品核心竞争力。同时，公司实施"拿进来"和"走出去"相结合的战略，一方面通过技术引进、产业资本合作等方式将国外优秀的产品、先进的技术引进国内，服务国内客户；另一方面积极拓展海外市场，开拓海外优质客户（如奔驰、宝马），提高公司在国际市场的竞争力。如图1-7所示。

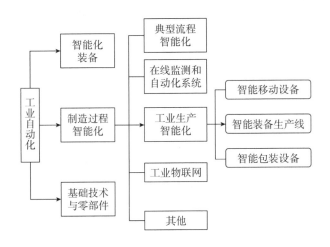

图1-7 科大智能的全产业链

未来科大智能将以智能制造、智能物流和人工智能这三个板块为主，做国际一流、国内领先的工业机器人智能物流和人工智能应用的产业，逐步完善人工智能领域布局，深化人工智能核心技术的研发和产业化推广，打造人工智能全产业链，助力实现人工智能领域下的中国梦。

资料来源：科大智能科技股份有限公司官网，http：//www.csg.com.cn。

三、互联网思维：数据如何创造价值

数据正在创建一个渗透全球经济各部门的急流。许多人认为大数据是对他们隐私的入侵。但事实上大数据不仅对私人公司有利，而且对国民经济和普通人也是有利的。例如，如果美国医疗保健能够创造和有效地利用大数据来提高效率和质量，工业数据的潜在价值可能超过3000亿美元/年，国家医疗支出将减少8%。在私营部门，充分利用大数据的零售商有可能将营业利润提高60%以上。在运

营效率提升上，使用大数据可为欧洲发达经济体节省 1000 亿欧元以上（合 1490 亿美元），不包括减少欺诈、失误和税收差距。

1. 新核心生产要素：数据

数据的开放、共享，甚至交易和流通是互联网时代的重要组成部分。潘多拉星球的核心运作模式之一是信息与数据的交换与共享。生态系统可以轻易地收集所有个体的信息，个体可以在生态网络中共享信息。同时，生态系统也根据个体上传的信息数据不断进化，这是大规模合作和协同发展的基础，也是整个生态系统维护和发展的基础。如今，越来越多的先进技术被应用到各种软件中，在数据中提取有价值的信息的方法也将得到显著改进。在全球经济中，有很多方法可以通过使用大数据来创造跨行业的价值。私营公司、政府和公共部门都有很大的机会利用大数据来提高效率和价值。大数据是许多现代经济活动的组成部分，例如有形资产、人力资本以及其他生产要素等。

2. 价值创造的新逻辑：资源整合

在互联网的思维下，学会资源整合十分重要。整合赢天下。企业要生存与发展必须拥有更多的渠道（上下游）、更好的技术、更全面的数据，只有充分地对这些资源进行选择、配置，才能给企业带来更大的价值，才能产生"1 + 1 > 2"的协同效应。你需要做的第一件事是忘记性能、模型、管理、技术和过程，让资源整合替代你死我活的传统商业竞争手段，这样构造的生态圈可以产生一种强大的魔力和活性。

3. 发展新动能：协同创新

互联网思维发展变化的新模式是"分享经济"。分享经济作为一种新型的互联网商业模式，使用户能够在不拥有产品和服务所有权的情况下，以合作的方式与他人共享产品和服务。互联网下的集成思维和协同创新理念深刻改变了世界，加快了互联网、大数据、物联网与各行业的融合。经济发展方式由粗放型向集约型转变，形成了一批新的经济增长点，创造了大量高质量的就业岗位。

4. 互联网思维：中心化 & 去中心化

农业时代，土地和劳动力是最重要的资产；工业时代，最重要的资产变成了资本和技术；互联网时代，核心资源是数据和人。组织管理由多层次向平缓化、网络化、生态化转变，让人能够真正创造价值。云计算、物联网、大数据等互联网技术决定了组织管理的内在精神，即权力下放、分配和平等。几个大型网络平台消耗了大量的流量，以枢纽的形式影响着数亿用户，人们通过集线器进行连接和交流。而区块链等互联网技术组织逐渐向去中心化的方向发展，无中心节点的网络不具有层次结构，虽然不同的点有不同的权重，但没有绝对的权威。因此，互联网化组织是集中的，而每个中心的内部不是高度集中。

专栏 1-3 **顺丰背后的"大数据"**

中国物流行业市场规模持续扩大,需求保持稳定。数据显示,2018年全国快递服务企业完成业务507.1亿件,同比增长26.6%。连续5年居世界第一。预计未来5年,我国快递量仍将保持每年20%以上的增长。专家表示:目前,与民生、绿色经济有关的物流规模持续快速增长。未来,我国物流业将呈现智慧物流、绿色物流、开放共享三大趋势。顺丰是国内的快递物流综合服务商,经过多年发展,顺丰快递已初步具备为用户提供一体化综合物流解决方案的能力,不仅提供配送端的物流服务,还将其业务延伸至价值链前端的生产、供应、销售、配送等环节。

一、公司简介

1993年,顺丰在广东顺德成立。2016年12月12日,顺丰获得中国证监会批文,获准进入A股市场。2017年2月24日,正式更名为顺丰控股(股票代码:002352)。顺丰快递是中国领先的综合快递物流服务商。经过多年的发展,初步具备了为用户提供综合物流解决方案的能力,为用户提供仓储管理、销售预测、大数据分析、财务管理等一揽子解决方案。顺丰也是一家具有网络规模优势的智能物流运营商。经过多年的专业化运作和前瞻性的战略布局,顺丰控股已形成"天网+地网+信息网"一体化的综合物流服务网络,可覆盖国内外的综合物流服务网络。

二、构造综合物流平台,实现"三网合一"

顺丰采用直营经营模式。总部对各分公司实行统一运营管理,保证网络整体运营质量,如图1-8所示。

庞大的物流系统自然会产生海量的物流数据。凭借其积累的数据优势,顺丰自主开发了数据中心系统,并将大数据分析技术应用于自身的运输、存储、装卸等物流环节。同时,还推出了"数据信标"大数据产品,为物流企业提供物流解决方案,提高物流企业运输和配送效率,降低物流成本,有效满足用户服务需求。

三、自主数据库延伸产业链,应用多种场景

从物流大数据整体格局下的数据源来看,物流大数据可以分为三类:微

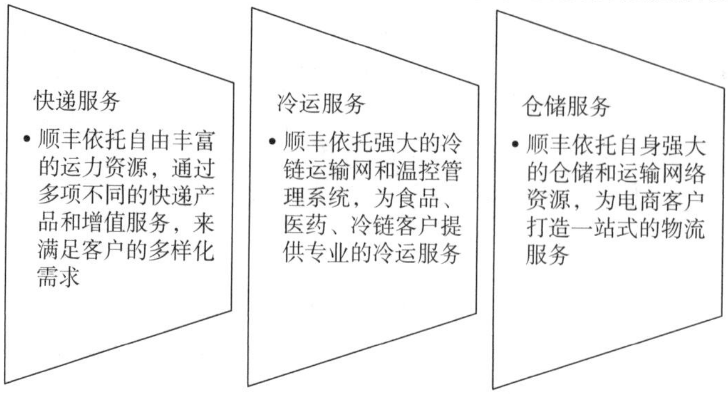

快递服务
- 顺丰依托自由丰富的运力资源，通过多项不同的快递产品和增值服务，来满足客户的多样化需求

冷运服务
- 顺丰依托强大的冷链运输网和温控管理系统，为食品、医药、冷链客户提供专业的冷运服务

仓储服务
- 顺丰依托自身强大的仓储和运输网络资源，为电商客户打造一站式的物流服务

图1-8　顺丰全业务介绍

观层面包括运输、仓储、配送、包装、流通加工登记处数据的分类；中观层面涵盖供应链、采购物流和生产物流数据分类；宏观层面则基于商品管理，将商品分成不同类型来进行数据分析。从应用场景层面来看，大数据技术可以提高供应方（物流企业）的利润，同时可以为需求方（用户）提供最佳服务。对于物流企业：大数据技术通过市场数据分析，合理规划和配置资源，调整业务结构，提高企业经营管理效率，确保各项业务都可以盈利；对于用户：大数据技术可以分析用户的消费偏好和消费习惯，预测用户需求，然后计算运输路线，从而缓解运输高峰期的物流压力，提高用户满意度。

目前，顺丰继续发展大数据在物流中的应用，实现物流的数字化和可视化，降低物流的库存率，提高商品加工效率和配送精度。虽然，物流大数据还处于发展的初级阶段，但是对于传统的物流行业来说，应用大数据技术可以提高各级企业的运营效率。因此，只要物流企业的高层管理者给予重视和支持，大物流数据的未来指日可待。

资料来源：顺丰速运官网，http：//www.sf-express.com。

第二节　互联网时代组织变革之路

互联网的普及使企业组织受到极大的冲击。特别是促进了市场和组织两者配置资源方式的融合，使外部连接越来越多。从而导致企业组织管理模式从传统的正三角金字塔式逐步向扁平化管理模式转变。在互联网时代，重构企业战略成长，内在的推动力还是组织与人。那么，互联网时代，企业的组织和人力资源管理究竟有哪些变化，又在朝着什么样的方向发展？

一、三大红利期的企业如何转型升级

传统企业的管理模式是正三角金字塔式，特点可概括为结构稳定、多层级、权责分明和机制固化等，运作过程是自下而上传递信息和请求，然后决策者对信息和请求做出处理，由上而下向执行者层层传达指令，基本是一个"上传下达"的决策流程。所谓扁平化管理，是指通过减少管理层次、压缩职能部门和机构、裁减人员，使企业的决策层和操作层之间的中间管理层级尽可能减少，以便使企业快速地将决策权延至企业生产、营销的最前线，从而为提高企业效率而建立起来的富有弹性的新型管理模式。

2018年3月，阿里巴巴和蚂蚁金服集团以90亿美元收购了饿了么。并购后，饿了么对组织架构进行了大幅调整，完成了与阿里集团整体的整合，重新梳理业务，进而定位目标。与此同时，美团也在积极收购摩拜，进入了网约车、生鲜零售、民宿等领域。

如今，外卖市场仅剩两强对峙。饿了么迅速融入阿里生态，使商家能够升级数字化，并掀起了自成立以来最大的一场自我改革。美团点评沿着赋能商家、专注主业、自我变革的内涵式增长道路渐入佳境，走上了一条收割流量、多元布局、上市变现的外向型扩张道路。

当前，经济复苏缓慢加剧了资本变现的焦虑，许多创业公司为了尽快逃顶，拿到过冬粮草，甚至甘愿调低公司估值。但是，假如你把眼光放得足够长远，就不难发现，对于饿了么所在的生活服务行业而言，市场还处于快速增长时期，现在就想变现未免目光短浅。中国有800万家餐厅，饿了么与口碑已经服务了一半左右，它们还处于数字化的早期阶段，如今也只不过爆发了外卖，下一个阶段有可能爆发智能点菜、pos升级，甚至供应链金融，整个市场将呈现出巨大的潜能。

专栏1-4　　　硅基智能：让人回归人的价值

人工智能作为新一轮产业改革的核心动力，是引领未来的战略性高新技术，催生了新技术、新产品、新产业和新模式，引发了经济结构的重大变化，深刻改变了生产方式与人的生活和思维方式，实现社会生产力的全面飞跃。随着全球互联网的不断普及，云计算、大数据、物联网等技术正在迅速发展。传统工业正迅速向数字化转变，数据量呈几何增长。随着人工智能技术与工业的不断融合，人工智能技术促进了传统工业的新发展和升级，促进了工业经济向数字经济的快速转型。智能机器人将应用于人类的各个领域，以满足各种场景的需求。

一、公司简介

南京硅基智能科技有限公司（以下简称"硅基智能"）成立于 2017 年 8 月 8 日，是一家致力于推广人机交互技术（如机器视觉和智能语音）以及业务场景的独角兽企业。经营范围包括：智能技术、网络技术开发、技术咨询、技术服务、技术转让；计算机软硬件的技术开发和销售；人工智能产品、计算机产品、人工智能产品的技术服务；人工智能信息咨询；语音网关、软硬件产品、电子产品销售等。2018 年 9 月，硅基智能被南京市认定为独角兽企业，致力于人工智能的实施落地，并将其带入千家万户，建设一个万物互联的智能世界。硅基智能以创造发展为其核心使命，把人从繁重的劳动中解放出来，使人回到人的价值上来。"用户至上，锐意进取"的经营理念也为硅基智能带来了良好的声誉。

二、打造多领域智慧，展开 AI 生态合作

硅基智能在智慧金融、智慧城市、智慧通信等诸多领域构建智能生态。智慧金融帮助企业在业务流程、业务发展、用户服务等方面实现金融产品、风险控制、用户获取和服务的智慧化，提高平台和用户的黏性。智慧城市将以社会和公众的需求为中心，以开放、共享、灵活、高效、安全、可靠的政务智能解决方案来帮助政府提高工作效率，为政府转型服务。硅基智能还为运营商创建智能营销解决方案，引入智能计算、智能营销等能力，解决电信业务和生态业务推荐效率低的问题。

硅基智能基于机器学习技术的研究与开发以及人工智能在不同产品领域的应用，采用自主研发的人工智能技术，带领专业团队的科学家和行业专家，提升合作伙伴探索和解决实际业务的能力，与战略合作伙伴一起构建人工智能生态圈，提高人工智能的市场占有率。

三、深耕人工智能，创办"硅语工厂"

硅基智能的硅语言工厂是公司自主开发的智能平台。它专注于人工智能

的核心技术：语音识别（ASR）、语音合成（TTS）、口语语义理解（SLU）、自然语言理解（NLU）和对话管理（DM）。硅基系统通过大量数据分析构建智能决策反馈系统，训练出适应不同业务场景的语言模型，实时跟踪用户意向，通过语义识别和处理功能，自动转移手动跟踪。在产品服务中，采用模块化软件体系结构，根据不同业务场景定制不同产品模块，如图 1-9 所示。

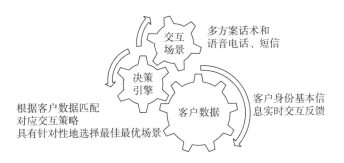

图 1-9　硅语机器人产品介绍

南京硅基智能科技有限公司是一家专注于人工智能领域的高科技公司，在华东地区拥有一支优秀的人工智能研发团队。公司总部设在南京，公司依托高校得天独厚的科技教育资源，拥有人工智能领域专家 40 余人，其他研发人员 160 余人。这样一支大规模的研发团队，确立了硅基智能南京总部作为华东地区人工智能技术最高研发团队的地位。硅基智能是世界上第一个推出硅基智能服务模式，将人工智能解决方案注入传统产业的公司。

面对汹涌澎湃的环境和未知的未来，不忘初心、坚持匠心独具是这个时代的旋律。硅基智能一直在思考和判断正在变化的"AI + 机器人"产业。未来，硅基智能将继续以用户为导向，借助人工智能为更多的业务部门挖掘更多的行业商业价值。

资料来源：硅基智能官网，https://www.guiji.ai。

二、"互联网 +"组织变革方向

当今社会已进入高度网络化、信息化的时代，网络化已成为品牌推广的主流。中国传统的零售业现在正面临巨大的影响。互联网的人口红利不再，在线流量的成本不断上升，用户体验越来越差。

1. O2O + F2C 融合发展：解剖拉米拉新商业模式

单一的接触渠道已无法满足立体的生活方式和消费体验模式。因此，切实洞察目标消费人群，线上线下一体化，提供全方位的联系和个性化服务是未来的方向。拉米拉科技集团提出了 O2O + F2C 的新商业模式，如图 1 - 10 所示。

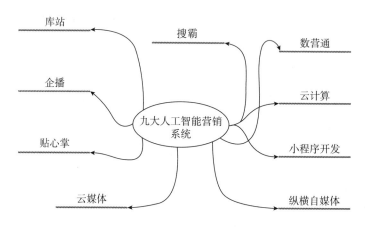

图 1 - 10　拉米拉九大人工智能营销系统

O2O + F2C 的优势在于线上线下厂商与用户的完美结合。中国约有 10 万个行业和 3000 万家企业，拉米拉科技集团计划从 10 万个行业中选出 1000 个行业代表，每个行业选出 3 家代表企业或品牌。拉米拉科技集团在严格的平台合作管理的基础上，形成了制造商、商户、用户之间深度联系的异业联盟。拉米拉利用营销系统联盟组织变革，打造低成本、高效、大空间的大众创业创新平台，让买家省钱买好货，让卖家省心卖更多的货。通过 O2O + F2C 模式，构建一个人工智能营销体系，让用户在消费的同时成为创业者，不仅可以获得创业资金，还可以享受线下创业培训，深度连接制造商、企业、用户和创业者，实现生产、经营、消费、创造"四赢"。

纯粹的互联网时代是信息时代，它只关注信息，而不是人。O2O + F2C 是后互联网的体现，开始以人为导向。在这里，面向服务的 O2O + F2C 模式充分利用了互联网在跨区域、无边界、海量信息和大量用户方面的优势，同时充分利用离线资源，促成在线用户与离线商品和服务之间的交易。因此，传统的中小企业可以在网上做生意，以此作为线下的补充，做得好甚至能成为主要销售来源。从这点来说，线上线下融合是传统企业发展的大势所趋，越早开始越好。

2. 去中心化：迅雷"玩客云"玩转区块链

在共享经济的发展过程中暴露出许多问题，如运行模式单一、安全保障机制亟待建立、完善监管体系存在空白和灰色地带等。迅雷共享计算的成功，为共享经济的发展开辟了新的运行模式。其资源来自千家万户，但其服务解决了社会计算资源短缺与计算成本高的社会矛盾。

迅雷链提供智能合约开发、区块链应用登陆、区块链企业生态建设等服务，涉及人工智能、物联网、生命科学等行业。它的应用场景包括供应链金融、智慧医疗、新零售等。

在保障用户利益的前提下，迅雷将所收集的闲置资源，借助多项创新技术，以极低的成本向互联网企业提供巨大的带宽资源，以解决云计算容量的上限难题，打造世界领先的"无限节点式内容分发网络"。迅雷在共享计算中加入了区块链技术，对那些通过"玩客云"智能硬盘分享带宽、存储和计算能力等闲置资源的用户发放链克，在发放过程中，不涉及任何形式的人民币商业交易，但它可以通过智能合约区块链和分散的区块链分类账户，确保用户共享计算资源和内容的报酬和利益对等，保证所有交易的真实性和透明性。同时，用户的版权和修改记录通过区块链注册，以保护用户的版权不受侵犯。区块链的"链"与ICO的"链"有本质的区别，如硬币是联盟链，但货币是公共链，联盟链和公共链是链块的形状，但联盟链可以由企业来调节，轻量钱包可以避免更多投机行为的发展。

3. 生态闭环："阅文"从内容价值源头到全产业

共享经济作为数字经济时代的产物，近年来得到了迅速的发展。根据国家信息中心的数据，2016年我国共享经济市场交易额达到3.45万亿元，比上年增长了103%，到2020年将占我国GDP的10%以上。

阅文从网络原创文学平台出发，围绕"内容"创造一系列在线阅读产品和娱乐改编产品，改变4亿用户对中国网络文学的认识，正通过优质内容不断拓展业务的新边界。阅文以"优质内容"为链接，从网络文学上游内容源头、阅读用户覆盖、下游IP文创孵化三个维度进一步完善"全内容生态体系"，引领内容全产业链的升级。

专栏1-5　　　　饿了么：打造数字化一条街

在"互联网＋"的浪潮下，各种生活服务形式都发生了颠覆性的变化，"懒人经济"已成为一种经济现象。随着互联网和餐饮业的不断发展，外卖已经成为人们主流的生活方式之一。近年来，我国外卖产业链逐步完善，餐饮外卖市场逐步成熟。近年来，餐饮业持续快速发展。餐饮市场不断扩大，已成为国内消费市场的一支重要力量。在消费升级的趋势下，人们对外卖和配送服务的需求越来越高，这也促使网络外卖平台不断增加以配送为中心的服务体系数量。由于市场的成熟，外卖平台上多元化消费习惯的形成以及全场景策略的覆盖等原因，预计未来互联网餐饮外卖市场将继续增长。能否跳出外卖行业"餐饮外卖"的局限，不断为外卖开辟新的场景，成为企业未来探索的道路。

一、公司简介

饿了么是一家成立于 2008 年的本地生活平台，主要经营业务包括在线外卖、新型零售、即时配送和餐饮供应链等。饿了么隶属于上海拉扎斯信息科技有限公司。截至 2017 年 6 月，饿了么在线外卖平台已覆盖中国 2000 个城市，拥有 130 万家加盟餐厅和 2.6 亿用户。2018 年 5 月 29 日，饿了么宣布获准开通首批无人机即时配送航线，送餐无人机正式投入商用。8 月 8 日，饿了么获金运奖年度最佳效果运营奖。10 月 12 日，饿了么和口碑两家公司合并成立了阿里本地生活服务公司。10 月 15 日，饿了么正式启动包括创建高端餐饮外卖平台在内的战略升级，同时发布饿了么星选 APP。

二、拓宽运营范围，界限日渐模糊

外卖行业是个特别接地气的行业。饿了么现有员工 1.2 万人，平均年龄29 岁，是阿里集团最年轻的一支团队。加上外部几百名代理商，饿了么平台一共有 200 多万名注册骑手，从上到下是个极其复杂的系统。饿了么此前专注于一、二线城市，疏于三、四线市场，直营城市只有 90 多个，而美团有 200 多个直营城市，覆盖大部分三、四线城市。这也是饿了么的成长空间。饿了么采用大中台的管控模式，推动三、四线城市的战略下沉，帮助代理商更好地进入更多的城市。饿了么未来的组织模式，外包、众包的界限将越来越模糊，因此直营和代理并不重要，甚至公司到底有多大，有多少员工也不重要，重要的是，他们是不是坚定地执行了公司的策略，是不是最高效地创造了价值，如图 1-11 所示。

三、商业闭环设计：打造餐饮 O2O 商业模式

饿了么从大学生外卖做起，不断开发更多场景和需求，医药、跑腿代购、企业订餐、白领工作餐，同时给商家在订单管理上给予更多支持，商家也可以通过广告位做更多的宣传推广。多边平台通用的盈利模式使免费用户获得补贴，收费用户（商家服务费）获得收益。加入阿里生态体系以后，饿了么获得了天猫、淘宝、支付宝等整个生态圈的流量支持，与多家公司展

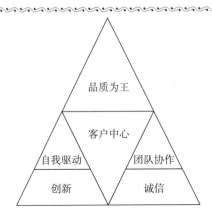

图1-11 饿了么的文化理念

开合作，从大数据应用获取更多精准的数据分析，同时有足够的资金背景做市场扩张。饿了么的商业模式是通过服务商家来服务用户，即O2O商业模式。新零售时代，为商家提供数字化转型的基础设施和工具成为饿了么建立核心竞争力的关键。比如，饿了么与蚂蚁金服合作，给平台上的商户投放150亿元贷款，为他们的数字化升级提供资金支持。如图1-12所示。

饿了么除外卖市场外，还有着更为远大的野心。饿了么对于质量的追求、对供应链的深度介入、对嫁接在物流上的优势的发挥，这些都决定饿了么能够再上一个量级，未来可期，我们不妨拭目以待！

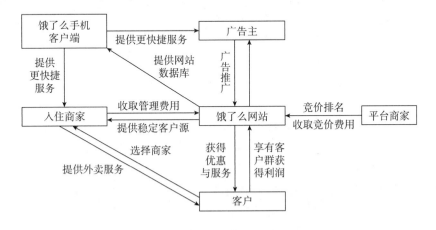

图1-12 饿了么的商业闭环模式

资料来源：饿了么官网，https：//www.ele.me/home。

三、互联网思维：组织变革的战略考量

面对澎湃而来的互联网大潮，传统互联网企业的发展似乎也不是一帆风顺，如京东到家业务陷入"伪需求"的大坑，用户难找，并且面临巨大的烧钱压力，其O2O需求频次遭到众人的质疑；传统"小而美"服装品牌由于受到自身供应链缺陷的制约，导致运营变得极为困难。这些传统的互联网企业片面认为，建设一个网站就是走互联网道路，对互联网思维方法的认识不足，难以对企业发展起到作用。"互联网＋"就像一面镜子，照出了传统产业的弊端，但实际上互联网思维给传统行业带来的是更多转型的机遇。

1. 主动权：蓝海市场，谁主沉浮

"互联网＋交通"提供智能导航，规范交通管制，方便人们的出行；"互联网＋农业"精准数据分析，直接面对市场，增加农民的收入；"互联网＋教育"不受空间、时间限制，将教育资源广泛传播等。在蓝海市场上的企业应该建立一个互联网生态系统，采用统一的管理方法来提高效率，增加企业内部的信息交流，缩短与用户的距离，拓宽发展渠道。互联网的未来没有界限，就像电力没有界限一样。在组织变革中，企业要知道未来的经济将完全建立在互联网之上，因此，需要创造一套适合未来企业的经营模式。

在互联网时代，传统企业迫切需要突破传统的经营模式，积极进行组织战略的改革和转型。传统企业正面临着非常严重的危机，传统互联网应如何转型？怎样才能走向未来？企业应该如何将痛点、卖点和利润点结合起来？目前，企业最大的痛点不是利润的多少，而是能否把握好未来。

2. 突破口：痛点、卖点和赢利点"三合一"

传统企业家对互联网的定义不全面，认为企业改革的最大障碍在于高层管理者的水平。传统思维根深蒂固，使传统产品难以销售。特别是许多历史悠久的品牌商店，仍在从事文化包装工作，这使企业陷入困境。在当前环境下，传统企业只有尽快定位和转型，才能实现辉煌的转变，才能获得可持续健康发展的可能性。只是等待和疑惑，它们将失去机会，最终成为时代的弃儿。

企业必须依靠"互联网＋"精细化运营，通过经营用户实现可持续增长。当然，这并不意味着品牌企业应该放弃渠道，而是在渠道之外建立自己的可持续发展渠道，最终实现从渠道引流，在企业内沉淀，持续激活的健康发展。将用户沉淀下来，并持续激活，拥有自身独特的卖点，这也正是互联网最大的优势。企业通过二维码和微信为其卖点提供了良好的历史机遇。首先，我们需要学会改变我们的想法，把"收入"从"销售收入"转变为经营收入，这是传统企业经营思维的一场革命。企业应逐步放弃基于信息不对称的既得利益，实

现线上与线下的互动，以提升核心竞争力。企业要提高整体运行效率，组织上要有综合管理能力，同时发挥互联网的效率优势。此外，企业要学会抢夺用户时间，找到适合自己的产品或服务的平台进行宣传，比如微博、微信、论坛等；企业家们也可以亲自出马做企业形象代言人，转换价值主张，创造新的价值。

3. 度：时间管理与空间布局的统一

互联网思维有两大特点：一是零距离；二是网络化。在互联网出现之前，企业和用户之间存在一定的距离，而互联网能够很好地消除这种距离。零距离为企业的网络化提供了现实的基础，这意味着没有边界。有距离、有边界的商业思维会导致企业与员工、用户和合作伙伴之间的博弈关系。零距离和网络化要求企业与三者之间的关系成为一个共赢的合作生态系统。这些颠覆性的变革都是基于企业内部结构的变化，即组织战略的变化。在互联网时代，企业的目标是在用户的整个操作过程中为其创造最好的体验，其核心是内圆与外圆的整合与演化。核心圈是一个由原始组织组成的平行生态系统。外圆是用户无法定义的整个过程的最佳体验，它不仅包括从设计到最终的整个过程，还包括将产品的不满意转移到下一个产品并不断升级的过程，如图 1-13 所示。

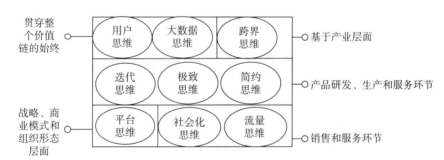

图 1-13 互联网的九大思维

专栏1-6   **阅文集团：阅世界，悦无界**

近年来，随着移动阅读及智能手机硬件的发展，阅读已经从文字延展到其他形式的内容，并演变为一场深刻的感官体验。"知识付费"取代阅读成为新的网络文学概念，阅读场景的类型不断分化，用户可以在不同阅读场景里自由选择，如长阅读、短阅读、信息阅读和享受阅读等。借着知识付费的"风口"，以音频为主要传播载体的知识付费服务发展迅猛，成为行业增长的亮点。它与传统音频类节目、有声书一起推动着有声阅读市场整体向前发展。阅文集团是中国最大的网络文学平台，经过多年发展，已经成为中国网络文学和数字出版史上最强的运营主体。

一、公司介绍

阅文集团（以下简称"阅文"）成立于 2015 年 3 月，由腾讯文学与原盛大文学整合而成，是一个引领行业的正版数字阅读平台和文学 IP 培育平台。阅文集团拥有强大的中文数字阅读原创品牌矩阵，旗下拥有创世中文网、起点中文网、起点国际、云起书院、起点女生网、红袖添香、潇湘书院、小说阅读网、言情小说吧等网络原创和阅读品牌，还有中智博文、华文天下、聚石文华、榕树下等图书出版和数字发行品牌，以及天方听书网、懒人听书等音频听书品牌和奇点阅读应用和 QQ 阅读应用等手机阅读应用。其中，QQ 阅读作为一个渗透阅读爱好者生活场景的阅读品牌，承载着阅文集团的所有内容和服务。

二、聚焦生态系统，年轻化趋势驱动内容进化

在整个产业链中，阅文继续领跑优质内容。在核心的在线阅读业务中，持续孵化优质内容、扶持新人新作是阅文内容生态体系的重要着力点。截至 2018 年底，阅文平台上有作家 770 万人，作品 1120 万部，新增作品 80 万部。2018 年，平台新增 443 亿字。阅读平台继续坚持高质量的内容储备原则，探索和培养作家，为作家的持续创作提供保障。在这种保障机制下，优秀的作家和文学作品不断涌现，呈现出用户年轻化、题材多样化、阅读社交化等趋势。2018 年 12 月，百度搜索排名前 30 的网络文学作品中，有 25 部出自阅文，占比达 83.3%。

年轻化的趋势不仅反映在读者群体中，也反映在作者群体中。完善的作者培养体系和强大的阅读文本平台分发渠道对主笔具有较强的吸引力，也辐射到新一代的青年作家。2018 年，70% 以上的新作家出生于 20 世纪 90 年代，近 50% 出生于 1995 年，阅文成为年轻作家进行创作的首选平台。阅文敏锐地感触到中国内容创作和在线阅读用户发生的巨大变化，95 后年轻群体正逐渐成为当下内容市场的次主体。阅文平台抓住去中心的、多元化的内容需求，将这些内容传导至作家创作，迅速孵化出新的流行题材；读者、作者之间的角色流转频繁，阅文内容生态呈现出丰富的内容层次，内容生态正在焕发新的活力。如图 1-14 是阅文集团生态系统。

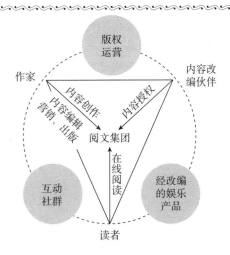

图 1-14　阅文集团生态系统

三、内生性增长动力：腰部作家的力量

据公开信息，阅文集团平台上有原创作品 1000 多万部，其中署名作品 100 多万部，涵盖科幻、武术、军事等十几个门类。可以说，这得益于 2003 年起点中文网在 2003 年推出的网络文学付费率制度，直接推动了专业写作的出现。之后建立的打赏制度，保障了作者在平台上的权益，保证了内容在平台上的有序循环。一些每年花费超过 100 万元在起点中文网上的网络作家已经开始赚取高额费用，这部分新血液贡献了阅文集团近 60% 的收入。更重要的是，腰部作家的成长为阅文集团的专业作家提供了内生的成长动力，如图 1-15 所示。

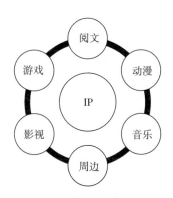

图 1-15　阅文集团 IP 建设的领域

阅文集团通过持续创造高质量的文学内容、加强用户运营及提升用户体验，进一步发展了网络文学生态体系。同时，加速推进公司版权运营业务发展，通过版权销售、联合投资、联合制作和自主开发等多种形式，推进版权的多元开发，打造横跨不同娱乐形式的爆款 IP 内容。

资料来源：阅文集团官网，https://www.yuewen.com。

【章末案例】　　嘉楠耘智："ABCD＋"生态战略

新一代人工智能在全球蓬勃发展，为经济社会发展注入了新的动力，深刻改变了人们的生产生活方式。作为新一轮产业变化的核心驱动力，它推动了新技术、新产品、新产业和新模型的出现，引发了主要经济结构的变化，深刻地改变了生产生活方式和思维模式，实现了社会生产力的整体上升。开启人工智能新时代和加快发展人工智能已被置于国家发展的核心。人工智能是进入工业 4.0、重塑产业形态、推动传统产业升级、引领新一轮产业变革的标志。国务院《新一代人工智能发展规划》强调：实施全民智能教育项目，加快培养聚集人工智能高端人才，重点推进编程教育，鼓励社会力量参与教学软件和人工智能科普。从事人工智能芯片开发的嘉楠耘智，通过芯片升级、硬件升级、生态建设，积极开拓区块链的全产业链。

一、公司简介

杭州嘉楠耘智信息科技有限公司（以下简称"嘉楠耘智"）于 2013 年 4 月 9 日，在杭州市江干区工商行政管理局登记注册。公司法人代表张楠赓，公司主要经营项目为：人工智能算法及应用 ASIC 芯片的研发；区块链算法专用集成电路芯片的研究与开发海外战略投资及海外办事处拓展国际人工智能及区块链业务；供应链优化及偿还重组产生的债务；营运资金及其他一般企业用途。如今，嘉楠耘智已是世界领先的超级计算芯片开发商、数字区块链计算设备制造商和数字区块链计算软件和硬件解决方案提供商。公司生产的设备已销往世界多个国家和地区。截至 2017 年底，比特币采矿机产品的算力总量占全球比特币挖掘机产品合并计算能力的 19.5%。

二、做好国产芯片，走自主研发道路

"技术为王"的理念，使嘉楠耘智成为杭州半导体领域的"黑马"。公司专注于区块链和人工智能集成电路芯片及其衍生设备的研发、设计和生产。公司拥有90人的核心团队，大部分人毕业于国内顶尖大学，其中工程师64名，平均拥有7年的行业经验。嘉楠耘智自主开发了与区块链计算设备相关的软硬件，拥有近20种知识产权。勘智Kendryte是嘉楠耘智第一代人工智能芯片，定位于人工智能和边缘计算两大领域，主要应用于物联网市场，是集视觉和听觉为一体的系统级芯片（SoC），可作为工业、教育、气象、旅游等众多行业传感器的硬件节点或智能硬件。

公司的研发方向是区块链和人工智能芯片的设计和自主研发，然后将研发的芯片应用于智能家居、辅助驱动、语音识别、图像识别等领域。作为集成电路解决方案和芯片自主研发的全球服务商，嘉楠耘智在强大的技术发展和良好的创业环境下，在杭州如鱼得水。公司所在地杭州也在努力建设区块链产业，加快培育人工智能、虚拟现实、量子技术等未来产业，推动区块链技术在政治、商业领域的应用。未来，公司将继续利用区块链人工智能技术，为不同领域赋能，为用户提供入门级解决方案。如图1－16是嘉楠耘智的产品系列。

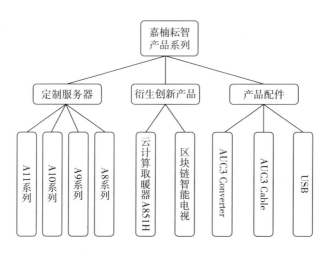

图1－16　嘉楠耘智的产品系列

三、深度聚焦"区块链+"领域，构建 ALOT 服务网络

未来，嘉楠耘智公司不会过度尝试多元化投资和扩张，也不会参与区块链领域，我们会更加专注于芯片设计领域，考虑将人工智能与区块链相结合，向海量服务网络迈进，将人工智能技术与物联网结合在实际应用中，构建海量服务网络，即"人工智能+物联网平台"。随着 5G 时代的到来，网络系统将会安装越来越多的硬件设备，开始能够连接到 Internet，各个领域的不同产品都通过平台服务得到应用。网络系统每时每刻都贯穿在人们生活的不同角落里，汇集了大量的用户、流量和数据。公司的下一步目标是在未来提供基础服务和设施，不局限于硬件，而是一个庞大的软硬件网络，可以服务于人和机器，涉及社会的方方面面。公司将众多服务网络提升为整体战略，以区块链为核心，将所有设备连接起来，落地在实际应用上，建立完整的生态链，为其他品牌提供服务。未来的区块链不仅仅是为一些人提供机会，还应该是一个能够带来普遍机会的行业，而一个好的项目必须是高质量的团队、方向、共识、社区、技术、顾问和投资相结合的结果。未来最有前景的领域是"区块链+"，如游戏、知识支付、在线广告等，如果能够得到实施，前景是不可预测的，如图 1-17 所示。

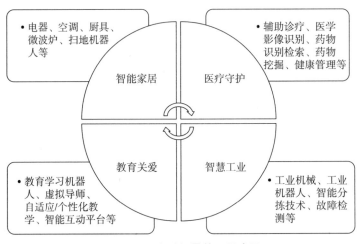

图 1-17 生活场景的不同应用

四、"AI+高效能计算"双业务运作，玩转不同生活场景

嘉楠耘智的定位是一个新形态的互联网化的芯片公司，公司的 IC（集

成电路）研发团队分布在高效能计算和人工智能两个部门。目前，嘉楠耘智的 AI 芯片主要应用于 IoT（物联网）端侧，AI 板块的产品囊括芯片、芯片模组等，已经在智慧门禁等领域得到应用。嘉楠耘智一直保持着极高的研发投入，以芯片设计为基石，不断以系统整合的设计为驱动，挑战新的制造工艺，提出新的设计理念并且付诸实践，使公司产品的性能、品质、制造工艺在国际上能保持领先水平。

嘉楠耘智主要有两大产品，分别是勘智 AI 和阿瓦隆矿机。勘智 AI 为用户提供全方位的物联网领域应用，其拥有中央处理器、图像识别和语音识别等多种性能，在安全性上采用高级加密标准硬件加速器（AES）和一次性可编程只读存储器（OTP ROM），在典型应用场景的功耗低于 1W，芯片功耗低于 300mW，良好的扩展性也为系统提供了优质的深度学习框架。勘智 AI 广泛应用于多种服务场景，涉及智能家居、医疗守护、智慧工业、教育关爱等领域。

至于阿瓦隆矿机，由嘉楠耘智的子公司浙江阿瓦隆科技有限公司负责。2013 年，阿瓦隆团队创造了世界第一款区块链超级计算设备，AvalonMiner 是全球占有率 TOP2 的加密货币矿机品牌，产品销往全世界 60 多个国家和地区，该产品所搭建的 ASIC 芯片均由浙江阿瓦隆科技有限公司自主研发。迄今为止，阿瓦隆定制服务器共迭代了八代产品，代表产品包括 A741（16nm）、A841（16nm）、A851（16nm）、A921（7nm）等，经过多年的市场淬炼和工艺升级，拥有成熟的芯片研发经验和技术优势。除了定制服务器之外，团队还成功研发了区块链智能电视、云计算取暖器等区块链智能设备，形成了跨多行业应用的产品矩阵，致力于挖掘计算机性能的无限可能，让用户玩转不同的生活场景。

五、案例启示

人工智能技术的发展将会给各个行业带来翻天覆地的变化，不过现在还处于初级阶段，虽然已经具备一定的竞争力，但是基础层技术的薄弱成为了阻碍人工智能技术发展的限制因素，所以人工智能这条路很难走，即使难走，嘉楠耘智也一定会坚持走下去！未来，嘉楠耘智会保持灵感思维，促进人工智能的突破性发展，致力于降低进入人工智能的门槛，让人工智能与互联网领域互相促进，进而更快地发展。嘉楠耘智将站在面对未来科技的新起点，以优异的芯片设计为驱动力，秉持着颠覆传统技术的极致追求理念，力求不断地挑战自我，期望成为人类进步的新引擎。

第一，高度重视人才培养，加强研发队伍建设，建立科学的研发管理制度，推动自主研发创新。嘉楠耘智拥有一批经验丰富的国际技术专家和专业人士，了解世界最新的市场需求和技术趋势，确保了公司技术创新和精确布局。公司还致力于培养年轻的研发梯队，为公司创新不断提供新鲜血液。

第二，树立自主创新观念，掌握蓝海主动权。专业分工上，公司研发了围绕神经网络芯片、人工智能、区块链等多种产品。纵向上组成了相对独立的研发团队；横向上有涉及生产、研发、销售不同环节的研发设计支持团队。通过这种矩阵管理的方法，实现人、财、物等资源在不同的产品及技术服务之间灵活分配，实现共享经验知识，优化资源使用效率，使嘉楠耘智能够快速响应不断变化的研发要求，进行持续的技术创新。

第三，以创新文化为支撑，催生创新成果。创新文化有利于创新，让人才能够充分发挥聪明才智和能力。对于嘉楠耘智来说，拥有良好的企业创新文化有利于公司的长远发展。公司将一直保持极高的研发投入，并凝聚一群有相同梦想的团队。团队以年轻化为核心特征，面对瞬息万变的市场挑战，追求技术突破，积极布局机器视觉算法、机器听觉算法、图像处理等，力求在人工智能领域，与团队开发者共同开创智能时代。当公司的创新文化营造好了，创新人才自然就来了，高水平创新成果自然就涌现了。

第四，冲击区块链第一股，深耕"区块链+"领域，区块链还不只是为某些人提供机会，还应该是一个能够带来普遍机遇的行业。一个好的项目必须是团队等多方因素共同结合考虑的结果。未来最有前景的领域是"区块链+"，如游戏、知识支付、在线广告等，嘉楠耘智将通过升级芯片、升级硬件、建立生态系统三个方面突破区块链的整个产业链：①计算能力是区块链的基础，升级芯片能够带来竞争优势；②硬件是区块链的"挖掘机"，硬件强度直接影响收益；③人工智能用于比特币变现是区块链生态系统的重要组成部分。

资料来源：

（1）嘉楠耘智官网，https：//canaan-creative.com.

（2）《嘉楠耘智孔剑平：中国芯片研发永不"失焦"》，https：//www.from-geek.com/xincaijing/216337.html.

（3）《探索人工智能新世界 嘉楠科技AI芯片勘智Kendryte正式发布》，https：//www.ofweek.com/ai/2018-09/ART-201714-8110-30264763.html.

第二章　认知互联网生态

开章小语：互联网的发展加速了生态进程。在大数据的推动下，互联网企业的线上线下一体化程度越来越高，人们对互联网的依赖也在逐渐加深，几乎日常生活的每一个点都与互联网充分融合，渗透到食品、服装、住房和交通的方方面面。互联网在生态系统中扮演着类似的角色，物流系统、信息发布系统、支付系统、交互系统等构成虚拟生态系统。无论哪个系统缺失，生态系统都将失去平衡并崩溃。未来，只有形成企业生态系统，企业才能长期生存和发展。因此，企业应考虑站在核心地位，站在共同利益面前，组织人们在价值链中共同生存，共享共同利益。企业不仅要在同一产业链上进行合作，而且还要与行业内外进行跨界合作，构建多元化的商业生态系统，围绕用户的生命创造一个能够适应时代潮流的具有市场竞争优势的企业生态系统。

天下武功，唯快不破。互联网竞争的利器就是快。

——雷军

【开章案例】263：5G 云通讯完美诠释"价值重塑"

随着我国科技的发展，通信行业也逐渐朝着科技化、智能化的方向发展，经历了从 2G 网络到现在的 5G 研发阶段。移动通信对人们的生活产生了极大的影响，同时也促进了经济的发展，提高了国家的现代化水平。5G 时代正加速到来，全球主要经济体加速推进 5G 商用落地。在政策支持、技术进步和市场需求的驱动下，中国 5G 产业快速发展，在各个领域也已取得不错的成绩。目前，我国 5G 产业已形成规划、建设、运营、应用四大产业链，产业发展前景广阔。2016 年 4 月 21 日上午，263 企业通信"2016 年全国用户大会暨 263 云通信新品战略发布会"在北京召开。活动的主题是"重塑价值"，这意味着 263 企业通信将重新定义企业办公市场生态，为企业用户提供互联网时代更有价值的企业级 SaaS 服务，帮助企业用户在企业互联网时代的云生态系统中实现智能连接和双赢。

一、公司简介

二六三网络通信股份有限公司（深圳证券交易所股票代码：002467，以下简称"263"）是利用互联网技术和转售方式为企业和个人提供虚拟运营通信服务的新型通信服务提供商。针对日益广泛的差异化需求细分通信市场，263长期专注于虚拟运营通信服务领域，并一直致力于为国内企业和从事全球商务的华人和海外华人用户提供新的通信选择。263完成了与企业邮箱、网络磁盘、电话会议、企业直播等实时通信与协作领域的布局，成为具有完整产品和服务能力的企业通信合作服务商。

目前，263已形成两条业务线、四家全资子公司的经营格局。企业通信业务线包括北京二六三企业通信有限公司和上海二六三通信有限公司，为国内各行业、各规模企业提供基础通信集成服务和企业云统一通信服务；个人通信业务线包括北京二六三网络技术有限公司和广州二六三移动通信有限公司，为海外华人家庭提供VoIP电话、IPTV中文电视等家庭互联网综合通信服务以及中国的对外业务。

二、积累丰富的产品创新经验，形成高效创新机制

263凭借近20年对新通信的专注经营，公司以互联网和运营商通信资源为基础，构建虚拟通信网络，发掘细分市场，深度满足不同用户的个性化需求，创新开发出系列新通信的产品和服务，为公司成为新型通信运营服务商奠定重要的基础。

在企业用户市场中，公司为企业通信和协同办公领域的各类企业级用户提供企业SaaS服务，包括263企业邮箱、企业网络存储、电信公司的云通信服务；会议、网络会议、视频会议、企业直播；为大型企业用户提供集成通信服务；企业VPN和IDC等服务。其核心业务包括云通信、企业邮箱、企业网络存储、企业会议、企业直播等。在个人用户市场上，针对全球华人的跨境通信需求，公司为海外华人家庭提供VoIP、IPTV等综合互联网通信服务，为全球商旅华人和海外华人提供虚拟移动通信服务（MVNO）。此外，公司还为运营商提供漫游系统解决方案和服务。公司还提供固网语音增值服务，即：96446 IP长途转售和95050多方通话服务。企业的主要业务包括基础通信集成服务、企业云统一通信服务、VoIP家庭电话、全球数据漫游、全球跨境通信、IPTV中文电视等。

三、深化合作关系，剑指 SaaS 市场

在深入了解基础运营商业务体系和运营模式的基础上，公司在长期运营过程中不断保持和深化与基础电信运营商的合作。目前，263 的操作系统与基础电信运营商紧密相连，这确保了公司的主要产品可以充分利用基础通信资源和充电系统的基本操作，大大降低了公司的运营成本，提高了营销效率。经过多年的运营测试，263 与基础运营商之间的信任日益加深，沟通效率不断提高。在激活和拓展电信市场方面，263 与基础运营商建立了互利共赢的合作模式。263 还与中国联通签署了战略合作框架协议，依托中国联通优质的网络资源和基础通信服务能力，以及公司的运营和服务经验，双方针对提供创新的产品和服务进行深度整合。合作领域主要涉及基础通信服务、企业通信应用、物联网应用和集成创新。

263 深入融合 263 企业邮箱、263 企业网盘、263 即时通讯、263 电话会议、263 网络会议、263 网络直播六大产品，根据企业用户的业务模式，深入为企业用户提供全方位的沟通协作解决方案。公司将努力构建以企业内部、外部、企业间、行业、行业为基础的企业互联生态系统。在这个生态系统中，263 将自己定位为一个"倡导者"，秉承开放、合作、共赢的理念，利用 263 云通信连接器的平台作用，汇聚更多优秀的企业级 SaaS 产品，汇聚更强大的行业厂商，以专业专注的态度，为企业用户提供更有价值的服务。而且在"互联网＋"的热潮下，263 云通信生态圈将为 263 的合作伙伴提供一个极好的弯道超车的机会。

作为新型通信服务运营商，263 没有投入巨资构建基础网络，而是运用互联网技术和转售方式，通过对资源及市场的深加工来满足企业和个人用户的通信服务需求，进而提供虚拟运营通信服务。263 倡导不做"管道"，创"新价值"的理念，从而形成独特的新型通信运营模式，如图 2 - 1 所示。

四、业务融合，多渠道发展

目前，263 的业务涵盖传统电信网络、移动通信网络和互联网等领域。与传统基础电信运营商擅长的电路交换技术相比，263 在开展 IP 网络业务上具有经验和 IT 技术优势；与那些从互联网业务成长起来的增值电信服务提供商相比，公司还具备开展语音业务和了解传统电信网络的优势。263 基于不同的网络，同时开展多种业务，在跨网络业务集成方面具有更多的先天优势，其专注的企业文化已经融入产品的各个方面。263 的会议产品秉承"畅

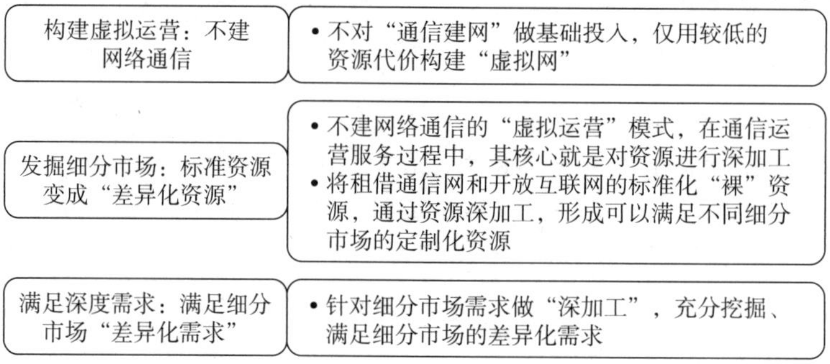

构建虚拟运营：不建网络通信	• 不对"通信建网"做基础投入，仅用较低的资源代价构建"虚拟网"
发掘细分市场：标准资源变成"差异化资源"	• 不建网络通信的"虚拟运营"模式，在通信运营服务过程中，其核心就是对资源进行深加工 • 将租借通信网和开放互联网的标准化"裸"资源，通过资源深加工，形成可以满足不同细分市场的定制化资源
满足深度需求：满足细分市场"差异化需求"	• 针对细分市场需求做"深加工"，充分挖掘、满足细分市场的差异化需求

图 2-1　263 的新型通信运营模式

享声视连接之美"，其中电话会议不仅向用户呈现出"无声"的高品质，而且最大限度地为企业提供会议服务，让用户实现会议前、会议中、会议后的无忧管理。网络会议将声音和画面通过"连接视觉"，让用户享受到最高性价比的视听美。263 网络直播是由国内领先的互动视频云服务提供商展视互动提供，2015 年以优雅的姿态融入 263 云传播基因，让用户在营销、教学等领域遇见另一种可能，不仅降低了成本和支出，还带来了不可预测的营销收益。263 企业网盘带来了互联网时代，以及企业信息全新的存储、管理和信息共享、分发方式，享有"企业数据银行"的美誉。263 即时通讯（EM）是这组基因中不可或缺的元素，它不仅像一个容器携带着上述基因，而且可以在任何地方、任何时间、任何地点高效地找到人、办成事，并且能访问其他办公应用程序，它配得上"无连接、不环保"的美誉。263 还拥有四大核心能力：资源技术能力、产品创新能力、运营服务能力和市场营销能力。

在面向企业用户的产品营销中，公司积累并形成了覆盖全国主要市场区域的营销渠道，发展了 110 多家一流的合作代理商，在通信服务商中处于领先地位。这些渠道与用户有广泛的联系，具有有效的产品推广能力，有利于公司通信服务产品的快速推广。

五、案例启示

企业互联网时代，企业级 SaaS 服务市场风起云涌，每个行业都迎来了前所未有的机遇与挑战。在移动化、可视化、融合化、混合云为显著特征的企业互联生态圈，对企业内外部的沟通协作管理提出了更高的要求与期望。那么 263 的未来又将走向何方？

第一，立足通信领域，实现跨行业资源高度整合。263企业通信公司在17年的专注和专业知识的基础上，深入了解了中国企业从起步到发展壮大的企业 IT 系统的发展过程，以及在不同时代所面临的问题。如何利用 SaaS 服务的安全性和稳定性，为企业用户提供与其业务特性高度匹配的企业通信协作产品和服务，从业务流程的深度帮助用户改善内部通信协调沟通机制，并提供统一的沟通协作平台，打通企业内外部、企业之间的沟通障碍，形成企业供应链上下游资源，实现跨行业资源的高度整合。这是263云通信解决方案区别于标准化互联网移动办公产品的地方，也是其价值核心所在。

第二，创新商业模式，构建企业互联"生态圈"。需求催生变革，服务承载价值。263在通信领域拥有全新的业务产品和先进理念，公司应依托自己的商业模式，专业的研发运营团队，为广大企业用户提供开放的统一通信平台，通过263云通信发挥企业互联"连接器"的作用，致力于企业互联"生态圈"繁荣发展。

第三，政府加强对通信产业链的支持。对于运营商建设5G动力不足，我国正在加速推动5G商用步伐打造新增长点的情况，我国政府应该在税收、投资、应用示范等方面，给运营商更多的支持，帮助其又好又快地建设5G网络，同时在政策引导、资金扶持、税收优惠等方面对运营商予以支持，可以大大降低运营商的资金压力。

资料来源：

（1）263网络通信官网，http：//www.net263.com.

（2）《展视互动成为263布局企业 SaaS 市场重心之一》，http：//news.hexun.com/2016－05－19/183953797.html.

（3）《263网络通信首次携两大业务线亮相 PT 展》，http：//m.haiwainet.cn/middle/3541839/2016/0920/content－30341275－1.html.

第一节　互联网生态的本质

从 Web 1.0 到 Web 3.0，互联网媒体技术的快速升级和创新对中国网络空间媒体形式和舆论模式的不断转变产生了深刻的影响，导致了互联网内容生态的重大变化。在技术范式中，算法生产内容（AGC）、机器生产内容（MGC）模式将机器人写入自动生成内容，同时，基于"算法推荐"的内容分发技术重塑了 Internet 内容的通信路径，承担了"数字网关"的功能。以下是从 Web 1.0 到 Web 3.0 三个阶段论述不同网络下的角色和特点，如表 2 – 1 所示。

表 2 – 1　Web 1.0、Web 2.0 和 Web 3.0 的发展

阶段	网络角色	特点
Web 1.0 时代	信息提供者	以编辑为特征，网站提供给用户的内容是网站编辑进行编辑处理后提供的，用户阅读网站提供的内容
Web 2.0 时代	平台提供者	更多关注的是用户之间的互动，他们既是网站内容的用户（访问者），也是网站内容的生产者；（微博，天涯，我们媒体）加强了网站和用户之间的互动；网站内容由用户提供，网站的许多功能也是由用户构建的，实现了网站与用户之间的双向沟通和参与；用户在 Web 2.0 网站系统中有自己的数据；它完全基于 Web，所有功能都可以通过浏览器完成
Web 3.0 时代	用户需求理解者和提供者	网站中的信息可以直接与其他网站的相关信息进行交互和反演；多个网站的信息可以同时通过第三方信息平台进行集成和使用；用户在互联网上有自己的数据，可以在不同的网站上使用；完全基于 Web，可以使用浏览器实现复杂的系统功能，如即时消息传递等，可以直接在网页中完成，而无须下载任何软件

从技术角度看，随着数据和人工智能的应用，推荐算法已经成为移动互联网新闻发布的主流模式。基于用户需求的智能分发，提高了互联网内容的可访问性和准确性。从用户层面看，受众关注点和用户生产逐渐成为网络内容生态资源的核心。一方面，彭兰教授认为"社会化媒体是基于用户关系的内容生产和交换平台"，用户取代内容成为互联网传播的关键网络节点。在内容信息过多的网络传播环境中，"用户关注"已经成为媒体竞争的核心要素，传统媒体利润最大化的价值支点已经从内容产品的质量转向全方位的用户价值挖掘。另一方面，由于互联网的传播是"互动的"，新闻内容的制作超越了传统专业媒体组织的内部组织过程。从传统主流媒体主导的"编辑"到"编辑参与"，用户和受众的内容陷入了社会化的洪流。更重要的是，互联网生态系统的建立实际上是一个双赢的结果。

一、构成：种子、土地与春天的故事

现代信息技术的飞速发展，尤其是互联网技术的普及应用，大数据、云计算、平台经济、移动互联网等成为信息产业发展的热点与趋势。在这些数据平台上构建起来的"农耕之地"逐渐朝着"高楼大厦"发展。作为信息媒介，数字内容产业具有智力密集、高附加值、低能耗等特征，是现代信息服务业中最具活力和创造性的新兴业态。

1. 宏观生态：数字经济的春风

世界上所有国家都在寻求发展新经济和促进新的增长动力的机会。随着移动互联网、大数据、云计算等经济和社会的不断发展，数字经济应运而生。数字经济是全球经济增长的重要引擎之一。数字经济时代正在改写和加速全球化进程，颠覆现有的商业模式和创新范式。只有应对新的挑战，解决新的问题，数字经济才能释放出新的动力。数据新闻实验室公布了 2018 年中国市值最大的 500 家上市公司名单。排名前十的上市公司，市值均超过 1 万亿元，如表 2 - 2 所示。

表 2 - 2　2018 年中国上市公司市值 500 强前十名单

年排名	公司简称	地区	行业	总市值（亿元人民币）	与 2017 年相比市值变化
1	腾讯控股	广东	信息技术	25859	- 19.79%
2	阿里巴巴	浙江	信息技术	24552	- 13.85%
3	工商银行	北京	银行	18415	- 13.46%
4	建设银行	北京	银行	14009	- 7.88%
5	中国移动	香港	通信	13258	- 2.26%
6	台积电	台湾	信息技术	13219	- 1.61%
7	中国石油	北京	石油石化	12564	- 10.65%
8	农业银行	北京	银行	12409	1.73%
9	中国平安	广东	非银金融	10544	- 16.62%
10	中国银行	北京	银行	10056	- 9.01%

数字经济是指数字技术得到广泛应用，并在整个经济环境和经济活动中发生根本性变化的经济系统。数字经济是移动互联网、大数据、云计算、人工智能等技术向各级经济社会渗透的产物。2018 年，中国数字经济规模达到 31.3 万亿元，占全国未定义型经济总值的 34.8%，比上年同期增长了 1.9 个百分点。数字经济蓬勃发展，传统产业升级换代，为经济增长增添了新的动力。2018 年，数字经济对国内生产总值增长的贡献率达到 67.9%，比上年同期增长了 12.9 个百分点，已超过一些发达国家，成为推动我国国民经济发展的核心关键力量。以下是 2008 ~ 2017 年中国数字经济总体规模及 GDP 占比情况，如图 2 - 2 所示。

现代信息网络可用光速传输信息，数字经济以近乎实时的速度收集、处理和应用信息，具有高度的渗透性。信息服务正迅速扩展到第一产业和第二产业，模糊了三大产业之间的界限，呈现出一、二、三产业相互融合的趋势。数字经济正在自我扩张，其价值等于网络节点数的平方。数字经济有外部经济性，每个用户使用该产品获得的实用程序数量与总用户数有关，并且用户数量越多，每个用户

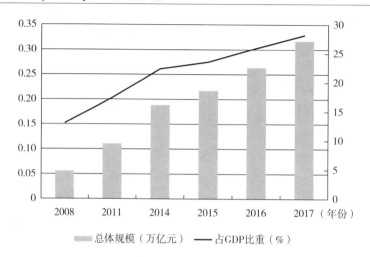

图 2 - 2　2008 ～ 2017 年中国数字经济总体规模及 GDP 占比情况

的实用程序数量就越高。数字经济是可持续的，数字经济在很大程度上可以有效地消除传统工业生产对有形资源和能源的过度消耗，消除环境污染和生态恶化带来的危害，实现社会经济的可持续发展。另外，数字经济是直接的。网络的发展使得经济组织结构趋于扁平化，网络末端的生产者和用户可以直接接触，减少了对传统中间商的需求，从而大大降低了交易成本，提高了经济效益。未来，数字经济将重塑所有行业，提高行业核心竞争力。

2. 产业生态：数据引领工业互联网

目前，许多工业巨头利用互联网、物联网、大数据等技术，利用丰富的感知和执行类智能终端产品，在厂区内部署丰富多彩的工业互联网数据源；用自主知识产权的现场级高速智能通信网络管道，连接现场设备和人员，利用云平台实现人员、设备和业务流程的互联互通。今天，出现了具有流程工业典型设备特征的云、管和终端体系图，描绘了工业和城市创新。以智能终端产品为主导的城市创新具有智能照明、智能供水、智能燃气、智能环保、智能健康养老等诸多应用。工业创新包括基于大数据、物联网、智能技术的智能制造，基于互联网的仪控装备远程服务与运维，基于大数据的工厂设备健康监测和诊断，工业安全服务和其他基于大数据的智能服务。

3. 企业生态：商业模式与重塑

从最早的"酒香不怕巷陌深"固定地点供应商，到现代物流业牵引下的"产品搬运工"，从阳澄湖运送螃蟹到上海，把德国汽车运到中国，把淘宝商品卖给微信用户，这些都被称为"产品搬运工"。这种搬运的趋势从体力搬运，慢慢变成脑力搬运。但万变不离其宗，不管何种搬运，本质上都脱离不了以产品为中心的导向。用人力来完成大部分用户体验的行业，我们称作"服务业"。牙医诊所、餐饮洗浴、咨询培训等都可以称作服务式商业模式，其关键有两条，分别是提升服务标准和强化用户体验。

随着电子商务平台的兴起，阿里已经完成了从"唱戏"到"搭台"的转变。自此，各种电子商务平台、分类信息平台和媒体平台都在风起云涌。平台业务模式是完全开放的还是部分封闭的？传统的"产品式"和"服务式"是无用的吗？其实，平台式的商业模式，如果你想要运作好，不仅要像产品商业模式那样做好产品和运输，还要像服务商业模式那样为用户服务。这两者是成功的平台业务模式的坚实基础，是不容忽视的。当然，平台业务模型本身侧重于构建"平台吸引力"和增加"用户黏性"。不仅要吸引供给方和需求方，而且要吸引商业生态系统中的所有玩家在这个平台上跳舞，而且要让他们跳得非常愉快和疯狂，然后在这个平台上有规律地、持续地跳舞。无论平台业务模型如何发展，都离不开面向资源集成的本质。

第一，运用情景访谈的方法来了解企业生态链运作的各个环节。知道他们关心的是什么，他们的痛处是什么。重点是如何使所有利益相关者生活得更好，并获得更多的利益。在这个过程中，我们必须加强用户体验和实验，注意收集利益相关者的反馈。

第二，重塑和转移企业新的价值取向。这就要求企业具有适应性和创新性。创新应该抓住两个基本点：基于竞争对手未定义的产品的缺陷和基于未能满足用户的需求。新的价值取向必须在推广之前进行试点，在商业生态系统中，容易通过口碑进行传播。利用现有的一切力量和资源，通过对接互补平台，寻求更大的规模经济，实现商业模式的突破。

一句话，互联网思维，作为一种新的革命的思维方式和工具，可以用来建立和重塑商业模式。我们的目标是找出一组赚钱的方法，能够实现软着陆；同时，让竞争对手很难模仿；然后，在不同的维度和层面上实现更大的规模经济效益，这样企业才能生存，并且在市场中保持良好的状态。

专栏 2－1　　　　新东方的"互联网＋"教育

近年来，得益于互联网的迅猛发展，更有质量的教育资源能覆盖到更广泛的受众群体，"互联网＋教育"日益成为实现优质教育资源共享、"发展更加公平更有质量的教育"的重要抓手。借助人工智能技术，传统的教学方式也在不断优化，精准施教、个性化学习正在逐步实现。人工智能、大数据等新技术在教学方式优化和教学效率提高等方面发挥了极大作用，我国政府大力支持"互联网＋教育"的持续健康发展，在加大应用推广的同时，也应完善相关政策落实，构建鼓励企业打造创新平台和维护师生权益双提升的产业生态。新东方长期深耕互联网教育，是中国十大网络教育机构之一，致力于提供个性化、互动化和智能化的在线学习体验。

一、公司简介

新东方，北京新东方教育科技（集团）有限公司的简称，总部位于北京市海淀区中关村，是一家综合性的教育集团，也是一个教育培训集团。公司业务涵盖外语培训、中小学教育、学前教育、在线教育、出国咨询、图书出版等领域。

新东方教育科技集团是由成立于1993年11月16日的北京新东方学校成长起来的。集团以培训为核心，拥有满天星幼儿园、泡泡少儿教育、优能中学教育、基础英语培训、大学英语及研究生考试培训、海外考试培训、多语种培训等培训体系。同时，在基础教育、职业教育、教育科研、出国咨询、文化产业等方面取得了显著成绩。新东方教育科技集团作为中国著名的私立教育机构，于2006年9月7日在纽约证券交易所成功上市。

二、构建多元生态战略，促进商业模式升级

2013年之前，新东方采取了"地面扩张、开办学校"的经营模式，进行扩张式发展。今天，新东方正依托"互联网＋"新时代的优势，以互联网变革和转型为主线，创新和升级现有商业模式，鼓励员工进行内部创业，逐渐形成了"传统培训＋互联网教育＋各类教育关联公司"的教育生态圈。

总体而言，目前新东方互联网在线教育可以分为三个层次：第一个层次是线上线下O2O双向互动平台，未来将贯穿新东方所有线下线上业务线；第二个层次是纯在线学习平台和在线教育的辅助产品；第三个层次是由新东方人参投的在线教育公司与新东方共同打造的"互联网＋"教育生态系统。

三、线上品牌运营，打通在线教育生态的全链路

新东方的品牌结构中，新东方是发展最早的一块，主要围绕大学生群体来提供针对四级、六级、出国留学考试的培训课程。在新东方看来，这块人群的特点是自学能力较强、对新生事物的接受度比较高。事实上，也正是因为这些特点，让这类人群成为最容易被互联网教育吸引的一部分人，比如目

前的在线领域创业者通常会选择雅思、托福、职业教育等作为切入点，这也成为新东方当前最受威胁的一部分业务。面对这种状况，新东方所推出的对策则是强化自己的线下优势，通过和线上结合而成的混合平台，增加学习的个性化策略，并试图通过发动学生对学习过程的评价来带动教学效果的改善。新东方在互联网方面的布局理念就像林荣丰后来自己总结的一样：通过系统建设带来数据挖掘；用数据挖掘来引导服务应用；再用服务应用来提升用户体验；用户体验所创造的则为新东方的品牌口碑；最终由品牌口碑带动业绩的增长。如图2-3所示。

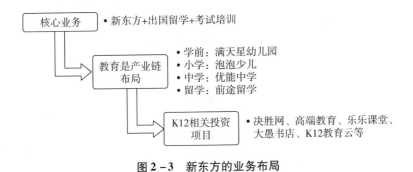

图2-3　新东方的业务布局

目前，新东方的在线教育已经形成完整的产业链，从线上授课、教培工具、技术服务到内容研发，每一个环节都有了完善的链条。新东方所面临的挑战不仅是市场的横向完善，更是市场深度的延伸。充分利用网络教育的优势，重视市场需求，找出用户痛点，沉淀优质资源，回归教育本质。

资料来源：新东方在线官网，https://www.koolearn.com。

二、特性：谁才是互联网生态的好种子

在大数据驱动下，越来越多的企业将生态系统建设作为经营战略，以寻求在更大的知识空间中扩展知识网络的可能性。主要有两种典型的生态系统建设类型：一是以苹果为代表的主导生态系统建设。该公司使用 iPhone、iPad、iTunes 和其他封闭的生态系统，通过硬件产品驱动内容消费，并构建跨国界知识网络生态系统，如苹果的应用商店。二是以阿里巴巴为代表的平台生态系统建设。在平台型生态系统建设的基础上，依托大数据驱动技术和涉及供应商、物流企业等各方的双赢生态链，阿里巴巴在拓展跨界知识网络方面保持了领先优势。如图2-4所示。

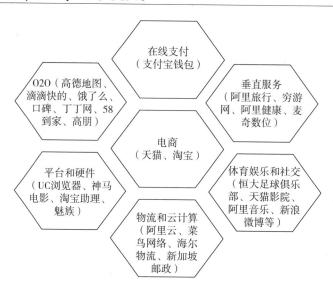

图 2 - 4　阿里巴巴生态系统

1. 独角兽：独步天下，舍我其谁？

胡润研究院（Hurun Research Institute）的数据显示，2017 年，中国有 120 家独角兽企业，包括 29 家高端制造业、云计算、人工智能和生物技术企业。在 Internet + X 领域，有许多著名的大型独角兽。根据基本证券研究集团的数据，中国 120 家独角兽公司的市值接近 3 万亿元人民币。独角兽榜单显示了互联网公司的主导地位。在上榜的公司中，互联网服务、电子商务和互联网金融领域的独角兽公司占了 50%。在分布区域方面，在 2017 年北京的独角兽公司数量排名第一，有 54 家公司上榜，占总数的 45%。这表明了北京在中国新经济地图上的独特和重要地位。上海和杭州分列第二位和第三位，分别拥有 28 家和 13 家独角兽公司。深圳和广州分别以 10 家和 3 家排名第四和第五。就估值而言，北京仍是中国最大的独角兽城市，杭州的 13 家独角兽的总估值，超过上海的 28 家，上海、深圳和广州紧随其后。在行业方面，分布在高端制造业、云计算、人工智能和生物技术四大行业中的独角兽公司有 29 个，占 25%。在创新的形式上，独角兽可以分为平台生态和技术驱动。平台生态主要是基于互联网搭建平台，不直接与实体企业接触，类似于第三方为实体企业与用户搭建桥梁。平台是基于互联网的时效性模型，可以概括为"熟悉"、"认可"和"实施"。它实现了营销、管理和财务之间的动态联系，如表 2 - 3 所示。

表 2-3 2017 年中国独角兽企业榜单

排名	企业名称	估值（亿美元）	行业	成立年份	所在地
1	蚂蚁金服	750	互联网金融	2014	杭州
2	滴滴出行	560	交通出行	2012	北京
3	小米	460	智能硬件	2010	北京
4	阿里云	390	云服务	2009	杭州
5	美团点评	300	电子商务	2010	北京
6	宁德时代	200	新能源汽车	2011	宁德
7	今日头条	200	新媒体	2012	北京
8	菜鸟网络	200	物流	2013	深圳
9	陆金所	185	互联网金融	2011	上海
10	借贷宝	107.7	互联网金融	2014	北京

资料来源：科技部，东方财富 Choice 数据。

平台是一种人为创造的商业模式，旨在利用强大的互联网效应模糊多群体互动的界限。除了影响自己的用户群之外，一个好的平台还可以扩展衍生产品、重新定义产业体系结构和设置行业规则。平台是一种基于互联网的时效性模型，可以概括为熟悉、认可和实现三个方面，它实现了营销、经营和金融的动态联系。企业根据用户需求，开发和创造移动终端用户空间。当用户熟悉了平台之后，他们就会围绕它进行宣传，并在用户之间形成人际网络。随着品牌效应的加深，用户黏性的增加，用户的依存度增加，用户的更换成本增加，当用户长期活跃时，就会形成一个良好的循环。当企业平台用户扩展到一定规模时，就会有较强的流量引导作用，更容易实现更有价值的目标。依托平台企业强大的资金积累、资源整合和系统管理能力，独角兽企业呈现出了显著的爆炸式增长特征。

创新是发展的主要动力，独角兽的快速发展离不开良好的政策环境。在"十三五"规划中，由国务院发布的五年计划强调为确保如期进入创新型国家行列，建立一个世界科学和技术力量，中国将重点实施创新驱动发展战略和支持供应方面的结构性改革。中国共产党第十九次全国代表大会将以高新技术的发展为首要任务，深化科技体制改革，全面大力推进以科技创新为核心的全面创新，促进更多的创新，实现高质量发展。

2. 用户导向：心理→价值→精神需求迭代

在互联网背景下用户已成为主角，用户已不仅仅是被动地接受企业产品，还可以借助互联网技术，直接参与到产品的制造过程中，倒逼制造业已成必然。制造业生产不能只看企业内部数据，而应该依托互联网技术挖掘外部用户数据，以指导企业制订计划。企业需要根据时代的变化，转变价值观念，实现从"以产品为中心"向"以用户为中心"的转变。在互联网与制造业的融合中渗透用户思维，实现了以用户为中心的制造业的转型和升级。

在行业中，用户是最终和关键的评判者，是企业的基础。所有的商业法规、策略、模型或障碍都成为用户选择的次要因素。每一家公司，无论大小，都有向用户展示自己的平等机会。用户需求的满足是用户价值感知的基础，但这并不意味着只要满足了用户的需求，企业就能为用户创造价值。只有当用户认为他们的付出小于他们从需求满足中得到的效用时，制造企业才能为用户创造真正可感知的价值。在创造用户价值的过程中，以用户为推动力，要求企业不断优化、改进产品和服务，创造更高质量的产品，良性循环，让用户在需求和价值上实现增值制造和用户优化。

在网络环境下，用户的内外交互变得更加方便。微信、QQ 等一系列互动软件为用户消除交互障碍。一方面，相同的用户交互可以增加用户的虚拟社会关系，提高用户对交互平台和软件的黏性，从而影响用户的需求。例如，维店、莫库杰等社交购物平台主要致力于用户沟通，刺激用户需求进而促进消费。另一方面，用户与商家之间的直接互动不仅可以增加用户的情感和黏性，还可以增强用户对企业的感知，提高用户的满意度和归属感，并通过直接互动帮助商家改进产品。通过用户的参与，不断改进产品，创造新的产品和价值，产生新的需求，带动消费。同时，企业应重视用户价值，加强与用户的沟通，提高服务水平，通过平台等一系列网络手段吸引更多的用户参与产品的创新和改进。不仅仅在产品与售后中追求更高的用户满意度，更要在用户互动与交流中给予用户归属感，增强用户依存度。例如，苹果手机更新系统都会考虑前几代的机器，虽然前几代产品可能已经停产用户也很少，但并不影响苹果系统信息的推送。仅仅是推送信息，但会给用户一种企业不会忘记老用户的感觉，这种感觉会蔓延到整个使用过程，进而提升用户满意度，增加用户黏性。

3. 兼容：是好种子，到哪里都能生根发芽

大型纪录片《互联网时代》全面介绍了互联网的发展历史，展示了它的巨大威力和作用。互联网就像一根魔杖，指向哪里，哪里会把腐烂变成魔术；跳到哪里，哪里就会有绚烂的花朵。在互联网时代，个人可以广泛、深入地参与创新，从而改变自己和国家的命运。信息的普遍披露对每个人的学习能力提出了更高的要求，不能学习的人将难以生存。互联网作为一个开放的平台，为公众参与创新提供了一个切入点，这是非常重要的。历史告诉我们，以追求利润为基础的

商人和企业是创新的主要推动者和实践者。春秋时期以来，中国逐渐形成了自己的商业文明，但中国商人始终无法摆脱对官场的依赖，成为一支独立的商业力量。简单地说，中国商人的传统不是制造更好的捕鼠器，而是从当局获得捉老鼠的特权。这一特征在清代达到顶峰，导致商人不愿创新。

改革开放以来，中国抓住了这个机会，经过40年的发展，国内生产总值居世界第二位，创造了历史奇迹，但创新能力不强，制约了经济转型，其中最大的发展瓶颈就是容易陷入中等收入陷阱，而创新能力弱的主要原因就是顽固的传统商业文明。在当前的互联网模式下，一切都是兼容的，无论是教育、医疗还是公共服务，都是随着互联网应运而生、生根发芽的。

三、进化：生态最强大的生命力

生态是一个从简单到复杂的过程，也是一个培育的过程。试图不加培育就启动高度复杂组织的行为注定失败，如乐视。这种从简单到复杂的过程就是进化，进化才是生态最强大的力量。

1. 竞争：优胜劣汰，适者生存的自然法则

随着互联网技术的发展，越来越多的企业通过网络平台开展业务。互联网正在成为新经济的引擎，改变着企业之间的竞争规则。如何在灵活、复杂、多变的网络环境中保持竞争优势，成为关系到网络企业生存和发展的互联网组织结构的关键。生产者和用户可以通过互联网直接交流，减少对传统中间商的需求，从而降低交易成本。虚拟化是最基本的表示形式之一。虚拟交易允许生产者和用户通过互联网交易平台直接完成业务，而无须相互联系。直接经济理论主张网络经济应理顺工业经济的各种曲折，缩短中间环节。在互联网时代，企业的经营模式正在由单一向多样化、由商品经济向服务经济、由实体经营向虚拟经营转变。因此，企业必须评估形势，制定和实施新的战略，以适应互联网时代的竞争。

用户价值是指用户作为产品和服务的载体所承认和接受的利益和效用，包括用户所要求的产品（服务）的实际功能，以及用户的心理和精神上的收获。用户感知价值与产品和服务质量正相关。产品和服务质量越高，用户的感知价值和满意度越高，忠诚度越高。用户满意度和忠诚度越高，对产品价格的敏感性越低，价格对产品销售的影响也越小，因此，价格战不能提高用户忠诚度。企业只有提高用户的感知价值，提供更好地满足用户需求的产品和服务，才能吸引用户。在传统观念中，用户是企业提供产品的被动需求目标。

多元化战略属于发展战略，包括相关的多样化和不相关的多样化。与集中式战略相比，企业多元化经营通过向不同产品和行业配置资源，可以克服过于依赖

某一市场的弱点，当某一业务领域遇到挫折时，可以通过增加其他业务领域的利润来弥补损失，从而提高企业的抗风险能力。同时，实施多元化经营有利于企业充分利用内部资源，协调不同业务的资源，共享技术优势、市场优势和管理优势等资源优势，提高资源利用率。此外，多元化战略还可以帮助企业赢得更多的投资机会。一般来说，如果一个集中经营的企业不能在某一领域筹集到足够的资金，它就会因为资金压力和错失机会而放弃一些将来可能盈利的投资项目。多元化战略提供了一个庞大的内部资本市场，企业可以通过内部资本配置来缓解资本不足的问题，从而使多元化企业获得更多的投资和利润机会。因此，在互联网条件下，采取多元化战略可以帮助企业更好地开拓新市场，分散经营风险，提高盈利能力。以上各点都是为了从用户和企业战略的角度使企业在数字经济中生存。

2. 整合：生态是进化的结果，不是规划的结果

在互联网架构下，人们强调数据的链接、快速和实时传递，企业也被定义为数字个人。当企业联系在一起时，会产生什么影响？在企业互联网中，根据分形理论，这个大网络本身就是一个超级企业，它还拥有企业智能，因为它拥有每个企业的算法和数据；这个超级企业可以通过放大计算单个公司的 BOM 表来匹配基于 BOM 表的供应商列表，比如 iPhone 指定每个组件的供应商。这一扩展、强化和演化的"BOM +"供应商的智能供应链也可以根据供应商的质量、价格、距离、时间、供应企业的实力、管理水平、规模等维度来选择，从而计算出一个完美的供应链。智能网络可以根据手机使用数据（即物联网企业未定义自有产品的数据）分析计算市场，分析下一季度将需要多少红、蓝、银等需求信息数据。

3. 协同：不只是和谐，还是"1＋1≥2"的效应

随着互联网技术的普及和应用，大数据、云计算、平台经济和移动互联网已经成为信息产业发展的热点和趋势。数字内容产业作为一种信息媒介，具有智能化程度高、附加值高、能耗低等特点。它是现代信息服务业最具活力、最具创造性的新兴形式。与传统产业相比，数字内容产业整合了 IT 技术。该行业的核心知识可以通过信息服务平台进行传播，分散在产业链不同环节的企业，可以围绕平台完成知识和技术的吸收和创新。

基于平台经济的数字内容产业通过协同创新的动力机制，使数字内容平台协同创新系统中各创新主体，推动平台产生内容产品创新和内容服务创新的功能或机制。通过对创新主体的模型进行构建和博弈分析，得出每一个创新主体都受到不同驱动力的影响。虽然参与协作创新的意愿和能力可能不同，但从战略分析的角度看，参与协作创新是平台各个创新主体的最佳选择。

第二节 互联网生态的特性

中国互联网协会与工信部信息中心在 2018 年中国互联网企业 100 强发布会暨百强企业高峰论坛上联合发布了 2018 年互联网企业百强榜。数据显示，中国互联网百强企业互联网业务总收入达到 1.72 万亿元，互联网业务收入同比增长 50.6%，对经济增长的贡献率进一步提高。在未定义的互联网业务收入前 100 强企业中，排名前两名的阿里巴巴和腾讯的业务收入占百强企业互联网业务总收入的 25% 以上，占总营业利润的近 60%。互联网百强企业不断突破核心技术，在人工智能、大数据、云计算、区块链等新技术领域取得了丰硕成果。如图 2-5 所示。

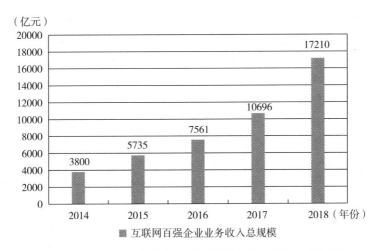

图 2-5 2014~2018 年我国互联网百强企业业务收入变化趋势

网络生态系统的建设是竞争的一个重要因素，未来，中国最大的 100 家互联网公司将有五大发展趋势值得关注。如图 2-6 所示。

一、开放：百花齐放，春色满园

随着"互联网+"和各种移动设备的快速发展和普及，开放型经济呈现出蓬勃发展之势，这是时代发展的趋势，也将推动时代的发展，对于我国经济发展和企业转型升级有着非常重要的作用。各式各样的经济形态现在已经渗透在衣食住行、农业、信息等各个领域，对人们的生产生活产生了很大的影响，成为一种新的商业模式。

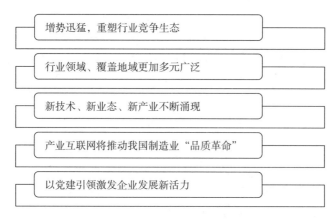

图2-6 中国互联网企业100强未来发展趋势的五个方面

1. 开放是组织存在的前提

过去，传统企业大多受到技术、政策等因素的制约，受到地域和时间的限制。高昂的通信成本和时间成本导致业务范围受限，使得企业无法在任何时间、任何地点都能运营。然而，在互联网技术的支持下，企业可以跨屏幕、跨区域合作，突破信息的时空限制。互联网带来了真正意义上的全球发展，这个行业正在走向平缓。通过使用互联网工具，企业能够无国界地运作，使市场无边界，合作无边界，提高了行业整体水平。在过去的传统企业中，企业主要依靠现有的资源来促进整体和自身业务的发展，用户使用企业生产的所有东西。此外，用户获取的产品信息还受到地理和技术的限制，无法满足个性化的需求。但在互联网时代，海量的信息资源使用户可以有大量的选择空间。因此，用户随着种类的增多，需求也随之变得更加多样性、个性化。

2. 越开放的组织生命力就越旺盛

目前，许多企业的创新实际上来自于用户的需求，更好地满足用户的需求是企业模式创新的主要驱动力。因此，在这种市场变化的情况下，只有满足用户的个性化需求，企业才能拥有更多的竞争优势，而不是被市场淘汰。随着互联网的飞速发展，互联网可以很容易地实现品牌所有者与终端用户之间的直接联系。传统企业也遵循"去中介化"的步伐，逐渐削减中间分销环节。业内人士认为，利用互联网来"去中介化"的最直接优势是消除中间环节，使用户可以直接与制造商联系，节省时间、人力、物力等交易成本，使交易双方受益。同时，互联网的"去中介化"也缩短了渠道，大大减少了产业链的参与者，节约了成本，提高了交易的透明度。交易信息将被清晰地记录在互联网上，并且可以在任何时候被审查。同时，厂商面对用户，更好地了解用户的个性化需求，有利于行业整体水平的提高。业内人士表示，互联网并没有改变大多数企业的性质，也不能颠覆大多数传统行业。它只是传统行业改善业务流程和提高效率的工具。不可否认，互联网的确带来了企业渠道的变化，但它只是一种新的商业模式，是在传统产业的基础上建立起来的。当互联网"去中介"时，企业必须与传统产业结合，而不是取代传统企业。传统企业在采用互联网"脱媒"时，要善于将其与传统产业相结合，利用互联网工具进行业务转型和升级。

3. 开放过程充满挑战

从三聚氰胺到盐酸克伦特罗，问题产品给广大用户带来了巨大危害。在我国的信用制度还不完善、企业缺乏自律的情况下，信用缺失问题十分严重。一方面，由于相关法律知识的缺乏，企业签订合同后表现不佳，不仅造成了债务三角问题，还损害了企业的声誉和形象，影响了企业的正常运作，甚至导致企业破产；另一方面，一些企业为了获得高额利润，会出现生产劣质产品现象，不注重产品质量，欺骗用户。这极大地影响了企业互联网化的转型升级。因此，企业要开展"互联网＋"业务，就必须在良好的信用交易环境中建立和完善社会信用机制和制度，使用户有信心消费。

随着"互联网＋"业务越来越多，在交易过程中出现的网络信息盗窃、财产损失、电子物流系统不完善、网络不稳定等问题，也成为影响我国电子商务发展的不利因素和制约因素。因此，为了更好地发展"互联网＋"，必须解决信息安全风险和质量安全问题。

专栏 2-2　　　　　柔宇科技：科技创造未来

独角兽企业代表着新经济的活力、产业的大趋势和国家的竞争力。2018年，全球资本市场风起云涌，独角兽企业面临大洗牌。其中，有些独角兽在筹集资金时遇到困难；有些独角兽却获得资本追捧，大放异彩；有些甚至大有超越老牌互联网企业之势。作为专注于下一代人机交互及万物互联技术和产品的研究、开发、生产及销售的公司，柔宇科技引领了柔性显示和柔性电子产业的新潮流，成为全球成长最快的独角兽科技创业公司之一。除了其自身的技术优势之外，很明显，还离不开资本的助力。自成立以来，柔宇科技完成了6轮融资和2轮战略融资，累计融资金额估计在60亿元人民币以上。

一、公司简介

深圳市柔宇科技有限公司（以下简称"柔宇科技"）成立于2012年5月8日。公司由IDG资本、中信资本、深圳市创新投资集团、基石资本、松禾资本、源政投资、富汇创投、Alpha Wealth、Jack and Fischer Investment、美国 KIG 资本以及一批国内外风险投资机构和投资者共同投资。在过去的两年里，柔宇科技从国内外著名的风险投资机构获得了四轮风险投资，已发展成为一支汇集 20 多个国家和地区的 2000 多人的国际团队，成为世界上发展最快的独角兽技术创业企业之一。公司文化遵循 3Y 核心价值，即正直诚信、勇于创新和敬业尽责。

二、探索多领域，综合战略布局

柔宇科技成立 8 年来，已发展成为全球柔性显示、柔性传感、虚拟现实显示及相关智能设备的领导者，专注于下一代人机交互和交互的研究、开发、生产和销售。目前，包括世界上最薄的 0.01mm 彩色柔性显示屏和新型柔性传感器，柔宇科技在国内外拥有约 1800 项核心技术知识产权，产品已销往 20 多个国家和地区。

从战略上讲，信息时代的用户需求正在发生深刻的变化。与以前的需求点不同，"柔性＋"技术以"灵活性"的概念创新了人机交互方式。在柔性显示技术方面，公司积累了深厚的基础，逐步建立了技术壁垒。柔性技术继续打造柔性电子平台技术，应用于各行各业、家庭、各领域的产业合作，新产品设计和用户体验，在智能交通车辆、教育办公、体育时尚、建筑等领域。公司在不同行业有许多战略合作伙伴，在消费电子行业、汽车运输、智能机器人、办公用品等领域的一系列产品应运而生。柔性科技打破思维的界限，开创万物互联的新未来。柔宇科技的三个核心平台是人机交互、人工智能、万物互联。信息技术中万物联网的未来是感知、计算和互联的结果。人机交互界面是一种突破物理极限、建立相对独立个体之间互联的灵活方式。柔宇科技实施的"柔性＋"战略实现了公司的广泛涉猎，如图 2-7 所示。

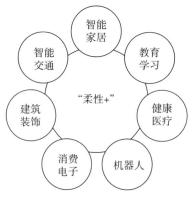

图 2-7 柔宇科技"柔性＋"战略布局

三、"B2B + B2C" 商业模式带来的转型

柔宇科技不断增加在人力资源、资本资源、固定资产资源和高新技术产业知识产权资源方面的投资来充分激发科技人员的技术创新能力，以提高企业技术能力，不断获取外部资源，促进企业内部资源的整合。

柔宇科技的商业模式是"B2B + B2C"。公司产品主要分为两部分，即"柔性 +"商业解决方案，专注于商业领域的柔性技术，包括消费电子、体育时尚、教育办公等终端产品；"柔性 +"技术，包括柔性显示屏和柔性传感器。柔宇科技创新了由柔宇科技团队设计、开发、制造的全球唯一全柔性显示屏生产线，拥有核心技术自主知识产权3000多项。公司自成立以来，已获得多个行业的大量市场订单，整个生产线的产能和效率都在不断提高。

未来，柔宇科技将继续探索管理模式以适应自身的发展，继续关注"柔性 +"战略，构建一个整个世界共享的"柔性平台"，并与各界用户携手努力，将柔性电子技术应用到各个领域，最终实现让人们更好地感知世界的目标。柔宇科技相信，基于"柔性 +"的人机交互新技术，将人工智能与万物互联相关领域相结合，会创造更多的可能性。

资料来源：柔宇科技官网，http：//www.royole.com。

二、包容：海纳百川，有容乃大

互联网时代带来了巨大的机遇。推进"数字中国"建设，发展分享经济，拓展互联网空间，是创新创业时代的热点话题。人工智能、机器人革命、大数据和云计算等新一代信息技术已经成为最尖端的创新力量，一直在影响着人们不确定的生活和学习方式。国家主席习近平就互联网的本质发表了许多重要讲话，例如"互联网是一个社交信息的大平台"，"互联网正日益成为人们学习、工作、生活的新空间，成为人们获取公共服务的新平台"，"我们要让互联网成为我们与人民沟通的新平台，成为我们了解人民、接近人民、解决问题的新途径，成为我们推进民主、接受人民监督的新渠道"，强调要以信息化促进国家治理体系现代化和治理能力现代化，协调电子政务发展，构建综合在线服务平台。他还表示，希望各国促进互联网领域的开放与合作，并建立更多的交流与合作平台。

1. 越是包容的系统越开放

在短短三年半的时间里，滴滴迅速成长为一个涵盖出租车、私家车、特快

车、免费汽车、授权驾驶和公共汽车服务的一站式出行平台。可以说，滴滴从孕育到诞生，再到成长的过程，证明了大众创业和创新的伟大实践成果。滴滴公司作为分享经济的典型代表，以较低的成本、较高的效率实现大量闲置资源，特别是闲置车辆的供需匹配，改变以往通过增加投资、刺激经济增长来满足新需求的方式，不仅有利于资源的优化配置和发展方式的转变，而且有利于人民福利的提高和共同发展。滴滴的孕育、诞生和成长，充分体现了以人为本的发展思想，有利于让亿万人民分享互联网发展的成果。滴滴公司一站式出行平台包括三大方面：①打造全球最大一站式出行平台；②共建汽车运营商平台；③全球智能交通技术引领者。

2. 越是包容，链接的节点越多

基于网络平台的属性，平台企业可以更有效地以信息流带动技术流、资金流、人才流和物流，促进资源配置的优化和全要素生产率的提高。这是一个从小到大、从弱到强的新事物。我们应该通过一个包容和支持的市场机制，努力实现适者生存的目标。当然，网络空间不是一个无法无天的地方。网络空间是虚拟的，但网络空间主题是真实的。每个人都应该遵守法律，明确各方的权利和义务。政府应制定新的监管理念、制度和方法，以确保产品质量，保护用户的权益，平衡在线平台上各方的责任和权利。

3. 越是包容，链接的频次越高

互联网的特点是互连性、开放性、共享性、兼容性和技术架构的多样性。正是这些特点，再加上社会文化中的"自由""开放""共享"等因素，造就了"网络之魂"——互联网的精神气质。简而言之，自由、开放和共享是建设互联网的初衷。为了达到这一目的，互联网的开放性、兼容性和多样性的特征被触发，从而为自由、开放和共享提供技术和人类环境的保障。因此，网络技术不仅蕴含着丰富的自由、开放和共享的价值观念，而且为以前所未有的方式追求自由、开放和共享的价值观提供了一个真正的平台。值得赞扬的是，这一平台的普及是全球性的，其行动范围和方式超越了时间和空间的限制。作为一种价值理想，自由、开放和共享是全人类共有的。然而，在现实的世俗历史空间和时间里，自由、开放和共享曾经是少数人的专利，而大多数人缺乏分享这一理想的技术途径。从根本上讲，缺乏普遍性和全球化基础的自由、开放和分享并不是真正的自由、开放和共享。互联网为实现自由、开放和共享的价值观提供了一个技术渠道和前所未有的可能性。值得强调的是，这些精神并不是互联网特有的，但互联网已经逐渐将这些精神从"虚拟"转变为"真实"。在人类历史的长河中，这些精神作为人类的价值追求，作为人类奋斗的理想，多少带有一些"虚拟"。有趣的是，被称为"虚拟"的互联网技术为这些理想带来了更多的"现实"。

专栏 2 - 3   乐视云：最专业的视频开放平台

随着电子商务的不断发展，电子商务逐渐融入企业的经营活动和个人的日常生活中，创造了丰富的商业价值，带来了无限的商机，极大地改变人们的生活和工作方式。在目前的电子商务过程中，商品和服务信息的显示仍然是以文字和图片为基础的。相比之下，视频在信息传输的丰富性和显示方式的多样性方面具有无可比拟的优势，电子商务交易对视频有着巨大的需求。作为典型的视频开放平台，乐视云积极构建的视频生态开放系统，为用户提供了更有价值的服务，并且蕴含着巨大的商机。

一、公司简介

乐视由贾跃亭于 2004 年创立。乐视致力于打造以视频产业、内容产业和智能终端的"平台 + 内容 + 终端 + 应用"完整生态系统，在业界被称为"乐视模式"。乐视的垂直产业链整合业务涵盖互联网视频、影视制作与发行、智能终端、大屏应用市场、电子商务、互联网智能电动汽车等方面。旗下子公司包括乐视网、乐视致新、乐视影业、网酒网、乐视控股、乐视投资管理、乐视移动智能等。

乐视云成功服务除乐视外的上万家企业用户，如熊猫 TV、战旗 TV、快手、人人网、凤凰网、百度视频等互联网企业。在广电领域，乐视云先后与中国蓝 TV、天府 TV、四川网络广播电视台等广电企业建立开放型战略合作，推动企业与媒体产业的深度融合。乐视云发行渠道覆盖乐视视频、乐视手机、乐视超级电视等乐视全屏，以及全球互联网、广电、户外众多渠道。在全球化战略上，乐视云与微软、英特尔、爱立信、戴尔及全球主要运营商展开了深入合作，加快实施全球化的云生态建设。乐视云的商业合作模式如图 2 - 8 所示。

二、专注视频云开放平台，定位视频垂直领域

与传统的云计算产品不同，一般企业都是技术上解决了某个层面的云计算问题，乐视云定位于视频垂直领域，从细分行业的应用着手，垂直整合云计算资源，包括视频 CDN、行业云、生态云和视联网等，以视频为基础进行横向拓展，使其在视频产业领域也具有一定的优势。

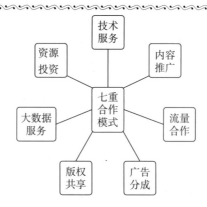

图2-8 乐视云的商业合作模式

乐视云平台支持的核心用户群是以视频消费为主的群体，公司积极推广各种超级视频应用，来弥补乐视产品生态的短板。在内容方面，乐视生态目前拥有乐视视频、乐视体育、乐视影业、乐视音乐等全生态内容，乐视云平台上汇聚了数十万家的内容提供商、发行商、运营商等，覆盖整个内容产业链。乐视云首创的VaaS（Video-as-a-Service）模式，致力于打造以内容聚合、内容分发和衍生服务为核心的超级视频云平台，为企业用户及个人用户提供高品质视频云服务。乐视云计算拥有全球首个全面支持4K和H.265新一代视频技术的企业级视频云开放平台，为用户打造清晰、流畅、极致的视频播放体验，为各行各业提供视频服务平台和技术资源，引领传统商业模式的变革。

三、互动热门应用场景，提供多种解决方案

乐视云的生态理念是"破界化反"，不断打破行业边界，创造新的市场反应和价值，将产品和服务应用到不同的生活场景中，让生态世界共享，让用户和合作伙伴建立属于自己的理想生态系统。乐视云正式推出全球移动广播解决方案，依靠生态的延伸，通过生态经济和生态的创新，为用户创造更加丰富的直播应用场景，加强乐视生态的垂直整合的开放闭环，引领ET时代的到来。

乐视云的视频平台可应用于活动直播加速、海外直播加速、新媒体直播等各种场景，具有丰富的资源储蓄，通过低延迟及流媒体技术，最大限度提升直播的效果，一站式解决加速方案，让用户时刻享受丰富的直播应用，如图2-9所示。

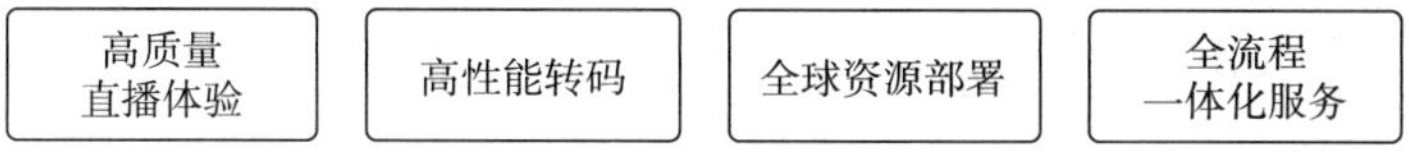

高质量 直播体验	高性能转码	全球资源部署	全流程 一体化服务

图2-9 乐视云的产品亮点

新的商业模式需要从实践中探索，需要深入研究用户需求和视频共享的发展趋势。视频共享业务模式的成功，离不开用户规模的扩大和视频产业的成熟，也离不开服务商的大胆解读。

资料来源：乐视云官网，http://www.lecloud.com。

三、共享：我为人人，人人为我

随着互联网的普及和发展，一系列暂时转移商品使用权的实物共享平台逐渐出现，以获取补偿为目的，共享从无偿到有偿，从信息共享到实物共享，逐渐发展成为一种新的经济模式——共享经济模式。从最初基于互联网平台的汽车租赁到现在涉及服装、食品等行业，在"互联网＋"的背景下，共享经济席卷全球。共享经济企业应具备用户、平台、社群、信任、匹配、资源等要素。

1. 共享经济，来去匆匆的风口

随着生活水平的不断提高，对于用户而言，相比于追求物质私有，他们更加追求精神享受和新鲜感，所以人们的消费行为更加趋向于租赁而不是购买。共享经济交易的产品大都是闲置的，所以产品拥有者愿意以很低的价格进行交易。因此，交易成本更低且可循环使用。共享经济不仅增加了用户福利，降低了交易成本，还为双方提供了更自由、更丰富的选择。

当前，中国部分行业产能过剩，转型升级难度较大。在这种情况下，共享经济以其优化资源配置、提高资源利用率的优势迅速发展。一方面有大量的闲置资源，另一方面有大量的人需要使用这些资源，共享经济充分利用社会闲置的剩余资源，实现价值和效益的最大化。同时，共享经济的兴起对传统企业产生了巨大的冲击，这就要求传统企业积极顺应时代发展的要求，在互联网背景下成功转型升级。

2. 共享经济是真命天子

共享交通是我国共享经济模式的先行企业。2012年，滴滴打车和快的打车相继成立，标志着中国共享经济的正式崛起。此后，陆续建立了交通运输领域的多个平台，但规模和知名度不如上述两家企业。后来，滴滴和快的实现了战略合并，这两家企业在中国的领先地位已经确定。同时，分时租车、共享单车也进入大众的视野，共享出行的出现给大众出行提供了更加多样化的选择。相比于公共交通，共享交通花费的时间更少，在一定程度上缓解了道路拥堵的问题，也创造了新的就业岗位。但是中国大部分的网约车司机都是兼职，缺少专业的职业技能和素质培训，所以安全保障相对较低。

3. 共享经济走入寻常百姓家

共享经济在互联网的普及下提升了信号传递和信息甄别的效率，供方能在互联网平台上发布相关信息并实时更新，而需方也能随时随地地快速掌握自己想要的信息，并且可以不断地进行对比分析，找到自己最心仪的物品或服务。相比于传统模式下的共享经济，互联网背景下的共享经济极大地提高了匹配需求与供给的效率。

以共享旅游为例，随着全民旅游时代的到来，传统的走马观花式的参观型旅游活动已经远远不能满足游客的要求了，在"互联网＋"的背景下，旅游产业亟须顺应时代的发展要求转型升级。而如果能抢占共享经济的先机，占领市场，就可能从中脱颖而出。为了获得个性化体验，了解当地的民俗风情，更好地融入当地生活，房屋资源共享平台整合了当地闲置的房屋资源，让游客不仅能享受更低消费的住宿，还能满足游客个性化的需求；家庭共享厨房现在已经慢慢地在兴起，游客不仅能品尝到正宗的当地美食，还能自己动手制作，增进和当地人的交流，加强文化交流。以前人们旅游只能依靠公共交通或者包车，但是现在有滴滴、专车或拼车服务，它们不仅给游客提供了更多的体验，而且还能建立与司机和同伴的联系。传统旅游者依靠旅行社的导游，自助旅游者依靠自己。然而，越来越多的基于当地人的导游服务网站，如致力于为中国出境游客服务的网站，充分发挥了海外留学生和华人为游客提供路线规划和指导服务的力量。

第三节 生态演化：互联网思维的核心内涵

生态的概念来源于生物学，是指由不同物种及其所处环境在相互支持和制约下形成的动态平衡的统一整体。大到森林、草原，小到池塘，都可以构成一个完整的生态系统。网络生态是以网络技术为核心，以用户价值为导向的生态系统。通过跨边界垂直产业链整合和横向用户关系圈扩张，工业化时代的产业边界被打破，颠覆了传统的商业生态模式，实现了产业链的价值重构。商业生态系统的构成，包括个体用户、生产企业以及个体和组织形成的子系统，个体、组织和成员组成的生态链，类似于自然生态系统中的食物链，处在价值链的一个环节两端的单位是利益共生关系，多个共生关系构成了企业生态系统的生态圈。链圈式集成形成生态系统存在的基础。商品、资本和信息等在生态系统中通过生态圈和生态链流动和流通。企业生态系统是建立在此基础上的一个高度集成的系统。

互联网思维企业建立了生态系统，实现了生态战略布局。目前，企业面临的考验不是单打独斗的能力，而是整体生态协调能力。互联网产业生态由生态链和生态系统组成。例如，乐视生态系统是一个由垂直整合的闭环生态链和水平延伸的开放生态圈组成的完整的生态系统。乐视通过"平台＋内容＋应用＋终端"垂直整合闭环生态链，横向扩展的开放生态圈则是指纵向的闭环生态链的每个环节通过生态开放，引入能够与生态强相关的外部资源。乐视已形成互联网（平台应用）、内容、智能终端、汽车和体育五大生态系统，通过强大的生态化学反应，不断创造新的产品体验和更高的用户价值。

一、自组织生态规律

内部控制与公司组织有着相当紧密的联系，彼此相互影响、相互促进。建立和完善公司治理有利于内部控制制度的建立和实施，而有效的内部控制机制也有利于公司治理的完善和现代企业制度的建立。从公司组织的角度提高企业内部控制，能有效促进企业标准化管理，解决操作风险，提高运作效率，以保证企业目标的实现。

1. 生命周期，谁能顺天应命

组织生命周期理论认为，企业组织同人一样有一个生命周期，组织是一个活生生的有机体，往往会随着时间的推移而变化，这种变化并不是没有规律的，而是像人的成长一样要经历几个阶段，每个阶段都有不同的特征和不同的应对危机，一般可以分为四个阶段：进入期、成长期、成熟期和衰落期。组织的生命周期研究的是其发展和随时间变化的规律。

"自组织"是一个不同于"其他组织"的哲学概念。自组织通过整合内部子系统之间的资源，按照一定的规则自发地形成一定的结构或功能，然后由无序变为有序，最终成为现实，从而完成有序新结构的自组织过程。企业作为组织的最大载体，也有自己的生命周期。企业的发展应经历四个阶段：初级阶段、中级阶段、高级阶段和超越性阶段。在企业发展的不同阶段，其规模、产品和市场都有很大的不同。企业应根据不同阶段的特点，采取相应的生态组织策略。

2. 耗散结构，永恒的熵值

耗散结构理论主要研究系统与环境之间的物质和能量的交换关系及其对自组织系统的影响。基于与环境发生物质和能量交换的结构是耗散结构，如城市和生命。耗散结构的三个条件是远离平衡、系统的开放性和不同元素之间的非线性机制。

自组织是耗散结构理论中的一个重要概念。根据耗散结构理论，远离平衡态的非线性开放系统，通过不断与外界交换物质和能量，在时间、空间或函数上由混沌无序状态转变为有序状态。在远离平衡的非线性区域中形成的一种新的稳定的宏观有序结构称为"耗散结构"，因为它需要不断地与外界进行物质或能量的交换。这与中医理论相一致。正是通过气的升降、进出，人体完成了由阴阳失衡向阴阳平衡的转变。一旦气体上升、下降、离开和进入运动停止，这意味着生命的结束。

3. 跃迁，风口突变的发展逻辑

在自组织的发展过程中，自组织机制在系统的微观层次上引起子系统之间的非线性交互，出现若干个系统不稳定的临界点和失稳后的分支路径。当自我组织的内部系统与外部环境充分交换物质、能量和信息时，宏观层面的内部系统的结构将从原始无序状态变为有序状态。

具体来说，自组织内部的每个子系统都必须是竞争与协作中的非线性交互。只有在非线性相互作用下，各种函数相互关联，形成协调，才能导致系统的整体行为，从而形成复杂的混合与匹配之间的不可分离的关系，在系统的局部产生放大效应，导致系统由稳定向不稳定再向新的稳定过渡型演化。

专栏 2-4　字节跳动：打造从 0 到 1 的通用搜索引擎

回顾中国互联网的发展历程，行业底层技术的突破总能催生用户需求的变革，而每一轮变革总能诞生出及时、精准匹配用户需求的互联网巨头。随着智能手机的普及和网络提速降费红利的驱动，用户们的网络应用环境逐渐从 PC 端迁移到移动端，"信息过载"及"搜索引擎使用不便"催生了"千人千面"的推荐算法需求，字节跳动作为 AI 技术驱动型公司迅速崛起。作为国内知名的信息科技公司，字节跳动在移动资讯、短视频、内容社区、教育等多个赛道上遥遥领先对手，成为国内乃至全球成长最快的移动互联网公司。

一、公司简介

北京字节跳动科技有限公司（以下简称"字节跳动"）成立于 2012 年，是最早将人工智能应用于移动互联网场景的科技企业之一，是中国北京的一家信息科技公司，位于北京市海淀区知春路甲48号。公司独立研发的"今日头条"用户端，通过海量信息采集、深度数据挖掘和用户行为分析，为用户智能推荐个性化信息，从而开创了一种全新的新闻阅读模式。目前，公司的产品和服务已覆盖全球150个国家和地区、75个语种，在40多个国家和地区位居应用商店总榜前列。公司在海内外推出了多款有影响力的产品，包括综合资讯类的今日头条、Top Buzz、News Republic，视频类的抖音、Tik Tok、西瓜视频、Buzz Video、火山小视频、Vigo Video，以及AI教育产品、AI技术服务和企业SaaS等新业务。

二、AI技术为核，打造明星级产品创新

字节跳动在移动资讯分发阶段率先把握算法红利及移动时代产品、渠道机遇。2012年8月，公司上线基于AI技术实现移动端信息智能分发的"今日头条"。信息过载+碎片化阅读形成了智能推荐算法需求，公司首创的基于AI算法的"千人千面"推荐体系带动用户规模快速成长，与腾讯新闻并列两强，遥遥领先同类应用产品，如图2-10所示。

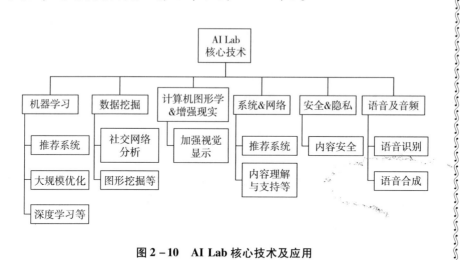

图2-10 AI Lab核心技术及应用

在短视频领域，"头条系"短视频产品主要为抖音、火山小视频和西瓜视频，三大产品未去重用户MAU达4.16亿次，成为公司流量亮点。公司迅速崛起的原因包括成熟的工业级算法推荐体系、短视频行业成长红利及优异的人群定位与产品运营战略。在全球化布局上，字节跳动以AI为核心，持续激发成长潜力。海外产品主要布局移动资讯及短视频两大赛道，目前已覆

盖150多个国家、75个语种，在40多个国家和地区位居应用商店下载总榜前列，海外用户规模已接近公司整体用户规模的20%。公司产品成功出海，一方面享受了海外移动端流量蓝海，更为重要的是，成熟的AI推荐系统内核使公司可高效、低成本地复制国内成功产品经验，实现海外快速扩张。正是通过AI核心技术，才使得字节跳动拥有现在的业务成绩。

三、多战略并行模式：六条主线，技术出海＋本土化运营

字节跳动国内产品主要布局移动资讯、短视频和社区社交三大流量赛道，在线教育、TOB服务等为流量多元变现的新兴业务。今日头条APP是公司最早期的战略产品，负责移动端资讯的智能分发。短视频中的抖音、西瓜视频和火山小视频分别定位于年轻潮流用户、PGC和UGC三大领域；在社区及社交方面，公司分别推出悟空问答、FaceU激萌及图虫三大产品，深耕内容社区、图聊及图片社区三大领域。在国内流量红利日渐饱和的情况下，今日头条以"技术出海＋本土化运营"战略进行全球化探索。截至2018年6月，其海外用户占比已接近20%，主要涵盖移动资讯和短视频两大赛道。从战略维度，其发展战略可分为深耕技术、资讯分发、内容创作、全球化、试水社交及社区业务和短视频六条主线，如图2－11所示。

图2－11　字节跳动的战略阶段

字节跳动将继续提升信息流产品的活跃用户数，推出头条系等一系列的优质内容计划和更多的APP产品，相信未来还会有更多垂直领域的产品出来，比如金融、教育。未来字节跳动能走多远，能给我们带来什么惊喜，值得期待。

资料来源：字节跳动官网，https：//www.bytedance.com。

二、方向：目标与路径

随着互联网的发展，企业战略生态视角下的"自组织"现象越来越受到人

们的关注。自组织推动了企业内部的业务模式由传统的自上而下的分层控制模式向多元化、网络化的控制模式转变。在变革的颠覆环境下，网络企业为了规避风险，减少损失，采取保守的对策，减少组织和简化程序，提高灵活性和效率，授权更多的"自我主体"。

网络时代分散的特点使渠道的力量和影响力被边缘化，口碑营销受到了广泛的关注。此外，家居装饰行业和装饰服务行业的独特性使其应更多地关注口碑营销的影响。土巴兔建立了网上和离线的特殊口碑渠道，扩大了口碑沟通的效果。在 BBS 中，新老用户都可以彼此交流装饰问题、经验或新颖的想法。同时，土巴兔更注重与 BBS 活跃成员之间的相互作用。装饰助手在土巴兔通过分享实时精选的精美图片、3D 渲染、新装修关怀微信可以得到新的福利，还提供装饰日记、装饰工艺等装饰知识自学板，也可直接应用于微信免费房间、房屋检查等服务。而其离线教室将进入腾讯、百度等多家企业，进行装饰知识宣讲。土巴兔已签约王汉为其代言人，并在电视台、地铁、公共汽车和电梯上投放大量广告，让那些不上网的人了解网络家居装饰。

1. 主动选择：沿着文化进化的方向

自组织是系统具有最高适应力的表现形式。一个能够自我进化的系统，可以通过改变自身，来适应各种变化，以维持生存。一个完全自动运转且不断螺旋上升的系统是多么的神奇，这就像漫威电影里面的金刚狼，不管你怎么打他，伤害他的身体，他的伤口都可以愈合，这就是另外一种形态的自组织。

在互联网生态下，企业应该学会主动选择和学习。在企业自组织生命周期的演化过程中，通过注入人工智能和人工学习以缩短演化时间。随着文化的进化，它成为一种独立的学习。在企业生态系统中，不同的主体在与环境的斗争中达成了相同的认识，形成了相似的意志、韧性和思维方式。为了满足民族文化的习惯，我们将得到最大的反馈和最高的效率，即自主学习的方向。通过这种积极的选择行为，共生，共同进化，满足相同族群文化的习惯，组织最终会得到最大的反馈和最高的效率，并在沟通中产生意想不到的机会和创新。

2. 成本最低：沿着阻力最小的方向

石缝里的小草，总是想办法找到还有一线阳光的地方顽强地生长，也就是沿着阻力最小的方向生长。现在的电商和线下的卖场彼此融合就是沿着阻力小的方向进化的表现。电商方便快捷，但体验不好，线下租用场地费用高但场景体验方便。二者融合就会克服彼此的不足。

现在所谓的新零售是将线下利益和在线利益充分整合，以使其更加可行。在当前的互联网 4.0 时代，它不仅是网络与线下的无限融合，也是虚拟与现实、在线与离线的无限融合。场景化消费、个性化满足、用户情感的愉悦、健康、环保、学习等要素都充分体现在两者的融合之中。

无限的融合、趋近、逼近就是阻力最小的方向。人类还有最大的阻力：交易中介的信任问题。支付宝作为中心化的角色解决了一部分信任问题。未来只有区块链才能真正解决由于信任缺失而导致的高成本问题。未来谁抢得区块链的头筹，谁就将是未来的亚马逊和谷歌。

3. 永葆青春：年轻生命成长的方向

新生命的旺盛生长是生态的最大特征。绿叶和嫩芽代表着旺盛的生命力。互联网生态的本质特征是什么？小米云的商业模式是生态的吗？小米上市后市值已超过 600 亿港元。这是一个偶然的成功，还是它的生态价值真的如此之高？

互联网生态是进化的结果，不是规划的结果。生态是一个从简单到复杂的过程，是一个培育的过程，试图不加培育就启动高度复杂的组织注定失败，如乐视。这种从简单到复杂的过程就是进化。进化是生态最强大的力量！进化也可以开辟出你想象不到的领域，它是永无止境的过程，也是企业永葆青春的秘密武器！互联网生态的基本特征如下：一是开放，链接的节点越多，链接的频次越高，生命力就越旺盛；二是包容，越是包容的系统，越具有复杂性和多样性，越具有生命力；三是共享，生态就是一个巨大的生命网络，承接不同主体的联系和链接，以及多方共享；四是有生于无，生态就是在共生共存中创造出新的价值，是合作共赢的表现。生态就是网络，而网络又是共生、共存共同进化。

专栏 2-5　　　　三诺生物：恪守承诺，奉献健康

POCT 产业发展迅速，在基层医疗机构应用优势明显。POCT 产业属于 IVD 产业的细分产业，是近年来 IVD 产业发展最快的细分产业之一。中国 POCT 行业的年增长率为 20% ~ 30%，高于国际市场 8% 的增长水平。据估计，到 2018 年，这个市场规模将接近 100 亿元人民币。POCT 符合分级诊疗政策的发展趋势，发展迅速，尤其是在基层医疗机构。三诺生物传感器有限公司是一家致力于利用生物传感器技术研发、生产和销售实时检测产品的高新技术企业。三诺生物一直秉承"恪守承诺，奉献健康"的企业宗旨，通过技术创新为患者提供"准确、简单、可负担"的血糖仪及配套试纸，促进了血糖仪在中国的普及。

一、公司简介

三诺生物传感股份有限公司（以下简称"三诺生物"）是一家致力于利

用生物传感器技术研发、生产、销售慢性病快速检测产品的高新技术企业。自2002年成立以来，一直秉承"恪守承诺，奉献健康"的企业宗旨，致力于推动糖尿病健康事业的发展，不断努力提高用户的生活质量，为个人和医疗保健专业人员提供快速、准确、简便的医疗设备和信息管理系统。三诺生物的产品涵盖血糖、血脂、糖化血红蛋白、尿酸等糖尿病指标检测。公司产品销往全球135个国家，在美国、印度等地均设有分公司和办事处，共拥有员工2600余人。

二、注重品牌效应，打造多元产品线

三诺生物拥有自己的独立品牌线，包括TRUEplus、CardioChek® P·A、TRUE、A1C Now® +和PTS Detect™Cotinine。在血糖测试仪方面，分为家用血糖仪和医用血糖仪。公司以"金稳+血糖测试系统"为核心，研发了安稳+血糖仪、安捷血糖仪和智能血糖仪等产品。公司采用新型测量芯片，通过ISO 15197：2013国际血糖监测新标准，高度灵敏地快速识别血样，并自动修正偏差提高准确度。试纸采用FAD - GDH测量原理及Triple well3电极技术，通过适配新型诺采笔，减轻采血的疼痛感和心理负担。此外，公司的POCT产品线针对糖尿病的相关测试指标创立了尿微量白蛋白检测条、便携式糖化血红蛋白分析仪和便携式全自动生化分析仪。白蛋白检测条用来检测白蛋白是否超标，而后两者通过智能联网，与医院LIS系统对接，自动打印检测结果，同时也满足医院的质控需求。此外，三诺生物还专门为孕妈妈这类妊娠期糖尿病患者提供定制专属套餐服务，专属健康顾问全程指导，血糖仪自动记录结果，多功能记录饮食、运动、用药等专属GDM交流圈，"糖妈妈"可以通过分享朋友圈将数据同步上传至"甜蜜亲友团"公众号，使血糖管理轻松步入智能时代。如图2 - 12所示。

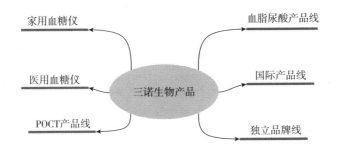

图2 - 12 三诺生物的产品线

公司的使命是为糖尿病等慢性病患者提供高品质的产品和服务。长期以来，公司秉承"平等、诚信、创新、卓越"的价值观，不断创新，实现了从"血糖仪普及推动者"到"全球血糖仪专家"的战略转型和成为"糖尿病慢性健康服务专家"的战略愿景，为慢性病的预防和治疗提供了更具创新性和系统性的智能医疗解决方案，提高了糖尿病等慢性病患者的生活质量。

三、诊所赋能医疗，创造应用场景服务

三诺生物为了帮助药店更好地服务患者并做好慢病健康管理，三诺生物从工具提供者角度，引进美国成熟模式，开创国内"分钟诊所"，让患者能更近距离、更方便地监测疾病并获取相应的服务，让慢病管理的场景在药店直接落地，帮助广大慢病人群或潜在慢病人群，如图2－13所示。

图2－13　三诺"分钟诊所"的九大应用场景

三诺"分钟诊所"主要负责糖尿病相关的慢病检测、指标分析、疾病评估、健康指导和数据管理等业务。用户通过扫身份证自动建档，诊所为其提供血压、血糖、血脂、尿酸、糖化血红蛋白等多种慢性病指标检测，重点对被检测者进行检测指标分析、评估、预测、教育，以及提供精准干预方案。诊所还可以根据患者的健康档案，实现精准推荐，寻找潜在优质会员，建立长期服务，提升会员黏性。三诺"分钟诊所"通过深度布局零售终端战略，创造点面结合、极具商业价值的高端平台，打造了一个全新的慢病终端管理模式。

成为糖尿病监测管理专家是三诺生物一直以来的愿景。未来三诺生物将立志成为中国领先的糖尿病管理专家和国际领先的血糖仪专家，使三诺生物植根中国，走向世界。

资料来源：三诺生物官网，http：//www.sinocare.com。

三、可持续发展进程

可持续发展战略的大力实施，对整体经济形式有着不可磨灭的作用。企业大力发展自主品牌、自主知识产权为方向，推动国际技术高端合作及转移，加快创新载体和产业化平台建设，抓好关键领域技术攻关与产学研合作，引导企业建设技术中心和研发中心，增强企业自主知识产权的创造、应用和转化能力。

1. 底层规则：金字塔式发展

金字塔组织是指企业的整个人事组织形式，如金字塔，是一种由制度化和法制化组成的严格的等级结构。金字塔组织明确划分职责，根据个人的能力选用和晋升。在组织内部，个人目标的满足取决于组织目标的实现。一个人想要得到什么，取决于这个人在组织中的级别，紧紧抓住他或她现有的职位，并根据官方级别晋升。根据金字塔的领导制度，最高领导容易受到四面八方的冲击，处在高风险状态。20世纪80~90年代，我国许多企业实行一支笔制度，企业中大小的决策，都是由最高领导说了算，副职和中层都是二传手，只有建议权和推荐权。最高的领导必须亲自解决和处理问题，如果稍微有些失误，就会受到各方的攻击，导致企业内部的摩擦增大。在金字塔型领导结构中，个人晋升的最大障碍是上司和同级干部，为了消除障碍，突出自己，攻击上司和不断贬低同级干部的现象时有发生而且容易出现人员过剩的情况。人们经常听说"精简机构"说法，但效果甚微。

2. 自组织进化：嵌套式发展

随着互联网下的自组织的不断进化，嵌套式发展逐渐成为互联网项目发展的方向。所谓的项目管理就是项目管理者在有限的资源约束下，用系统的观点、方法和理论来完成项目涉及工作的管理。在互联网这个虚拟世界中，一个网站是一个项目，而网站的产品也是一个项目。比如前段时间汇源果汁被外资并购事件，从嵌套式发展的思维模式考虑，汇源果汁正式利用可口可乐的销售渠道，这正是汇源果汁所欠缺的。汇源果汁在发展中进行嵌套，使得汇源果汁能够很好地运作和销售，这是嵌套式发展的成功案例。在自组织进化中，采用嵌套式发展模式的公司，可以避免相应的风险。如果只是组织进行单打独斗，从一开始这条路就不好走。

3. 生态机制：网链式发展

在21世纪全球快速发展的进程中，人类面临着前所未有的挑战和机遇。面对新的挑战，我们必须勇于探索新的、合理的发展模式，解决当前存在的问题，努力适应新时代的要求，引领全社会的发展进步。

连锁发展概念是在以往单点城市群模型和多点区域集聚模型的基础上提出的一种新的区域发展模式。这样做的目的是将一条运输线上的多个地区连接起来，共同发展，形成一个整体产业链，让各地区通过交通与产业分工的紧密结合，逐步提高对区域合作的依存度，以先发展区域带动后发展区域，以强带弱，实现共同发展和增长，并由此产生新的需求。连锁开发是生态机制下的协同创新，它进一步促进了多种优势的结合，突破了原有的生态发展模式，增强了周边环境资源和自身的紧密结合程度。

第四节　互联网生态的新范式

在新一轮世界科技革命和产业变革中，开放创新正在成为各行各业的变革力量。大数据、云计算、物联网、移动互联网等新一代信息技术的快速发展和广泛应用，逐步打破了企业原有的孤立封闭状态，实现了开放创新。但是，在成本为王、速度取胜的市场竞争中，闭关自守的创新模式处于不利地位。因此，要推动创新，就迫切需要从外部寻求创新和力量。同时，社会化、多元化、个性化的数据消费已经成为主流，参与性、互动性需求不断释放，新的商业模式不断开放，生产者与用户逐渐趋于融合。

一、流量范式

互联网生态以互联网技术为核心，以用户价值为导向，通过跨边界垂直产业链一体化和横向用户关系循环扩张，打破了产业边界，推翻了工业时代传统的商业生态模式，实现了链环价值重构的生态系统体系。"互联网＋"生态是企业发展的一种新方式，旨在整合移动互联网、大数据、云计算、物联网、人工智能和传统产业，利用互联网平台，通过跨界集成、整合、优化各行业，构建连接一切事物的新业务生态。专业媒体、机构媒体和自媒体构成的媒体行动者以及为上述行动者提供资讯聚合、分发的平台媒体，共同组成了新新闻生态系统，平台媒体引致的流量成为互联网内容生态中用户关系的关键载体。

1. 链接即能量

互联网改变了传统的产品营销模式，主要是互联网链接改变了企业与用户之间的关系。从过去失联的关系，转化为实时的联系，在此基础上对目标用户产生深远的影响。通过借助互联网链接，企业营销用户的效率将大大提高。产品是企业接触目标用户的重要切入点。在链接时代，企业应该把产品变成链接用户的一个重要切入点。通过改变与目标用户的关系，有效提高目标用户的营销效率。一旦企业与目标用户建立关系，就有巨大的价值空间可待探索。在移动互联网环境下，产品整体营销的基本逻辑是基于移动网络传播的营销体系。IP 是产品独立的通信潜力。独立通信的核心要素是产品的 IP 属性。知识产权属性是与用户产生共鸣的价值体系，是决定产品营销价值的关键。产品必须具备超 IP 属性，特别是个性化 IP 属性，使产品具有超独立的通信能力。

2. 连接一切

在万物联系的时代，多元化的生态战略是企业发展的关键。"互联网＋"的生态特征在于无边界的人与物之间以及事物之间的关系。通过离线场景和在线交互的匹配，形成黏性消费，完成从单一产品功能到综合生态服务的转变。无处不在的传感器和数据读取设备是大数据的来源。互联网及其延伸的物联网和社交平台支撑了一个强大的互动空间。云计算的应用汇聚成巨大的计算能力和存储容量，大数据的分析和应用成为人工智能的重要基础。

在互联网时代，互联网企业在一切事物与技术相连接的同时，也在以技术颠覆一切事物。"互联网＋"生态系统正在催生一种新的业务。企业、用户和产品以一种系统的方式连接在一起，形成一个完整的连续循环生态，传统的大规模生产转变为用来满足个人需求的定制服务。

3. 流量称王

流量是简单了解用户访问的数量，有了流量，就可以利用流量做转换，最终达到赢利的目的。互联网时代是最好的营销时代，营销是互联网赚钱的核心思想。互联网的信息，本质上是广告的传播。只要你的广告是有价值的，有人会交换它们，你就可以赚钱。在互联网上做生意就像将线下的生意搬到网上一样。例如，当我们旅游时，我们会去很多零食街头吃食物，发现有很多人购买这些零食，尽管一些小吃味道一般，价格不便宜，仍有很多人买，甚至需要排队等候，这是为什么？因为旅游小吃街的流量大，生意自然就好。无论我们是线下经营还是线上经营，其实都是一样的道理，只要有流量，再配合好的产品自然可以带来很多的销量，所以"产品流＝赚钱"！现在在很受欢迎的抖音上，也有很多人在卖产品。首先通过抖音上传视频获得曝光，带来用户，然后引流到一个微信或者微博平台上进行交易，这就是流量的重要性。在互联网上没有流量的生意，就相当于在线下开店，生意很冷，没有人来参观一样。

二、数据范式

从技术层面看，随着大数据和人工智能的应用，算法推荐已经成为移动互联网语境下新闻分发的主流模式。基于用户需求的智能分发提升了互联网内容推送的可达性和精准度，更加重视分析互联网内容生态与技术驱动、用户社会化生产以及新闻生态系统多元行动者在多重网络空间中的互动关系。

1. 不确定的力量取代控制

在新的竞争环境中，竞争的力量往往来自于产品以外的其他因素，如平台、服务、互动、共享等，这些因素主要是通过互联网实现的。在这种环境下，传统企业很难改变几十年或几个世纪来支持它们的一套概念和结构，他们甚至不知道如何促进竞争。此外，老式的成功必须归功于稳定的架构，但稳定的架构往往伴随着灵活性的丧失。即使在组织结构或产品组合不合理的新环境下，也很难改变，高管们坚持传统、过于庞大的组织结构也是阻力。库苏马诺教授说："有竞争力的公司必然非常灵活，能够实时适应外部环境的新变化。"一些企业可以在新的环境中创造一个良好的平台，最高水平是让别人的产品和服务为自己的产品服务，从而降低企业的发展成本。还有一些企业可以提供垂直服务（为特定类型的用户提供特殊产品和服务），而不只是提供横向产品。因此，库苏马诺教授建议公司在设计未来的战略和公司流程时注重灵活性，他说道："这比效率更重要。"

2. 数据引领

随着信息革命的深入，数据已成为互联网时代国家的基本战略资源。同时，掌握数据主动权，实现数据驱动开发，是当前互联网企业的一项重要任务。通过对海量数据的存储、传输和分析的探索，企业实现了"数据—信息—知识—智能—智慧"的全面提升。"以系统工程为核心、以综合集成为手段"的数据思想仍然散发着旺盛的生机和强大的生命力。

系统工程引领，"大数据"聚变"大智慧"。构建从定性到定量的综合集成研讨厅系统，打造人网组合、人机结合、以人为本的智慧系统，实现跨层次、跨区域、跨系统、跨部门、跨行业的综合集成，促进工程系统、政策体系和社会体系从不满意状态到满意状态，实现数据到决策、数据到研究开发、数据到产生的颠覆性创新。

综合集成方法通过思维科学与技术的综合集成与应用，将定性与定量知识进行了综合集成，解决了计算机、网络、人工智能技术、知识工程等高新技术问题。其实质是将专家组、统计数据和信息有机地结合起来，形成一个高度智能化的人机交互系统，将各种知识从感性到理性进行整合，实现从定性到定量的功能。

3. 增值逻辑：数据是最宝贵的财富

在这个一切皆有可能的信息时代，获取海量数据，并创造性地挖掘其潜在应用价值，正在成为所有"互联网＋行业"发展的突破口。其发展势头之迅猛，影响之深远，让马云甚至预言，这可能引爆第三次世界大战。

为什么数据是现代社会中最昂贵的东西？因为稀缺性和多样性。企业的竞争归根到底是稀缺性和多样性的竞争。我没有你能给用户的东西，我便会输给了你。全球化进程的加快和信息技术的普及消除了制造业的大部分差异。例如，现在手机基本上是标准化的部件，再加上他们自己的定制系统。但人与人之间仍有很大的差异，这些差异反映在数据中。公司拥有的数据越多，就越有可能提供差异化的服务和产品，为目标用户提供最佳的消费体验，从而赢得商业竞争。数据是互联网企业最宝贵的财富，通过数据，可以准确定位用户，有效布局生态圈，改善用户体验场景，促进企业的快速转型。

专栏 2 - 6　　浪潮信息：云 + 数 + AI 新型互联网企业

作为电子信息制造业的重要一环，电子专用设备在产业发展中发挥着重要的基础性支撑作用，是推动电子信息产业快速发展的根基，也是推动电子信息产业技术进步的引擎。装备强则国强，我国电子专用设备产业经历了从"0"到"1"的跨越，从无到有，聚沙成塔。如今，随着云计算、大数据的到来，电子专用设备产业也迎来了发展的黄金时期。作为领先的"云 + 数 + AI"新型互联网企业，浪潮信息始终肩负着大国重器的使命与责任，对创新的不竭追求是浪潮不断向前的最大动力，浪潮服务器助力世界 500 强中 180 家企业进行数字化转型。除此之外，浪潮还帮助政府提升城市治理、助力医生精准治疗、为百姓日常消费进行质量追溯。

一、公司简介

浪潮信息是由浪潮电子信息产业集团公司、烟台东方电子信息产业集团有限公司、北京算通科技发展有限公司、山东时风集团公司、山东全达实业有限公司、全泰电脑（惠阳）有限公司发起设立。浪潮电子信息产业股份有限公司（以下简称"浪潮信息"）的前身为 1960 年成立的山东省教学仪器厂，该厂于 1974 年更名为山东电子设备厂，1983 年成立山东计算机服务公司。1989 年经山东省人民政府批准，以山东计算机服务公司为主体，联合山东电子设备厂、山东电子研究所、山东电子器材公司和中国电子进出口公司山东分公司等共同组建了浪潮电子信息产业集团公司，成为了一家大型高科技企业集团。公司主营业务包括计算机硬件、软件，电子设备等的开发、生产和销售，计算机应用及信息技术服务等。

二、全球化品牌体系建设："INSPUR"品牌体系

浪潮信息秉承"合作共赢、同心发展"的渠道理念，以与合作伙伴实现双赢为宗旨，积极贯彻合作、开放、共赢的渠道策略，打造"计算 + 生态圈"、云服务生态圈、双创生态圈和方案融合创新生态圈四大渠道体系架构。公司将秉承"开放、合作、共赢"的理念，以商业合作为核心，以技术合作和人才培养为支撑，携手合作伙伴，打造生机勃勃的生态。随着 IT 产业市场竞争的日趋激烈，许多 IT 类产品因国内外众多制造商生产同类产品的产能大幅增加，导致产品纷纷降价以促进销售。对此公司倡导建立"以用户为关注焦点"的企业文化，加大对市场的投入力度，还积极寻求国际合作，控股股东浪潮集团与微软签署了全球战略合作伙伴备忘录，双方将建立全球战略合作伙伴关系，在应用软件、解决方案和 IT 服务、服务器 OEM、管理培训与交流项目及软件正版化等方面进行全面合作。此外，浪潮集团推出了全球化的"INSPUR"品牌体系，并许可公司无偿使用。在浪潮集团实施国际化战略的进程中，公司也将融入其中，放弃对原浪潮商标的使用，为公司进一步做大做强和拓展国际市场提供一个良好的机遇。

三、加速数字化转型：浪潮云 ERP

浪潮云 ERP 是浪潮基于 30 余年服务中国企业信息化的沉淀和积累，利用云计算、大数据、物联网、移动互联、人工智能等技术研发的新一代企业云平台。它包括面向大型企业的混合云和中小微企业的公有云以及领域云与行业云，为大中小微企业提供一站式企业云服务，以"互联、共享、精细、智能"理念为引领，构建智慧企业大脑，加速数字化转型。浪潮云 ERP 产品主要包括云应用和企业互联网开放平台，如图 2–14 所示。

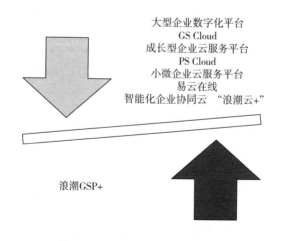

图 2–14　浪潮云 ERP 主要产品

目前，浪潮信息加快推进全球化战略布局，同时美国在渠道和服务体系也已全面铺开。随着公司国际化步伐进一步加快，海外业务有望实现较大提升，海外市场或将成为公司又一利润增长点。未来浪潮信息将全力推进智慧计算业务，并将其培育成未来核心业务之一，实现广泛应用。

资料来源：浪潮信息官网，http：//www.inspur.com。

三、协同范式

数字内容产业是由生产、传输、销售数字内容产品以及提供数字内容服务的企业组成，包括内容提供、内容服务、应用服务、网络运营以及终端用户五大环节。核心产业链上的各个组成主体发挥着不同的作用，它们均受产业规则约束，相互之间复杂的分配关系和合作方式，共同分享产业链中的价值，协同创新带来的效益将由各主体共享。

1. 消费端与供给端协同

2019 年 3 月 12 日，阿里巴巴研究团队协力发布了国内首份关于"智能 +"的重磅报告——《从连接到赋能："智能 +"助力中国经济高质量发展》。随后，推出了一系列智能经济报告。消费互联网的数字化程度全球领先，工业互联网在赶超世界领先水平，这两种状态的并存，为中国智能经济开辟了一条独特路径：消费端倒逼拉动供给侧。同时，消费互联网也从多维度拉动了工业互联网的发展，如图 2 – 15 所示。

图 2 – 15　消费互联网多维度拉动工业互联网

阿里巴巴将过去 20 年里沉淀的购物、娱乐和当地生活等多元商业场景和相应的数字化能力与云计算等服务充分融合，形成阿里巴巴商业操作系统，促进了企业各个环节的数字化转型，并实现端到端的全链路数字化。商业操作系统是一个完整的系统，能为企业提供数字的能力，而不是提供一个工具，通过赋能各类企业，使品牌、产品、销售、营销、渠道管理、服务、资金、制造、物流供应链、组织和信息管理系统共 11 个业务元素实现在线化和数字化。未来，所有企业都需要一个数字引擎，阿里巴巴将依靠商业操作系统帮助企业完成数字化转型。阿里巴巴的商业操作系统将积极响应和贯彻落实国家"智能＋"的发展战略，为消费端和供给端架起一座数字化能力迁移之桥，探索一条数字全面转型之路，帮助经济社会智能化转换和高质量发展。阿里巴巴的商业操作系统将引领数字经济的创新者走向"智能＋"时代。

2. 技术与资本协同

2019 年 5 月 8 日至 10 日，以"机器智联，赋能万物"为主题的第六届中国机器人峰会暨智能经济人才峰会在浙江宁波余姚举行。"跨界巅峰对话"以"技术、产业、资本协同，助推机器人新时代"为主题，从投资人、专家学者和企业家等不同视角出发，为我们开启了新一轮的头脑"峰"暴。

互联网时代下的企业创新需要技术和资本的协同，资本和技术作为重要推手，同时也在推动区域间的产业链协同和创新研发协同加速。围绕供给侧结构性改革，增强科技有效供给，技术短板首先要补上。企业要发挥互联网思维，大力培育新型研发机构，提升创新创业能力，积极引入多方高水平研发机构，开发高端技术研发生态平台。资本是促进创业和创新的重要动力。过去，互联网公司的投资逻辑就是告诉你"我的边界还远未到达"。扩大边界是浪费金钱，是损失。烧钱和亏损成为互联网公司吸引资金的利器。互联网公司知道，找人投资，有一件事要想清楚：不能赚钱。

3. 产业的跨界协同整合

跨界，是近年来随着大数据和物联网等技术发展而逐渐出现的一个流行词汇，最初指的是不同行业之间的合作。当今企业面临着资源丰富的互联网世界，只有明确自己的企业定位和战略规划，才能实现有效的产业融合和跨界。在现实生活中，有很多这样的例子，比如，娃哈哈卖酒、联想卖柳桃儿、恒大踢球卖水、丁磊养猪等。那么，为什么各行各业的企业都喜欢行业跨界整合呢？这值得考虑一下。原因很简单，互联网公司通过整合不同行业的资源和优势，可以扩大交流空间，拓展市场，而且这种跨界融合模式适用于互联网下的各行各业。

未来，许多中国传统企业将面临跨界新业务的转型升级，为企业提供产业发展的新机遇。但同时，行业的跨界融合也给互联网企业带来了一定的风险。因此，企业应充分把握跨界融合发展机会。

4. 资源整合也是创新

在互联网快速发展的时代，不缺乏任何可以想象的技术和产品，对创新的理解不受技术进步和产品研发的制约，我们把"资源整合"也视为一种创新，整合不是简单的"1＋1＝2"，它可以给企业创造出更多的价值，实现"1＋1＝11"甚至"1＋1＝王"。

资源整合是互联网企业战略调整的手段和企业管理的日常工作。整合是优化资源配置，获得最佳整体。企业应充分利用自身资源，整合市场资源，在此基础上创造新资源。互联网打破了时间、空间和区域的界限，为企业全面整合资源提供了条件。企业竞争不应局限于自身的能力建设，应改变思路，可以整合资源作为企业经营的指导，通过不同形式形成良性生态系统，优化资源配置，相互依存进而发展壮大，从而最大限度地发挥企业的整体价值，或使整体成本最小化。

【章末案例】 每日互动：创新数据引领未来发展

2019年5月26日，以"创新发展·数说未来"为主题的中国国际大数据产业博览会在贵阳国际会展中心开幕，来自世界各地的大数据企业和大数据领袖们以创新和变革的态度齐聚一堂，共商大数据产业发展大计。每日互动作为专业的数据智能服务提供商，不仅有一份关于展会的数据洞察报告，还有大量基于垂直行业的案例分享和数据服务产品，充分展示了大数据创新企业的发展前景和潜力。按照微软研究院对数据智能的比喻，数据是一种新型的石油。数据智能是"炼油"的过程，炼出来的产品为各行各业提供源源不断的数据动力。数据智能通过分析数据获得价值，将原始数据处理为信息和知识，然后将其转化为决策或行动，已成为推动数字化转型不可或缺的关键技术。

一、公司介绍

浙江每日互动网络科技股份有限公司（也叫作"个推"，以下简称"每日互动"）是一家专业的数据智能服务提供商。以数据技术为引擎，为各行业提供大数据解决方案，致力于打造数据智能的新生态。自2010年成立以来，每日互动已成功服务了人民日报、新华社、中央电视台、新浪微博、京东、网易新闻、滴滴出行等数十万个应用，覆盖数十亿移动终端。基于移动互联网领域海量数据积累和创新的技术理念，每日互动率先实现数据智能在多元经济中的落地应用，引领着产业智能发展的新风向。

目前，浙江每日互动的业务主要包括为移动应用开发者提供运营推广、消息推送、数据统计和用户画像等服务，以及为品牌营销、金融风控、全球旅游和智慧城市等垂直领域提供大型数据解决方案。公司总部设在杭州，服务团队遍布北京、上海、广州等地。企业的愿景是"推送智能，数据增能"。作为每日互动的掌门人，方毅提出打造新互联网时代优质产品的三大核心关键词："刚需"、"高频"和"乐享"。"刚需"在于满足用户必要的需求；"高频"在于增强用户黏性；"乐享"即是乐于分享。方毅认为，在传统互联网时代，一款产品满足刚需、高频就足够了，但到了移动互联网时代，还需要乐于分享，让用户在使用产品之后，不忘把口碑传出去，这其中比较典型的代表就是今日头条。

二、探索不同领域，探索数据智能应用场景

每日互动作为一家创新的"DI +"（Data Intelligence，数据智能）企业，是一个融合互联网、大数据、人工智能和云服务多重技术和产业身份的新经济综合体，并在行业内率先实现了数据智能在多元经济的落地应用。每日互动旗下众多的数据服务产品，展现出数据智能对经济发展和日常生活的改变。在移动互联网领域，每日互动提出了用户全生命周期运营与管理的概念，整合消息推送、用户画像、应用统计和APP运营推广等服务，为APP开发者和运营者提供一站式智能解决方案。在精准营销领域，每日互动旗下品牌DMP服务，依托每日互动海量的数据沉淀和强大的数据分析能力，可从数据平台搭建、资产可视化、用户洞察、精准定向投放等各个方面，提升品牌营销价值，驱动品效合一。在风控服务领域，每日互动以覆盖面广、维度全、连续稳定性高的大数据能力，为金融合作伙伴提供用户意愿洞察、反欺诈、风险预警等方面的解决方案，帮助金融机构提升转化、控制风险。在智慧城市建设上，每日互动通过人口与空间动态规划数据服务，洞察人、时间与空间三者的内在联系，为城市管理和智慧旅游等领域提供全面客观的数据支持，如图2-16所示。

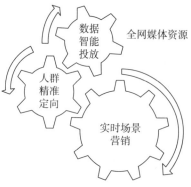

图2-16 每日互动的促活优势

此外，每日互动还创造性地将数据智能和推送技术应用于公共服务领域。比如，在防灾减灾、应急事件的处理上，每日互动能够帮助有关部门快速播报预警信息，并能在第一时间快速响应，为救援工作提供人口热力图等多种形式的重要数据支持，实现以科技助力公益的模式创新。

三、依托每日互动大数据研究中心，提供平台服务

"媒体代理商＋精细化运营＋数据增能"的业务模式，使得精准定向推广得到拓宽，提升了营销效率。在获取新用户的同时，基于种子用户画像和社交关系链，生成定制化投放人群，高效锁定目标群体。数据的智能投放形成正向数据积累，提升准确度，剔除已卸载人群，避免无效点击。每日互动经过多年推送服务的发展，积累了多维度的海量数据，运用大数据技术推动行业的发展。2014年，公司尝试构建自己的大数据平台，逐步建立了"冷数据"、"温数据"、"热数据"的独特数据分类，为大数据的垂直应用奠定了基础。公司已从信息推送服务商升级为专业的数据智能服务商，为移动互联网和精准营销等垂直领域提供大型数据解决方案，如图2-17所示。

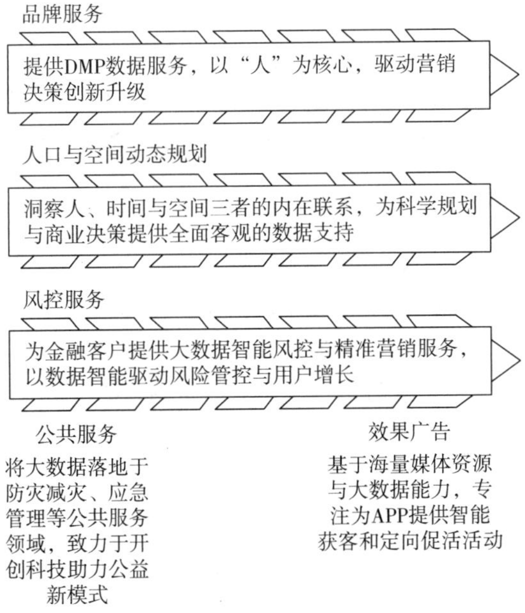

品牌服务

提供DMP数据服务，以"人"为核心，驱动营销决策创新升级

人口与空间动态规划

洞察人、时间与空间三者的内在联系，为科学规划与商业决策提供全面客观的数据支持

风控服务

为金融客户提供大数据智能风控与精准营销服务，以数据智能驱动风险管控与用户增长

公共服务

将大数据落地于防灾减灾、应急管理等公共服务领域，致力于开创科技助力公益新模式

效果广告

基于海量媒体资源与大数据能力，专注为APP提供智能获客和定向促活活动

图2-17　每日互动大数据解决方案

每日互动大数据研究中心依托多年的推送服务积累和数据资源，为移动互联网、精准营销、金融、智能旅游、公共服务提供大数据解决方案。公司的产品业务包括开发者服务、效果广告服务和大数据解决方案。对于开发者服务，每日互动融合推送、画像统计与认证，打造一站式开发者服务，为 APP 开发者提供技术推送服务，帮助 APP 开发者在合适的场景中为合适的用户推送合适的内容，大大提高了消息点击率、用户活跃度和留存率，为 APP 提供丰富的用户画像数据和实时的场景识别能力，帮助移动应用准确筛选目标用户，个性化推送消息，推荐应用更新和下载，提供多指标、多维度的应用统计分析，帮助应用运营商深入挖掘用户需求，准确了解用户行业现状，更好地引导。

四、提供"唤醒"服务，提升用户活跃度

2019 年 3 月 25 日，杭州大数据公司每日互动（300766.SZ）近日正式在创业板挂牌上市。其发行价为 13.08 元，募资 4.5 亿元，开盘触达 44% 涨幅限制至 18.84 元，市值达 75.4 亿元，市盈率 30 倍。招股书显示，2014 年，这家公司的营收只有 1600 多万元，2015 年，收入即达到 7700 万元，并开始盈利。2016~2018 年间，其营收从 2016 年的 1.77 亿元增长到 2018 年的 5.4 亿元，利润从 3400 万增长到 2.51 亿元，2018 年净利率近 50%，堪称暴利的互联网大数据公司。每日互动之所以如此暴利，核心原因在于其这两年为百度、新浪、今日头条、美团和 360 等知名互联网公司提供沉默用户"唤醒"服务，每有效"唤醒"一个用户收费 0.15 或 0.2 元不等。2016 年之前，每日互动的核心都是靠免费推送和广告收入，营销服务收入占比很高。但是从 2017 年后，每日互动的技术服务收入快速上升，营销服务相应下降，其技术服务主要来自于基础推送和轻推送，其中，基础推送多数情况下免费。

公司拥有丰富的实时通信技术经验，能够为开发人员提供解决方案。它在实现消息的高并发性和高吞吐量的同时，可以节省电力和流量，帮助移动互联网开发者实现实时高效的访问，顺利推送消息。如图 2-18 所示。

五、案例启示

科技创新的成果不仅迅速蔓延到各个行业，而且改变了社会组织形式和社会生活方式，也改变了人们的思维方式。技术创新一直是一个关键问题。企业要在市场上采取主动，避免被他人控制，必须首先拥有自主知识产权的技术和产品，掌握核心和关键技术。自主创新确实不容易，但要想取胜，胆识必须加上谋略。

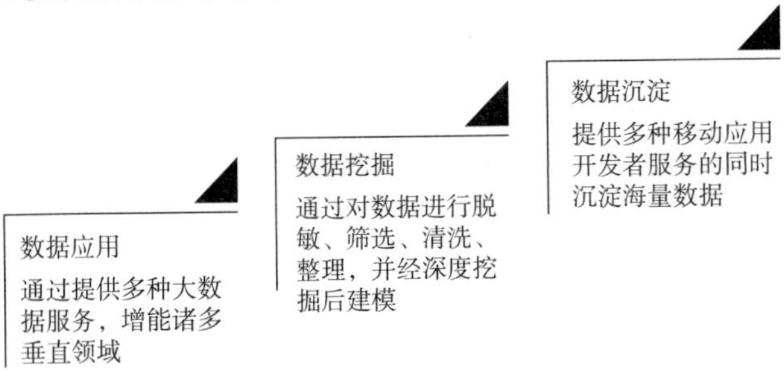

数据沉淀
提供多种移动应用开发者服务的同时沉淀海量数据

数据挖掘
通过对数据进行脱敏、筛选、清洗、整理，并经深度挖掘后建模

数据应用
通过提供多种大数据服务，增能诸多垂直领域

图 2-18 每日互动数据智能实践的"三步走"

第一，最大限度地挖掘数据资源价值，为各领域增能。作为一个专注于推送技术的服务商，每日互动通过日夜的研发，实现技术创新，利用技术最大限度地挖掘资源价值，使产品不断更新迭代，并覆盖各个领域，融合大数据人群属性分析、精准用户画像和 LBS 地理围栏分析等核心技术，提升和丰富消息推送的触达效率和应用场景，进而做到在合适的地点、时间、场景，将内容推送给合适的人群，并代入物联网领域，推动万物互联时代的发展。

第二，展开战略合作，注重企业社会责任。作为国内智能大数据服务提供商，每日互动在成立之初就提出了"科技改变生活"的观点。经过多年的发展，每日互动一直积极在大数据技术领域进行探索，不断突破智能数据前端的发展，为移动互联网、精准营销和金融等各行各业提供大数据解决方案，并与中国地震台网中心合作开发了"地震速报"APP，不仅可以为公众直播地震后的新闻，还可以及时显示地震后的人口分布和流量，为用户提供有效的信息。之后，每日互动提出技术改变公益、技术促进公共福利的理念，积极开展大数据在防灾减灾、应急管理、智慧旅游、公共服务等领域的应用，为各级政府和企业提供大数据支持。

第三，自始至终树立自主的观念，掌握竞争主动权和技术话语权。定位是商业模式的出发点，企业价值是商业模式的归宿，是判断商业模式优劣的标准。一个好的商业模式能用更少的钱做更多的事情。每日互动以数据挖掘为核心，不断创新商业模式，增强用户对品牌的认知，在最擅长的领域竞争。

资料来源：
(1) 每日互动官网，参见 https：//www. ge. cn.
(2)《每日互动地理围栏技术 为个性化运营添砖加瓦》，https：//mini. east-day. com/a/190305142804311. html.
(3)《面向机器学习：数据平台的设计与搭建》，https：//zhuanlan. zhihu. com/p/39931551.

第三章　互联网商业生态组织

开篇小语： 互联网彻底颠覆了人们的生活，互联网商业生态系统从无到有，逐渐趋于成熟，它包含互联网组织结构、健康评价标准和相关业务角色与商业战略的匹配程度等多方面因素。全新的互联网商业生态系统给用户的生活带来了深刻的变化，各种手机APP和应用软件给用户带来了前所未有的便利体验，因此，互联网、软件供应商和用户三者之间已经密不可分，三者相互依赖，具有强协同效应。也正是出于该原因，互联网商业生态系统才能在如此短的时间内迅速覆盖用户的衣、食、住、行全领域，才能一直保持活力运作的状态。

自主研发创新是企业不断进取的原动力。 如果问迈瑞医疗保持企业"高质量发展"有什么秘诀？答案是一种日积月累的笨功夫，是一个从量变到质变、厚积薄发的过程。

——李西廷

【开章案例】　科沃斯：三大战略谋划
转型互联网生态组织

科沃斯是家庭服务机器人智能化生产厂家，创建了地板清洗机器人、自动擦窗机器人、空气净化机器人、机器人管家等，专业从事家庭服务机器人的开发、设计、制造和营销。科沃斯始终坚守"让机器人为全世界的家庭服务"的使命，让更多的人享受科技创新带来的智能生活体验。作为世界上最早的服务机器人研发和生产商之一，科沃斯专注于服务机器人的自主研发、设计、制造和营销。公司成立十多年来，成功推出了一条完整的家用机器人生产线，包括扫地机器人、擦窗机器人、空气净化机器人、管家机器人以及一系列主要从事公共服务的商用机器人。科沃斯在服务机器人领域长达十多年的努力没有白费，最终得到了用户的认可和肯定。

一、公司简介

科沃斯以"智慧生活，享受生活"为企业愿景，以"让机器人为全世界的家庭服务"为使命，探索如何更好地优化用户体验，致力于让机器人融入世界各地更多的家庭，让机器人成为家庭生活的一员，让用户享受机器人所带来的解放人类双手的智能化生活。

研发：坚持以"用户第一"为核心。科沃斯产品的研发始终以满足用户需求为导向，始终坚持以"用户第一"为核心价值观。科沃斯一直坚持家用机器人的概念，从"工具"到"管家"再到"伙伴"，在加强技术创新的同时，融合了更多的人性化设计，并坚信未来国产机器人将成为"物对物""物对人""人对人"的连接中心。自 2006 年以来，公司每年在科技创新上投入数千万元，坚持每年推出一批新产品，不断完善公司的家用机器人技术。公司始终以市场为导向，从战略高度及时规划和调整研发产品，使科技创新具有较高的战略性和方向性。自 2009 年以来，科沃斯推出了科沃斯地宝、窗宝、亲宝等具有划时代意义的创新机器人产品。2016 年，科沃斯也正式推出了全新的管家机器人 UNIBOT，它可以智能控制家居，将智能家居推向一个全新的水平。不断涌现的新产品和高端机器人技术的应用充分证明了科沃斯的自主创新实力。

市场：家用机器人市场领导者。通过"技术专业化、专利标准化、标准国际化"的模式，科沃斯组织引导企业加强技术标准的研究，促进自主创新与技术标准的融合，在积极参与制定行业标准、国家标准和国际标准的同时，抢占行业制高点。除了得到业界的认可外，优异的市场表现也不断证明了科沃斯的实力。以电子商务领域为例，2013～2016 年的"双十一"期间，据天猫平台统计，科沃斯连续多年都是家用电器产品销售量第一名。

国际化：中国创造改变世界对中国品牌的看法。以科沃斯为代表的"中国创造"也改变了世界对"中国制造"的看法。2013 年 2 月，科沃斯机器人参加了芝加哥国际家居产品博览会（IHA），并获得了组委会唯一的创新奖。2014 年 3 月，窗宝 W730 荣获了 2013 年度中国家用电器艾普兰"科技创新奖"。2014 年 7 月，科沃斯获得了美国 Housewares Executive 颁发的"2013 年家庭服务机器人创新金奖"。2014 年 1 月，拉斯维加斯消费电子展授予科沃斯"创新设计与工程奖"。这一系列的数据和奖项，不仅是对科沃斯的创新能力的肯定，也是其未来继续创新的重要基石。作为让机器人改变生活方式的倡导者和家庭服务机器人的先驱，科沃斯在国际上得到了一致认可。

二、以用户为核心，关注细节，解决用户的实际问题

随着经济的发展和用户的成熟，用户的地位也越来越重要，企业在多大程度上理解、满足用户，成为企业能否持续发展的关键。能够找到用户痛点，发掘用户潜在需求，并通过产品革新满足用户需求的企业，会越来越受欢迎。科沃斯凭借其20年对用户需求的深刻洞察，发觉不同场景下的使用痛点，并将其应用到产品设计中，满足了用户的潜在需求，解决了用户实际问题，获得了越来越多用户的认可，如图3-1所示。

图3-1 科沃斯系列产品

例如，对于喜欢铺设地毯的家庭，扫地机器人能否有效清扫成为用户关注的问题。科沃斯在"618狂欢节"推出的明星款扫地机器人DEEBOT T5系列，配备了地毯自动识别技术，可以做到在地毯上清扫时自动增压，深度清洁地毯，而在湿拖状态下会主动避让地毯，避免地毯被拖湿，从而让产品更能满足用户的实际需求。这也成就了"618"活动期间DEEBOT T5系列单品成交额破亿的好成绩，为20多万用户每年节省超过7千万小时。针对有孩子的家庭，地面很多时候是孩子光脚玩耍的乐园，DEEBOT T5系列吸尘口采用创新V型浮动滚刷设计，保障了扫地机器人良好的贴地效果，滚刷长短毛交替，深入地板缝隙，能够清除更多杂质。同时，智能微控大水箱，三挡水量可调，满足不同材质地面，能够保持家庭洁净如新，轻松营造健康的地面环境。

三、产品是基础，注重技术，不断创新

好产品永远是企业持续发展的基础，而好产品离不开产品技术的不断革新。对于扫地机器人行业来说，最重要的技术莫过于清洁技术和导航技术，而在这两方面，科沃斯都拥有自主研发的技术优势，如图3-2所示。

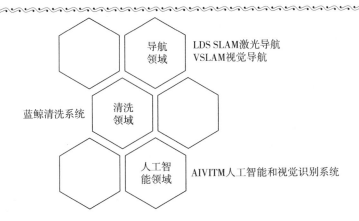

图3-2　科沃斯拥有自主研发的技术优势

在导航方面，科沃斯是业内同时拥有 LDS SLAM 激光导航和 VSLAM 视觉导航两项主流导航技术，且实际应用到产品，并供应市场的企业。

在清洗方面，科沃斯自主研发了蓝鲸清洗系统，提高了清洗效率，保证了清洗效果。技术和产品的智能升级换代，提升了用户体验，增强了产品利用率。

科沃斯不断探索人工智能领域，推出 AIVITM 人工智能和视觉识别系统，并发布了业内首款人工智能扫地机器人 DG70，将扫地机器人行业推入人工智能时代，重新定义了家用服务机器人。

四、全渠道覆盖，满足不同用户的购买习惯

渠道的作用在于搭建与用户的连接，这也意味着营销服务的开始。企业不能局限于线上或线下，而应该更多地采取线上和线下联合发力、融合互通的方式。科沃斯采用线上线下全渠道发展的战略，线上线下相互配合，用户既可以享受线上便捷的购物方式，直接配送上门，也可以到线下进行实地体验，如图3-3所示。

线上，科沃斯积极拓展线上销售渠道，拥有自建商城的同时，深化同主流电商平台的合作关系，积极探索与新兴电商平台的合作模式，为用户提供更丰富的产品购买渠道。

线下，科沃斯已全面覆盖全国大中型城市，构建了智能化的销售服务网络体系，包含全国大部分省份的购物中心、百货商店和家电连锁店等线下终端渠道，线下网点已达到1000多家，通过打造深度体验中心，为用户带来

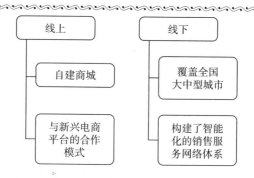

图3-3　科沃斯线上、线下联合发力

极致的消费体验。线上线下的联合发力，为活动期间的销量打下坚实的基础，也促使科沃斯牢牢占据家用服务机器人第一品牌的市场地位。

在当前新零售的形式下，无论是在渠道搭建方面，还是在产品设计和技术研发方面，科沃斯早已占据先机，构建了"人、货、场"相互配合、相互促进的良性循环，也奠定了科沃斯行业领先的市场地位。科沃斯将一如既往地关注用户需求，坚持不断创新，用更好的产品回馈用户，帮助用户打破生活的禁锢，构建智慧家庭。

五、案例启示

扫地机器人这个行业，在国内的发展时间还比较短，但发展迅猛，几年间经历了从饱受质疑到逐渐获得市场认可。如今，市场逐渐成熟与稳定，进入的企业也越来越多，竞争进入白热化。其中，不仅有海尔、美的等老牌家电巨头的强势入侵，还有飞利浦、三星、松下等国外巨头的蚕食和新兴互联网企业的加入，而占据市场领导者地位的却依然是科沃斯。科沃斯的崛起和成功可以带来以下启示：

第一，创始人的初心——打造中国智造品牌。对于科技公司来说，创始人对公司的影响非常大。钱东奇的专业背景和对梦想的执着追求决定了科沃斯注定要走向不凡。早在科沃斯品牌诞生之前，钱东奇就已经专注于家居服务机器人等前瞻性技术产品，并在公司设立了一个独立的研发团队，代号为"HSR"（家居服务机器人）。当时，即使在国际市场上，扫地机器人也刚刚起步，产品形式不成熟，市场接受度普遍较低，所以研发难度非常大。但是，挑战中往往面临着更大的机遇，既然市场上存在这样的缺口，那么这个空白就给了团队绘制未来市场蓝图的机会以及超越国际品牌的可能。早期智能家居服务机器人技术的深刻积淀，为科沃斯后期的崛起和赶超奠定了坚实的基础。

第二，机器人谱系的逐步完善。根据钱东奇的计划，科沃斯产品将涵盖家庭生活的方方面面，进一步将人类从繁重的家务活中解放出来，科沃斯也将成为家庭服务机器人的先驱。2010 年 8 月，基于"地宝"移动平台，科沃斯推出了空气净化机器人"沁宝"。2011 年 10 月，科沃斯推出了世界上第一款窗户清洁机器人"窗宝"。2012 年 8 月，多功能机器人管家"亲宝"上线，这是一款集自动化控制、移动互联网、物联网等高精尖技术于一身的产品，用户可以在移动互联网的帮助下，轻松实现视频通话、安全防护、娱乐和教育多种功能。

第三，拥抱互联网思维。目前，科沃斯已经构建了一个与电子商务发展相适应的、高效的内部流程决策系统，实现了决策的扁平化，能够在短时间内精准地应对外界变化。随着公司越来越多的产品在互联网上推出，科沃斯的销售量实现了井喷式增长。自 2013 年以来，科沃斯连续几年成为"双十一"在线购物嘉年华中家电品牌的畅销品。2015 年，销售收入达 3.15 亿元。目前，科沃斯生态系统正在建设机器人平台，未来将形成机器人生态系统 O2O 通道，将用户、科沃斯以及资源供应商相互连接，实现"以用户为中心"的核心价值观，同时，继续实施国际化战略，拓展海外市场，将"智慧中国制造"推向全球大家庭。

资料来源：

(1) 科沃斯官网，https://www.ecovacs.cn.

(2) 《科沃斯可以说已经成为扫地机器人的代名词》，https://digi.china.com/digi/20180105/2018010595798.html.

(3) 《创新力爆炸 科沃斯机器人点亮 AWE2017》，https://www.sonu.com/a/128335808_162522.

第一节 互联网商业生态组织内涵

在经济新常态下，互联网已成为中国经济的重要引擎。在 2019 年第 18 届中国互联网大会闭幕式上，中国互联网协会发布了《中国互联网发展报告（2019）》，报告显示，截至 2018 年底，中国网民突破 8.29 亿人次，新增网民高达 5663 万人，互联网普及率直逼 60%，比 2017 年底高出 3.8 个百分点，比全球平均水平高出 2.6 个百分点；我国网页数量为 2816 个，网站数量 523 万个，较 2017 年底下降 1.9%；我国 IPv6 地址数量为 338924544 个，较 2017 年增长 75.3%，已位居世界第二。如此之大的用户基数，如此活跃的经济力量，正成为中国经济的新机遇、新亮点和新增长点。

一、商业共同体：网、体、脉有机构成

20 世纪 90 年代，美国管理学家 Moore 把生态学上的理论引入商业描述中，颇有创造性地提出"商业生态系统理论"。Moore 指出，企业在谋划自身发展战略时，越来越需要重视其外部关系，包括企业与企业之间、企业与环境之间的交流、联系和相互作用。商业生态系统理论在客观上为我们观察和探究互联网行业发展，提供了一种崭新的角度。在互联网经济蓬勃发展之时，商业共同体应该怎样理解，有哪些要素构成，又有哪些独特特征和内涵，如何对这些问题进行研究和探讨显得迫切和意义重大。

1. 不竞争，无商业

在相应的技术经济范式的基础上，企业竞争范式全面转变，这是由新的产业革命所引起的，它将推动竞争环境从传统的零和竞争走向在共享价值观的基础上进行的竞争，竞争方式将由个体间的原始竞争转变为生态系统间的商业竞争。同时，竞争所依赖的战略资源构成也发生了巨大变化，竞争所依赖的核心竞争力也有了新变化。新的产业革命所引起的超级竞争环境最突出的特点是变革的常态性、多变性和无法预测性，由此产生的超级竞争环境具有竞争情况的不确定性、竞争边界的模糊性、竞争的高速性、高频性和残酷性等特点。新的工业革命背景下，过度竞争已成为企业竞争环境的新常态，主要诱因包括四个方面：一是常态化技术创新是形成超竞争新常态的基础；二是全面化和高度信息化是超竞争新常态的催化剂；三是虚拟和真实共存的全球一体化是超级竞争新常态形成的助推器；四是生产需求模式的转变是形成超级竞争新常态的加速器。

新的工业革命推动企业和众多经济实体以复杂的方式形成相互依存的，不同层次、不同形式的商业生态体系。每个企业的运营和绩效取决于业务生态系统的运营和绩效。因此，企业竞争的方式也从传统的个体企业竞争（竞争 1.0）和供应链或价值链竞争（竞争 2.0）转变为商业生态系统之间的竞争（竞争 3.0）。在新的产业革命背景下，依托商业生态系统的竞争模式已成为一种新的发展趋势。

2. 企业网络 O2O

O2O 概念是由 Alex Rampell 于 2011 年 8 月提出的，他认为 O2O 电子商务的

核心是从网上寻找潜在用户，然后把这些用户吸引到线下实体店，即"线上到线下"（Online to Offline）。目前，O2O 的概念已经超越了"线上到线下"的原有定义，出现了"线下到线上"（Offline to Online）、"线上到线下再到线上"（Online to Offline to Online）的发展趋势。简言之，O2O 是指将线下业务机会与互联网相结合，使互联网成为线下交易的媒介。O2O 与传统企业的区别在于 O2O 充分利用了线上线下的优势，并把二者的优势相结合，使互联网与实体店实现完美对接。用户既可以享受网上的优惠价格，又可以享受实体店的优质服务。同时，O2O 还可以促进商家的互联互通。与传统商业模式相比，O2O 具有更多优势。

第一，O2O 充分利用了互联网的优势，可以对时间限制、空间限制和信息不对称等现实问题做出改进。同时，O2O 能够充分利用线下资源，促进线上用户与线下商品和服务的交易，团购是 O2O 的典型代表。

第二，O2O 为商家提供了广泛的消费群体，与传统的企业营销模式相比，降低了成本，避免了传统营销模式不可预见性高的缺陷。O2O 可以把线下订单消费和线上订单消费进行精准统计，能够准确分析各类消费行为，帮助商家针对用户偏好提供更优质的产品和服务。

第三，O2O 在服务业具有价格便宜、购买方式便利、随时获取折扣活动信息等优势。

第四，O2O 拓展了传统企业的发展渠道，从单一化到多元化，从"off"向"on – off""off – on"、"off – on – off"和"on – off – on"发展。

第五，O2O 整合了线上线下的信息并把这些信息转化为用户体验，使用户避免了信息不对称造成的"价格盲"，同时实现了线上用户的售前体验。

3. "互联网 +"经营体

经济活动的泛互联网化、大数据产业生态链的形成和新一代 IT 技术的出现，实际上会导致传统的价值创造方式逐渐瓦解，推动"互联网 +"理念的出现。"互联网 +"模式实质上是要求传统企业充分发挥 IT 技术在优化生产要素配置中的作用，将互联网和 IT 技术成果深入到传统产业的各个领域，加强创新力和竞争力。"互联网 +"行动计划将致力于推动新一代信息技术与现代制造业和生产性服务的跨界融合，从而为智能产业提供支持，形成更广泛的互联网经济运行新形式。

从价值创造的视角看，"互联网 +"实质上是一种跨界经营现象。跨界经营的本质是企业在不同的环境下，借助品牌内涵、关键技术以及企业与企业之间的相互关系，解构共生的价值链跨界重组，即不同的行业、不同的技术通过深入的合作，实现企业与企业的共同发展这一过程强调价值链要素的重新安排和整合，以实现自己的价值创造过程，从而在产业中创造出新的价值创造方式。从目前的实践来看，跨界经营可以分为高新技术向传统产业的渗透和融合、传统产业之间的延伸和跨界经营和产业内部行业之间的跨界经营三种类型。而"互联网＋"跨界经营主要可分为以下三种类型，如图3-4所示。

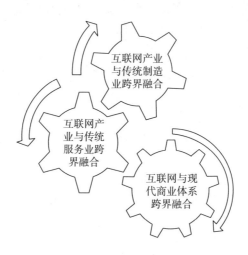

图3-4　"互联网＋"经营体

第一，互联网产业与传统制造业的跨界融合。互联网企业跨界复杂产品制造领域，如智能手机、智能汽车及智能化的装备制造业。这类跨界通过赋予原有产品新的附加功能和使用价值，形成融合型的价值创造体系。

第二，互联网产业与传统服务业的跨界融合。互联网成为提升和引领传统服务业的新动力，并促进传统服务业高附加值化，如互联网金融、在线旅游和在线教育等。更长远地看，这种跨界将使现代服务业延伸渗透，促进制造业的服务化。

第三，互联网与现代商业体系的跨界融合。典型的例子有团购软件、电商零售业和O2O模式。由于商业体系本身具有分散化、模块化和交易结构清晰的特征，因此，这是经营难度最小的一种跨界现象。此种类型的跨界难以创造出新的技术和产品，但极易创造出全新的商业模式以提升商业效率。但值得注意的是，互联网具有去中心化、去中介化的功能，未来的商业体系可能存在逆向整合的趋势，并逐渐向制造零售业转型。

4. 商业逻辑、资本、数据等为脉络

通俗地说，商业的本质就是企业或个体通过满足用户的需求来赚取用户支付的相应报酬。商业逻辑是指企业运行并实现其商业目标的内在规律，传统商业逻辑是商品在流通过程中的价格体现。

　　资本配置反映了各种资本的比例，一般是指负债与所有者权益的比例关系，即资本结构。从资本配置的角度研究，商业模式可以采用财务杠杆系数计量，将其分为高财务杠杆模型和低财务杠杆模型。显然，前者的财务风险较高，后者的财务风险较低。一般来说，资本配置取决于资产配置。按照风险匹配和期限匹配的原则，资本配置需要遵循两个原则：一是根据资本配置和期限匹配的原则，长期资产配置需要长期资金来源提供，短期资产配置需要短期资金来源提供；二是根据风险匹配原则，资产配置决定经营风险，资本配置决定财务风险，按照操作风险与金融风险逆向组合的要求，高操作风险与低金融风险相匹配，低操作风险与高金融风险相匹配。由此得出结论：低风险经营时，轻资产模式应采用高杠杆模式；高风险经营时，重资产模式应采用低杠杆模式。

　　Schonberger 认为，我们正处于大数据时代，这个时代正改变着我们的生活、工作和思维。当然，大数据也是商业模式创新的重要驱动力，大数据以各种方式影响着企业的商业生态，成为商业模式创新的基本背景。几乎所有的大数据报纸、杂志或 BBS 都认同通过大数据可以发现新的商业机会这一铁律，因此，大数据会为商业模式创新带来无限可能性。

　　商业逻辑是企业运行并实现其商业目标的内在规律，该规律离不开资本和数据的支撑，资本是保证商业逻辑得以实现的助推器，数据是确定商业逻辑如何开展的总依据，三者互为补充，相互促进。

二、主体：商业生态组织的关系

　　所谓商业生态组织，是由组织和个体经济联合而成的统一体，其成员包括核心企业、用户、市场中介机构、供应商和利益相关者等，在一定程度上也包括竞争对手，上述成员构成了价值链，多条不同的价值链交织成为价值网，物质、能量和信息通过价值网络在联合体成员之间。然而，不同于自然生态系统的食物链，价值链中的环节不是吃与被吃的关系，而是价值或利益交换的关系，换言之，价值链更像是共生关系，多种共生关系形成了商业生态组织的价值网络。

　　1. 没有中心就是中心，科层治理进化为网络治理

　　简单地说，网络治理是通过经济契约的联系和社会关系的嵌入，由正式或非正式的组织和个人组成的以企业之间的制度安排为核心的参与者之间的关系安排。网络治理以组织间的竞争与合作为基点，以网络组织的协调与运作为中心，以制度经济学为分析基础，探讨治理机制与治理目标。与官僚治理相比，网络治理的各个要素都有其显著的特点：

　　第一，长期利润最大化的层次治理以企业内部资源配置效率为核心。

第二，企业网络组织在法律意义上不是完整的经济实体，没有独立的法人资格。如何保证网络企业成员之间的有效协调是网络企业治理面临的主要问题。

第三，网络组织形式的一个重要基础是非正式组织能够充分发挥其有效性。

2. 相互依存关系，共生、共治、共享

共生之下，唯有共治。互联网联结之下，用户、平台和政府等各方角色之间的共生特征日益凸显。承载了数以亿计用户的互联网生态平台，其公共属性越来越突出，在一定程度上替代了传统的社会管理职能，具备了前所未有的服务能力和动员能力，公共规则制定和网络空间治理责任如何破题仍困局难解。公共规则治理与公共政策规范影响的不仅是产业发展环境，更是公众的切身利益，政府必须找到与超级网络平台的共治之道，共同实现产业良治的互联网新思维、新理念和新文化。

3. 实现组织结构优化和资源整合

组织结构整合是指企业在组织机构合并时进行必要的调整或重构，为了实现企业组织的协调、兼并和收购，公司必须进行组织整合，重新建立企业组织指挥体系，确保企业有一个健全的体系和合理的结构，以实现重组的最佳协调效果，减少内部摩擦，提高运营效率。组织结构整合是组织结构改革最常用的方式，是一种有计划的改革。

资源整合是企业识别、选择、吸收、配置、激活和有机整合不同来源、层次、结构和内容的资源，使其更加灵活、系统、有价值，从而创造出新资源的复杂动态过程。整合就是优化资源配置，获得最佳的整体。资源整合即企业管理战略和日常工作手段调整，就是根据企业的发展战略和市场需求对相关资源进行重新配置，以突出企业的核心竞争力，寻求资源配置与用户需求的最佳结合，其目的是通过组织体系安排、管理和运营协调，增强企业的竞争优势，提高用户服务水平。

专栏 3 - 1　柏楚电子：国产激光切割系统的龙头供应商

柏楚电子主要从事激光加工自动化领域的产品研发及系统销售，主攻激光加工技术及相关理论科学的研发，在计算机图形学、运动控制、机器视觉核心算法和激光加工工艺等方面拥有自主研发能力，是国内光纤激光行业的先驱者。依托公司自主研发能力，柏楚电子先后自主研发了 CypCut 激光切割控制软件、HypCut 超高功率激光切割控制软件、CypTube 方管切割控制软件、FSCUT 系列激光切割控制系统、高精度视觉定位系统及集成数控系统等产品，凭借自助研发产品使营业收入不断创造新高。

一、公司简介

上海柏楚电子科技股份有限公司在 2007 年 9 月 11 日于紫竹国家高新技术产业开发区创办成立，是一家高新技术的民营企业，创办之初获得了上海市大学生创业基金及闵行区科委的扶持。公司所在地毗邻上海交通大学和华东师范大学，位于上海市闵行区沧源科技园内。公司自成立以来，坚持"自主研发、创新创业、诚信务实"的核心价值观，秉承"专业、专注、专研"的工作理念，深入了解用户诉求和意见，不断革新产品，以高新技术和高效管理创造经济效益，致力于成为为用户提供卓越服务，为中国先进制造产业革新，为股东创造丰厚回报的公司。

二、专注激光切割控制系统，中低功率领域龙头

公司专注于激光切割控制系统，尤其深耕于中低功率领域，在国内享有龙头地位，先发优势和市场优势明显，如图 3-5 所示。

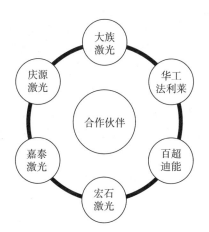

图 3-5 柏楚电子主要合作伙伴

第一，先发优势。公司是国内首批从事光纤激光切割控制系统开发的技术型民营企业。联合创始人均来自上海交通大学自动化相关学科，建立柏楚电子后在多个行业运动控制领域深耕十余年，积累了深厚的技术实力及行业经验。公司集聚了国内工控自动化行业人才，通过不断完善产品功能，稳定产品性能，设计差异化、本土化的适配产品等措施，提高产品功能、质量和用户接受度，保持产品竞争力，并在业内积累了良好的品牌效应和声誉。

第二，市场优势。公司具备基于用户的整机方案提供二次开发与自动化方案设计的能力。公司目前的配套合作伙伴包括大族激光、华工法利莱、百超迪能、宏石激光、庆源激光、嘉泰激光等400多家激光设备制造商。公司从研发到量产的技术突破打破了原本由外资供货商垄断的市场格局，在国内大量激光设备制造厂商自行组装生产设备的大背景下，公司的市场保有量逐年上升。公司目前拥有的用户基础，以及坚持提供优质产品与服务的理念，为提升公司市场占有率奠定了基础。

三、技术与品牌效益为未来高功率设备控制系统的研发打下了良好基础

公司在国内激光切割控制领域享有盛誉，多年来在技术与品牌方面不断精进，为未来公司跨足高功率设备控制系统打下了坚实的基础。

第一，技术优势。公司是上海市认定的高新技术企业和重点软件企业。公司经过研发、推广、服务等的沉淀积累，已在工控领域形成了完整的技术体系，处于技术领先地位。公司生产的产品性能高、适应性强、稳定性好，得到了用户的广泛认可。公司专有的核心技术均系自主研发，集中在计算机图形学、计算机辅助制造、数控系统、传感器和硬件技术五大方面。

第二，团队优势。公司的核心技术人员，代田田、卢琳、万章、谢淼、恽筱源和阳潇均为激光切割控制系统领域的专业人才，从事工业自动化产品研发十余年，积累了丰富的技术研发与产品开发经验，对行业技术发展具有深刻见解。在核心技术人员的带领下，目前，公司组建了一支稳定、专业、高素质的研发团队。截至2018年12月31日，公司拥有员工162人，其中研发人员83人，占比51.23%，硕士及以上学历的员工39人，占比24.07%。

柏楚电子主打"以用户为中心，以奋斗者为本"的经营理念，以"让用户得安心，让员工得幸福，让社会得正气，让经营可持续"为企业愿景，从产品领先、创新驱动和协同服务三方面打造公司的核心竞争力，从技术创新、产品创新、服务创新、理念创新和管理创新五方面不断创新。未来，相信柏楚电子会在激光切割控制系统领域再创辉煌。

资料来源：柏楚官网，http://www.fscut.com。

三、核心命题：高效的资源整合

随着全球经济不稳定性的加剧，市场环境的不确定性更是日益凸显，企业想要在复杂动荡的市场环境和技术环境下保持自身的竞争力，必须充分发挥公司自身的优势和禀赋，大胆打破阻碍企业发展的资源约束。因此，企业既要整合自身资源，又要获取外部资源，资源的高效整合显得尤为重要。与资源丰富、研发投入巨大的企业相比，资源整合效果好的企业往往更容易获得市场竞争优势。

1. 组织内外资源的高效整合

资源整合主要包括内部资源与外部资源的整合、个体资源与组织资源的整合、新资源与传统资源的整合、横向资源与纵向资源的整合四个方面的内容。其中，最重要的就是内部资源与外部资源的整合，一方面是识别、选择和吸收适合企业内部资源的宝贵的外部稀缺资源，如隐性技术知识，并将这些资源整合到企业自身的资源体系中；另一方面是激发企业自身的凝聚力和整合性，实现外部资源与内部资源的相互作用，激活内外部资源，充分发挥内外部资源的效率和效益。

2. 组织整体行动的协同

组织协同包括财务协同、用户协同、内部流程协同和学习与成长协同。财务协同是指通过有效的内部资本管理和企业品牌推广，实现各业务单元股东价值的提升；用户协同是指通过交叉销售和共同价值定位，实现公司整体用户价值的提升；内部流程协同是指通过共享服务和整合价值链，实现规模经济效益；学习与成长协同是指通过共享无形资产，实现组织的飞跃式成长，如表3-1所示。

表3-1　组织协同带来的好处

组织协同行为	好处
资源配置	信息整合、资源共享
成本效应	节约成本、提高效率
业务竞争力	商业模式创新、提高集团竞争力
品牌形象	提升品牌形象、扩大影响力
市场拓展	拓展市场领域、实现战略决策
团队建设	培养团队竞争力、有利于人才选拔
企业文化	加强员工归属感与使命感
风险控制	多元化发展、提升风控能力

3. 组织各个经营单位目标的统一

经过多年的实地观察，泰勒得出结论，雇主和雇员的根本利益是一致的，即组织目标与个人目标是统一的，经济利益是结合点，共同愿景是凝聚点。企业应实施各种培训，以改变员工的心理和行为模式，满足员工的需求，鼓励员工将组织目标内化为个人目标，从而为组织目标的实现服务。

4. 优化整合的新阶段和新思维

对雇主来说，追求的不仅是利润，而且是职业发展，把雇主和雇员联系起来是对事业的追求。职业生涯的发展不仅给员工带来了丰厚的工资，也意味着员工能够充分发挥个人潜能，满足自我实现的需要。只有用人单位和职工相互合作，才能取得比以往更高的业绩水平和更大的利润，使职工的工资水平和满意度得到提高，从而增加用人单位的利润，扩大企业的经营规模。随后，法约尔还指出了目标原则在其研究中的重要性，认为企业组织要实现目标，必须坚持目标原则，确保目标的一致性。

移动互联网的蓬勃发展迎合了终端用户多样化的在线需求，是优化整合的新阶段。随着社会化进程的加快和时代的快速发展，人们对社会手段的需求越来越广泛和多样化，他们不仅追求语音、短信等单一的社会手段，而且追求多种形式的信息服务。长期以来，电信运营商在移动互联网产业链中占据着绝对控制地位，发挥着极其重要的作用。用户需求推动电信运营商不断转型升级，科技进步和行业竞争加剧共同推动移动互联网产业链结构不断演进，如图 3-6 所示。

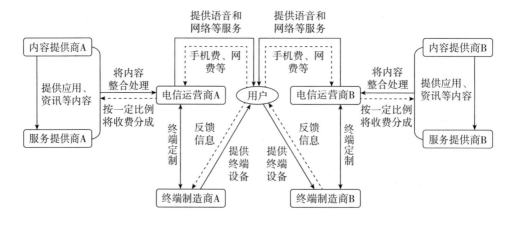

图 3-6 我国移动互联网产业链发展第三阶段

第二节 互联网商业生态组织属性

在互联网时代，互联网的能量空前释放，互联网超越了传统的规模经济和范围经济，成为优秀企业和前沿企业竞相追逐的法宝。企业的商业模式已逐渐演变为网络体系结构，各种产品和服务已成为网络的节点或子网络，企业组织已成为网络组织，企业组织各要素之间的关系已成为相互依存的网络关系。

一、结构：扁平化、网络化

互联网技术不断推动着网络关系的发展，组织生态系统必将形成，成为新时代的管理模式。从管理理论的角度看，分享经济、网络共享、弹性工作和无边界管理等支持组织管理工作的新理念正在发展，在这种背景下，人力资源管理专业的人员需要识别员工的专业特点，更新传统的管理理念和管理思想，积极面对即将到来的员工时代。

1. 网状扁平化

随着信息技术的发展，现代网络技术和强大的营销管理软件能够快速处理多家经销商的大量信息反馈，并通过互联网将企业信息集群（即向所有业务对象发送信息）发送给经销商。因此，现代信息技术可以解决渠道扁平化过程中遇到的信息传输和处理问题，极大地促进了渠道扁平化趋势的发展。

扁平化管理是企业为解决现代环境下层级结构问题而实施的一种管理模式。当企业规模扩大时，原来有效的方法是增加管理层次，现在有效的方法是增加管理幅度。当管理层次减少而管理幅度增加时，金字塔形组织被"压缩"成一个扁平的组织。

2. 创客化

进入 21 世纪，以 3D 打印和 Arduino 开源硬件平台为代表的新技术进一步降低了科技创新的门槛和成本，创新和创造力不再是科学家和发明家的特权，广大人民已开始参与其中，在世界范围内广泛地鼓励人们使用身边的各种材料和与计算机相关的设备及程序等技术资源（如开源软件），通过自己负责或与他人合作的方式创造出独特产品的运动称为创客运动。从管理实践的角度出发，国外的谷歌和优步建立了网络平台，支持员工开展创客活动，创造了大量有效的创新创意产品，提升了组织的价值，海尔、华为和小米等国内企业也积极倡导员工开展创客活动，通过激活一线员工的工作积极性，及时响应用户的有效需求，创造价值。

3. 分布式网络

分布式网络，也称为网状网络，是由位于不同位置的相互连接的计算机系统组成的网络，没有中央节点。通信子网是一个封闭结构，通信控制功能分布在每个节点上。分布式网络的特点包括以下几点：可靠性高；网络中的节点很容易共享资源；可改善线路信息流的分配；可选择最佳路径，传输延迟小；复杂控制；软件复杂；线路成本高，不易扩展。局域网通常有总线型、环型、星型和树型四种，在实际构建局域网时，拓扑结构不一定单一，通常是这四种拓扑结构的综合利用，尤其是在局域网，互联技术得到了蓬勃发展，出现了某种拓扑复合形式。分布式网络通常是广域网拓扑结构。

专栏 3 - 2　　　　铂力特：3D 打印助力高速发展

铂力特拥有各种金属增材制造设备 80 余套，可成形材料涵盖钛合金、高温合金、铝合金、铜合金、不锈钢、模具钢和高强钢等多个种类，涉及 50 余种材料。公司申请的金属增材制造技术相关自主知识产权 200 余项，先后通过 ISO 9001：2015、AS 9100D/EN 9100：2018、GJB 9001C - 2017 和 CE 等质量管理体系认证。铂力特运用多年金属增材制造技术的专业经验，通过持续创新，为航空、航天、能源动力、轨道交通、电子、汽车、医疗齿科及模具等行业用户提供服务。铂力特目前是空客在亚洲第一个金属 3D 打印供应商。

一、公司简介

西安铂力特增材技术股份有限公司（简称"铂力特"）成立于 2011 年 7 月，是中国领先的金属增材制造技术全套解决方案提供商。公司早期的应用技术创始团队——西北工业大学凝固技术国家重点实验室黄卫东教授团队，于 1995 年开始研究金属增材制造技术，是国内外较早开展相关研究的团队之一。铂力特注册资本 6000 万元，现有员工 400 余人，其中，硕士以上学历占 16.13%，研发人员占 26.73%，研发投入达数千万元。铂力特的业务范围涵盖金属 3D 打印服务、设备、原材料、工艺设计开发和软件定制化产品等，构建了较为完整的金属 3D 打印产业生态链。

二、背靠顶尖专家团队，技术、市场优势突出

公司背靠西工大专家技术团队，技术背景优越，在金属 3D 打印领域成绩突出，全产业布局具有较强竞争力，如图 3 - 7 所示。

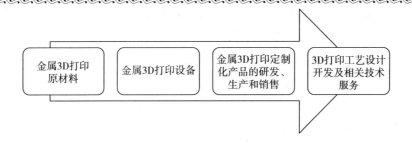

图3-7　铂力特打通全流程服务

第一，背靠西工大，金属打印优势突出。公司早期的应用技术创始团队是西北工业大学凝固技术国家重点实验室黄卫东教授团队，是国内外较早开展相关研究的团队之一，学术背景浓厚。作为公司首席科学家，黄教授长期从事金属高性能增材制造技术的研究，成果丰硕。当前，在黄教授的领导下，公司已建立起独立的研发体系，已拥有授权专利96项，在申请专利109项，并先后承担了工信部等国家级、省部级重大专项等多类增材制造科研攻关项目，整体技术优势突出。

第二，全产业布局优势突出。定制化是增材制造主要的应用方向，而全产业的布局使得公司可以从材料和制造等多个环节入手，更加灵活高效地满足用户多样化的需求，竞争优势突出。

三、航空产业发展制造业升级，优势领域发力助力公司成长

随着我国国民经济实力日渐增强，航空产业发展制造业也不断转型升级，公司高度重视研发投入和创新发展，凭借优势领域助力公司成长。

第一，航空航天产业快速发展，增材技术应用快速渗透。航空航天作为3D打印最重要的应用领域，市场持续快速增长。2017年，全球航空航天增材制造市场规模达到13.87亿美元，同比增长25.78%。航空航天领域是公司主要的业务来源，招股说明书显示，公司来自航空航天领域的收入占比约为60%。我国航空产业的快速增长和增材技术在航空应用领域的渗透，航空产业发展将成为公司成长的重要推动力。

第二，高度重视研发创新，高端制造发展加速。公司是覆盖家电、轨交、通信和汽车等领域的龙头企业。一方面，这些产业代表我国的优势产业，是我国迈入高质量发展的有力支撑；另一方面，相关公司都是行业龙头企业，对于研发高度重视，投入力度大。公司作为我国金属材料增材打印的

龙头，在我国制造业加快转型升级的背景下，借助对高质量用户的有效覆盖，能够促进研发投入的持续增长。

铂力特以"成为世界激光增材制造的引领者"为企业愿景，以"技术创新，产品创优，行业领先，回报社会"为公司使命，信奉"让用户满意，让员工满意，让股东满意"的核心价值观，不断在创新、质量和诚信方面打磨自己。未来，公司在3D打印领域必定会为我们带来新的惊喜。

资料来源：铂力特官网，http://www.xa-blt.com。

二、边界：破界与跨界

破界并不是破戒、越位，而是一种破除经济隔膜的共享思维。"互联网＋"打破次元壁成了各品牌的一个营销切入点，不同行业间的品牌碰撞产生出越来越多有趣的玩法。所谓跨界营销，就是不同产品针对同一类用户群体的不同用户体验而展开的营销动作。

1. 破界不是破戒、越位

第一，共享经济的商业热潮。从2000年初露锋芒，到如今大行其道，共享经济已经渗透到我们日常生活的各个角落，比如Uber和Airbnb。摩拜和ofo之间的独角兽之争将共享经济推到了舆论风口的最前沿。现在，共享经济打破了固有的组织边界，个人不再仅依附于商业组织存在，而是以一种新的组织形式重建企业和人员的商业组织关系，已经成为世界上最具影响力的新商业模式之一。云计算、大数据和物联网等新技术使共享经济从理想走向现实，所有使用权要求更高、隐私权可保障、收益权可共享和交易成本较低的行业都在创新共享经济商业模式。共享经济的渗透，使得每个行业都有可能产生独角兽公司。

第二，人才共享对于企业的价值日益凸显。越来越多的企业开始用更广泛的视角重新看待自己和员工的角色定位，尝试用一种新的雇佣方式来拓展商业价值，如大家所熟知的兼职平台开始被广泛接受。只要设置了足够好的共享模式，除了全职员工，外部雇佣者也可以为企业服务，极大地提升了工作效率，降低了劳工成本。未来，我们不再固定在一个身份标签中，可能同时是滴滴司机、Airbnb房东、业余撰稿人、时尚买手和翻译人等。通过共享经济平台，我们可以挖掘出最适合的生活工作方式，这种"自由人"的联合形式越来越渗透到日常中。

第三，自由职业者的崛起。在共享经济的渗透下国内也涌现出越来越多的新型众包平台，如程序员对接的"程序员客栈"，为企业项目提供专业咨询的"大鲲"，帮助搭建设计师和公司间桥梁的"Designup"等。只要在专业领域拥有一技之长的人，都可以通过平台获得更多稳定的资源和收入。共享经济突破传统的商业格局，构建了双赢的体系，每一位个体、每一家企业都能在这个伟大的时代受益、共享与成长。

2. 跨界不是出轨、越轨

跨界并不是出轨、越轨，而是打破传统思维模式的创新思维习惯。拥有互联网思维，是企业和个人必要的条件。随着 90 后、00 后的用户成为社会主流，市场发生了翻天覆地的变化，用户已不再只满足于商品的实用性，他们代表了"消费升级"。他们喜欢有特点、有品位、有时尚、有情怀、与众不同的产品。能打动他们内心的广告或营销手段对他们影响更大，也更愿意成为其忠实用户，面对这样的环境，企业不早日进行布局调整，只会陷入被动局面，难以适应新的消费市场。

科技的进步、知识的更新以及生活方式的转变可能发生在不经意间，我们稍微停下步伐歇口气就会被时代大潮淘汰。网上流传的一个段子，甚为经典：狮子与老虎打架，猪死了。对此，大家感触最深的可能就是跨界竞争——还有多少人用 QQ 聊天？还有多少人使用短信？跨界竞争的可怕之处在于危机不易看见，我们不知道什么时候就会被取代、被淘汰。为了避免被淘汰，我们要跟上时代，学会创新，善于打破思维习惯。知道跟上时代潮流本身就是在打破思维习惯，至少是一种不安于现状、不沉溺于享乐的表现。

3. 融合才是硬道理

与其说是"互联网 + 传统行业"，不如说是"传统行业 + 互联网"。"互联网 +"已经和众多行业进行了融合，出现了互联网金融、共享单车、自媒体和新零售等模式，促进了传统行业的产业升级。在"互联网 + 行业"实现新业态的同时，也使得行业间的界限变得模糊，实现了产业间的跨界。例如，今日头条和悟空问答就是将传统新闻、作者与互联网进行深度融合，不论是新闻和文章的发行量还是传播速度，都不是以往传统可以比拟的；京东入股永辉超市，永辉产品可以接到京东的线上销售，京东也可以通过永辉的线下实体店实现电商化；阿里和苏宁也互持股份，通过电商和传统零售的融合，发展出新业态。

互联网思维的落地必须依靠实体企业，而传统企业也需要吸收互联网的创新思想实现转型升级。只有双方不断融合，才能发挥出更大的优势。引用《三体》中的一句话："我消灭你，与你无关!"在这跨界融合的浪潮中，传统的商业形态必将改变，谁先用"互联网 +"的思想改变自己，谁就占有先机。

三、合作：团队化、平行分布协同

一个团队最宝贵的就是团队精神，团队精神的主要内涵就是协同合作。具备团队精神的人，能够自觉与团队成员进行配合，从而确保团队目标有条不紊地实现。

作为团队的领导者，在团队精神的形成过程中起着重要的作用，因此，领导者要树立团队精神，员工要树立明确的目标，注重沟通与协调，树立全局意识等。

1. 以人（人才与用户）为主的团队

借助微信工具，经历微商这个商业探索，中国人引领世界走到了一个以人为核心的商业新时代。新时代最核心的商业元素，也是最基础的商业元素，就是以人为核心。所有的商业活动，不管以什么名字出现，都基于一个理念，就是以人为核心。这是新商业体系和旧商业体系的根本分界线。

过去的商业逻辑包括三个方面：一是商业以渠道为核心，分为百货公司、Shopping Mall、专卖店、街边小店、电商平台和 APP 等；二是产业以产品为核心，划分为不同行业；三是产品以品牌为核心，区分各自产品的溢价能力。

新时代的商业逻辑包括四个方面：一是以人为核心，渠道迅速扁平化、被边际化，人人都是渠道，仿佛渠道在消失；二是产品也相应地退居到背景里和附属地位，不再占据商业舞台的中心；三是商业评估的标准主要看创始人厉害到什么程度，创始人有多优秀项目就能走多远，人成为一切商业资源的核心，居于中心位置的人对其他资源有巨大的吸附力，包括资金、好产品、好项目和优质人脉等，谁掌握了对的人，谁就拥有更大的未来；四是所有商业元素都服从创始人这一个元素，你的价值等于你朋友圈粉友的影响力的平均值。

过去的红海竞争业态会逐渐退出商业舞台，因为以同质化产品为基础的同质化商业范式正在逐渐消失。以人为核心搭建的商业，可以根据创始人的特点，以及团队成员的特点，采取多种多样的商业模式，并取得成功。

未来更多的是合作、互助，而不是竞争。随着企业和公司组织形式弱化，公司概念模糊，商业圈层化、人群圈层化和渠道高度扁平化，商业营销所占据的地位越来越不重要，直至在部分圈层已经逐渐退出了商业舞台。

有未来的组织是让人爆发创造力的组织，是让人获得成长与精彩的组织，是激发人类最深层情感与动力的组织，是高黏性的组织。每个人从属的圈层格外重要，因为这标志着每个个体在哪个维度生存，在做哪个维度的事情。未来，最重要的个体是超级个体链接器。

2. 无中心分布式网状结构自组织

传统的组织合作主要是以职能部门为基础进行的合作，而现在主要是以人（人才和用户）为主体的团队。SBU、独立管理、项目化团队、跨团队跨职能的团队，已经成为一种新的团队合作形式，过去组织内部的协调主要是基于官僚结构中的权利和权威，下属和同事之间的协调必须来自上级。

组织的协调应从中心协调向平行分布协调乃至下属协调转变。从自上而下的官僚主义组织到无中心的分布式网络结构的自组织，再到自我管理组织，决策不再是来自于一个中心，而是广泛分布于离用户较近的分散点；行动不再来自于预先设计，而是按需行动；协调不再是来自上级，而是自发的协作。

专栏 3-3　　瀚川智能：智能制造装备领先企业

瀚川智能专注于精密小型产品智能制造 10 余年，聚焦汽车电子、医疗健康和新能源电池等行业，培养了资深的人才队伍和专业的知识能力，帮助其更好地服务用户。公司以质量为核心，建立了一套完备的质量管理体系，保证销往世界各地的设备稳定可靠，并凭借出色的设备性能，赢得了广大用户的认可。基于丰富的国际化项目经验，企业建立了一支优秀的项目管理团队和一套完善的项目管理体系，以快速交付打造核心竞争力。公司开展全球化发展，在欧洲、美洲、东南亚均有服务网点，能快速响应用户需求。专业的售前和售后服务团队，竭诚为用户打造卓越的使用体验。

一、公司简介

苏州瀚川智能科技股份有限公司创立于 2007 年 1 月，并于 2019 年 7 月成功登陆科创板，成为首批科创板上市公司。公司总部位于苏州工业园区，是一家专注于智能制造研发、设计、生产、销售及服务的高新技术型企业。公司专注于精密小型产品制造领域，为用户提供柔性、高效的智能制造装备整体解决方案。瀚川具有深厚的研发创新实力、强大的人才团队及丰富的项目实施经验，在汽车电子、医疗健康和新能源电池等行业积累了大量的全球知名用户，尤其在高速、精密的自动化装配、智能检测领域，拥有很多成功案例。自成立之日起，一直聚焦于用户需求，通过与用户深入沟通，充分了解和挖掘用户需求，助力用户在其专业领域打造核心竞争力。

二、优质的自动化生产线提供商

公司身为优质的自动化生产线提供商，管理团队经验丰富，通过募投扩大生产，强化产品输出能力。

第一，管理团队经验丰富。瀚川智能董事长蔡昌蔚是公司创始人，也是目前实际控制人。蔡昌蔚，出生于 1977 年，获得合肥工业大学学士学位，在番禺得意精密电子工业有限公司任职 10 年，担任助理工程师和设备课主管。番禺得意母公司为中国台湾 LOTES 公司，主营精密电子连接器、天线等产品。

第二，募投扩产，强化产品输出能力。企业拥有超高速精密曲面共轭凸轮技术、嵌入式工业设备实时边缘计算网关技术和机器视觉高速定位技术等14项核心技术。其中，超高速精密曲面共轭凸轮技术处于国际领先水平。公司建立了先进的模块化设计理念及平台化的技术储备，形成从硬件、软件至服务的全方位解决方案技术实力。在汽车电子领域，产品梯队逐步成形：电连接器制造领域；传感器制造领域；执行器制造领域；控制器制造领域。

三、深挖汽车电子领域，拓展新能源及医疗健康领域

公司在汽车电子领域把握头部用户，同时，横向拓展新能源及医疗健康领域。

第一，汽车电子领域把握头部用户，受益其资本支出持续增长。汽车电子领域，公司用户均为全球知名厂商，核心用户包括泰科电子（连接器全球第一）、德国大陆（汽车零部件全球第四）、力特集团（特斯拉断路保险部件供应）和莫仕集团（连接器全球第二）等（见图3-8）。公司产品进入了下游部分欧洲生产线，包括泰科电子汽车事业部匈牙利工厂和德国大陆集团匈牙利工厂。欧洲工厂通常为汽车电子厂商的核心制造基地，公司产品进入该基地的部分生产线，侧面验证了下游厂商对其认可度高。

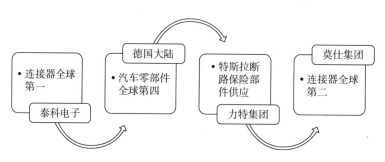

图3-8 瀚川智能汽车电子领域核心用户

第二，横向拓展新能源及医疗健康领域。在医疗健康领域，公司有全自动细胞超低温存储、吻合器、口罩、输液袋、胶手套和呼吸机阀等智能制造装备。用户包括美敦力（医疗器械全球排名第一）、百特（医疗器械全球排名第十五）和3M（医疗器械全球排名第十八）等。在新能源电池领域，公司有圆柱锂电池生产线等智能制造装备（化成分容一体机、叠片机），用户包括亿纬锂能（国内动力锂电池装机量前十）和欣旺达（电池行业国内第六）等，未来，将持续受益下游锂电池产能扩张。

> 瀚川致力于为用户提供最佳的产品和服务，通过深入、细致的全面质量管理体系建设，持续提高产品在设计、制造和服务等各个环节的品质，不断超越用户的期望值和满意度，在专业、质量、交付和服务等方面不断打磨自己。未来，瀚川智能在智能装备制造领域一定会再创辉煌。
>
> 资料来源：瀚川智能官网，http://www.harmontronics.com。

四、动力：数据驱动

数据来源于我们的生活，同时也反作用于我们的生活，这两者是互相作用的。在数据时代，我们的生活、工作以及思维都在发生着重大的变革。这是一个负反馈的过程，数据不断地进行反馈，不断地调整着整个社会生态系统。

"啤酒和尿布"是20世纪90年代美国沃尔玛商店的故事，沃尔玛超市管理层通过对销售数据进行分析，发现了一个很难理解的现象，啤酒和尿布这两个看似无关的商品，经常出现在同一个购物篮里。这种独特的销售现象引起了管理人员的注意，经过跟踪调查，发现这种现象出现在年轻父亲身上的频率较高。随着社会的发展，数据量迅速扩大，数据获取量决定了企业未来的发展。虽然，许多企业可能没有意识到数据爆炸性增长所带来的隐患，但随着时间的推移，人们越来越认识到数据对企业的重要性。

现在，在互联网时代，啤酒和尿布理论被无限放大。那么大数据有多大？一组名为"互联网上的一天"的数据告诉了我们，互联网在一天之内所产生的全部内容可以刻满1.68亿张DVD；发送2940亿封电子邮件（相当于美国两年的纸质信件）；发出200万个社区帖子（770次）。如此庞大的信息量，其中蕴含着无限的商机与策略，谁能先利用好大数据发展自身企业及平台，那谁便是最大的受益者。纵观阿里、京东等大佬，无不是从平台经济入手，以大数据为导向，才取得了今天的成就与辉煌。

网库集团王海波，从三个方面总结了自己应用互联网大数据经营网库19年的经验及见解：

第一，当前的大数据主要还是关注消费大数据，大数据未来的价值，应该是以产业大数据为主导，以产业大数据主导互联网大数据，将推动实体企业的发展。

第二，产业大数据应该以单品平台为路径，来推动每个垂直领域形成自己的产业大数据的生态系统。

第三，大数据的应用，应联合各类第三方服务机构，构建服务中小微企业的生态系统，呼吁各类第三方企业共同关注县域经济的产业大数据发展，从而带动平台经济，为县域经济提供服务。

五、机制：柔性引导

相对于柔性引导，刚性管理也被广泛应用于企业的管理工作中。与刚性管理不同，柔性引导大多更关注以人为本的发展，重视工作人员的价值和创新意识，能够对人的行为、心理等方面的信息进行掌握，充分提升员工工作的态度，进而让员工得到最实质性的人格尊重，自觉将企业利益放在首位，帮助企业实现更快、更好的发展。目前，大多数企业的管理方式开始倾向于柔性引导，这一做法得到了社会的广泛认可和推广。柔性引导结合了多种企业的系统性、科学性的管理办法，同时，还保留了企业自身具有的不同层次的经营理念和战略目标，从企业的实际经营状况出发，将人性化管理方案融入实际经营过程中。

1. 人与文化才是组织管控的核心

现代化企业的组织管理新模式通常都是以产品或流程管理为基准，始终坚持以人为本的核心思想，其最主要的任务就是要构建好企业内部和谐、友善的关系。与此同时，企业还要果断采取最人性化的管理方式，增强企业员工工作的积极性和主动性，始终贯彻并落实以人为本的柔性引导理念，加强员工的集体归属感，帮助企业建设好更深层次的企业文化。与强制性的刚性管理相比，柔性引导坚持以人为本，充分结合企业内部员工的工作特点，对企业经营管理的相关内容进行完善和优化。因此，柔性引导的管理方式最能够体现企业员工的真实需要，全方位体现了人性管理。与相对严格的管理条例相比，现代化企业的管理方向更加倾向于高灵活度，灵活的管理方式更容易避免外部不稳定因素的影响。

2. 信任、授权、经营责任的下移才是最有效的管控

与强制性、独断性的刚性管理办法相比，柔性引导更加强调管理的民主化和人性化。例如，企业采取柔性引导的方式进行决议讨论时，其会议的主要对象就是广大的全体员工，包括各个基层的人员，对于每个决策对象来说，自身都具有相应的表达权利。企业应鼓励每个员工都参与到企业的决策与讨论中去，充分发挥出每个人的闪光点和思想，来帮助企业的经营管理变得更加的科学和合理。柔性引导在企业内部进行公平的讨论与协商时发挥了重要的作用，有利于企业未来的长远发展。

柔性引导主要是针对基层工作人员的心理素质方面，对其心理状态实行进一步管理，防止企业的经营管理在未来的发展过程中出现僵硬、复杂的情况。而刚

性管理则是针对管理内容，并严格按照其内容进行执行，严格遵守企业所制定的规章制度，对于企业的每一项工作都能够进行准确的分工，让每一个问题的反馈都能够经过全面、系统的考虑，最终由决策者进行最后的决策。在企业的日常经营过程中，有些经营问题已经对企业未来的发展产生了一定的负面影响，或者说，这些问题已经开始制约企业的发展。基于对企业各部门的充分尊重，企业领导者应对各部门的职能进行进一步说明。而柔性引导就是为了加强管理者和基层工作人员之间的沟通和交流，让不合理的上层决策能够在短时间内进行妥善的处理和解决，以保障柔性引导机制的有效性。

专栏 3 – 4　　　华兴源创：面板检测领域龙头企业

华兴源创主要从事液晶模组信号检测系统的研发生产，同时覆盖测试、设备、产品、智能和通信五大领域。苏州华兴源创电子科技有限公司因其对时代尖端技术的探索和不断超越自我的执着，已具备强大的研发设计与生产能力，荣获多项发明、外观设计和实用新型专利，以及多项软件著作权和CNAS认证，成为国内外许多知名公司的合作伙伴。公司是国内面板检测领域的龙头企业，深度受益于面板产能向中国大陆的转移，逐步向半导体、汽车电子领域切入，随着这些领域的设备国产化进程的推进，公司业绩的增长潜力不断提升。

一、公司简介

苏州华兴源创电子科技有限公司是一家工业自动测试设备与系统解决方案提供商，主要测试产品用于液晶 LCD 与柔性 OLED 中小型平板、集成电路、汽车电子和太阳能面板等行业，也为保险和银行等行业提供定制融合通信软件平台。华兴源创作为一家致力于全球化专业测试领域的高科技企业，坚持在技术研发、产品质量和安装服务上，为用户提供具有竞争力的产品以及快速优质服务的完整解决方案。2017 年，华兴源创在全球已设立众多分支机构，公司人口众多，其中研发技术人员超过一半。

二、国内领先的检测解决方案提供商，面板和集成电路检测双驱动

公司已经成长为国内领先的检测解决方案提供商，从面板和集成电路检测双向驱动，研发费用和研发人数呈扩张趋势。

第一，国内领先的检测解决方案提供商。华兴源创是一家专注于全球化专业检测的高科技企业，是国内领先的检测解决方案提供商，主要从事平板显示及集成电路的检测设备的研发、生产和销售等业务。公司主要产品为检测设备和检测冶具，应用于 LCD 与 OLED 平板显示、集成电路和汽车电子等行业，而且，在信号和图像算法领域，拥有多项自主研发的核心技术成果。

第二，公司研发投入占比高。2016～2018 年，公司在各年份的研发费用金额分别为 0.48 亿元、0.94 亿元和 1.39 亿元，研发人员数目分别为 154 人、230 人和 350 人。由于公司近两年新开展了多个研发项目，招聘了大量研发人员，引进了一批薪酬较高的高级人才，研发费用和研发人数呈扩张趋势。

三、国内领先的面板检测企业，战略布局半导体检测打开成长空间

为了将自己打造成国内领先的面板检测企业，华兴源创战略布局半导体检测市场，专注于平板和发力半导体检测，储备多项核心技术。

第一，专注于平板和发力半导体检测。从主营业务来看，华兴源创主要专注于平板检测，同时发展半导体检测和汽车电子检测等。精测电子的主营业务为面板检测，同时布局半导体检测和新能源检测领域，两者具有较高的相似性；长川科技主营业务是半导体封装测试，与公司正大力发展的半导体检测业务一致，因此，从业务的相似性上来讲，选取精测电子和长川作为可比公司较为合理。

第二，储备多项核心技术。华兴源创所从事的平板显示及集成电路测试设备业务属于知识密集型和技术密集型行业，代表着工业测试技术的最高水平。其中，在平板显示检测行业，目前，新型显示器正处于从 LCD 向柔性OLED 产品结构调整升级换代周期，而柔性 OLED 的关键检测设备被国外厂商垄断，国内多家平板显示厂商正加大力度在建和规划柔性 OLED 制造线，其中，柔性 OLED 的显示驱动及 Mura 补偿等核心检测技术一直缺乏经过大批量量产验证的成熟解决方案。

华兴源创将秉承"全方位服务用户"的宗旨，伴随着显示技术的不断高速发展，不断开拓市场，坚持不懈地致力于打造中国智能测试设备品牌。在未来的全球范围内，华兴源创将努力投身于覆盖显示、半导体、医疗和新能源等行业中的关键测试设备领域，力争成为一个以员工、家庭相融合，社会责任为己任的百年企业。

资料来源：华兴源创官网，http://www.hyc.cn。

六、关系：人从工具转化为目的

21世纪的竞争归根到底是人才的竞争，人力资源是企业所有资产中最重要的一项资产，是一切高科技产物都无法取代的。

价值重构是指在社会化网络和互联网背景下，价值模块重构引起的价值创造模式的变化和效率的提高。价值重构的方向，是指通过调整核心企业与合作伙伴、用户之间的收入分配关系，实现企业模式的创新，即在不改变网络参与者的情况下，通过改变网络位置，实现企业收入来源的创新，在企业自身价值交易的收费渠道上，实现颠覆性的盈利创新形式。

第一，通过构建网络化组织，提高价值创造效率的商业模式创新。在互联网时代，企业生存环境的基本特征是UACC，即不确定性、模糊性、复杂性、多变性。网络化组织的建立，旨在实现平台参与者的价值增值、共生和共赢。企业可以通过创建网络化组织，来解决UACC环境下的官僚组织结构问题。网络组织是UACC环境下网络支撑平台运行的一种动态、高度灵活的组织形式，具有协同性、创造性和动态适应性等特点。

第二，企业利用外部资源大规模协作的商业模式创新。社会化网络和互联网的发展为企业在价值创造方面的合作创造了新的生态空间。互联网可以直接突破空间边界，提高通信效率，降低协作成本，实现信息和知识的即时流动，使大规模的协作生产成为现实。

第三，基于价值配置重构的商业模式创新。价值配置重构是指价值分配结构和价值分配流向的变化或调整。价值重构业务模式的创新主要是通过重新定义接口规则来改变收入来源和收入来源方向的，从而实现企业利润模式的变革。

第三节　互联网商业生态组织模式

近年来，生态组织已成为企业管理的重点，受到社会的广泛关注，它已成为移动互联网时代新兴企业组织模式的代表。成功企业将生态组织作为企业组织建设的核心目标之一，阿里巴巴就是生态组织的典型代表。

一、平台模式

在互联网时代，重构企业战略，内在的推动力还是组织与人。那么，互联网时代，企业的组织和人力资源管理究竟有哪些变化，又在朝着什么样的方向发展？我们可以通过小米、腾讯、海尔、华为和阿里巴巴等国内明星企业的实践来判断一下未来改革趋势，见证阿米巴经营本土化的成果。

1. 小米、华为、阿里巴巴的阿米巴运营

在互联网时代，企业必须缩短与用户之间的距离，并与用户进行整合，才能与用户亲近，进入用户的心中。只有通过整合，企业才能与用户互动，使用户成为产品的推动者和设计开发人才。这样做的方法是使组织扁平化，尽可能地简化组织，这是互联网时代一个非常重要的概念，简单、速度、极限。

第一，小米组织扁平化、管理极简化。小米是全球第三大手机制造商。小米能够迅速跻身前三，主要是因为他们掌握了互联网时代的特点并进行了一系列的创新实践。小米的组织是完全扁平的，七个合伙人各管理一摊，形成了一个自主经济体。小米的组织结构基本上是三层，核心创始人—部门领导—员工，团队不会太大，一旦团队达到一定规模就必须分解，形成一个项目体系。从这个角度来看，小米内部处于完全激活状态，一切都围绕着市场和用户价值进行运转，每个人都自动协调并承担各自的任务和责任。在小米，除了七个创始人有职位，其他所有人都没有职位，都是工程师。所以在一个扁平的组织中，你不必担心升职，只需要专注设计。

第二，华为缩小经营单位，打"班长的战争"。任正非提出："简化组织管理，使组织更轻、更灵活，是我们未来组织的目标。"华为最近所做的一个重大改变是提议"班长之战"。华为将从集中运营转向小单元运营。所谓"班长之战"就是通过现代小股作战部队，我们可以在前线找到战略机遇，然后迅速向后方请求强大的火力，用现代手段进行精确打击。强调"班长之战"并不意味着班长可以随心所欲，而是需要资本监管权和董事会监督权。因此，任正非提出，不仅要及时下放权力，把指挥权交给前线，而且要防止前线人员乱打仗，完善监测机制。因此，设立子公司董事会是实现这一改革的途径，子公司董事代表资本实现对经营者进行监督。任正非认为，企业管理应该向军队学习，军队是最有效的组织。

第三，阿里巴巴人力资本合伙人制度。互联网时代的另一个重大变化，即利益共享机制从人力资源向人力资本转变。未来可能是知识型的就业资本，一个人即使少量控股或完全不控股，也能实现对企业的有效控制，这就是所谓的人力资本合伙制。阿里巴巴的人力资本合作伙伴主要有两个方面：一个是马云亲自培养的合作伙伴；另一个是空降技术人才。就财富而言，马云只拥有公司8.9%的股份，但他的市值超过130亿美元。有人说，自从阿里巴巴上市以来，杭州已经成为亿万富翁的家园。由此可见，在互联网时代，不需要控股，只要你通过知识、能力或人力资源能使企业规模更大，价值更大，也可以获得巨大的财富和价值。

因此，人力资本价值管理具有以下三个特点：

第一，人力资本成为企业价值创造的主要因素。

第二，人不仅要获得工资薪酬，还要参与企业的利润共享。

第三，人不仅要参与企业的利润分享，还要参与企业的经营管理。

2. 海尔：自主经营体和员工创客化

企业平台化是指总部不再是一个控制机构，而是一个平台化的资源配置和专业化的服务组织。张瑞敏近年来一直在研究和实践如何将海尔从传统的工业制造企业向互联网化企业转型升级？如何用互联网思维来做产品和服务以及管理？张瑞敏提出，海尔要实现转型升级必须粉碎旧组织。因此，2013年，海尔张瑞敏提出了时间组织的概念，倡导企业平台、员工定制和用户个性化三大变革，主张管理要无边界、分散，后端要模块化、专业化，前端（即员工）要个性化、定制化。

第一，平台企业和分布式管理。公司总部应该成为资源整合和运营规划的平台，形成全球资源规划和人才整合的生态圈。

第二，个人独立管理制度，即以用户为中心的人单合一的双赢模式。所谓人单合一双赢模式，就是用会计系统计算每个员工为公司创造的价值，并根据其创造的价值共享企业价值，即双赢。这种模式使数万人的企业在内部形成无数个独立的小管理机构，员工自主经营，自我驱动。

第三，员工改造。海尔有专门的风险基金和合作投资公司。只要员工有好的想法，公司就可以为其提供资金成立项目团队，鼓励员工组建团队创业，让员工持有股份，这样，企业就可以成为创业中心。员工的创造力需要探索和发展，只要企业给他们资源，他们就可能成功地完成一个项目或企业。海尔提倡员工化，未来可以在内部创办数百家公司，成就一批企业家。此时，企业的利益将不再仅仅来自于制造家用电器，而是可以围绕其整个价值链做任何事情。海尔的许多新公司都是员工创业的结果。

第四，倒置理论和分散领导。所谓的分权化，就是让用户成为信号弹，强调企业不应以某某人为核心，而是要让每个员工都成为核心，每个人都成为独立的管理体系。

第五，利益共同体和价值共享。海尔提出，只要你超越你为公司创造的价值，公司就让你分享超越价值，建立一个共同的利益公共机构。

3. 细说UGC

UGC是用户生成内容的英语缩写。UGC是互联网尤其是自Web 2.0以来，最重要的成果之一。可以说，互联网的发展史就是UGC的发展史。博客、BBS、社区和自媒体本质上都是UGC。

目前，典型的 UGC 产品有知乎（社区）、简书（博客）和荔枝 FM（音频电台）。用户生成的内容为平台所用是非常困难的，但如果成功建立了 UGC 机制，会带来产品的良性循环。

第一，UGC 将其与依靠编辑的传统新闻网站区别开来。简单的视频、音频（播客）上传功能可以将其与基于文本和照片的社区区分开来。用户注册后可以拥有自己的个人空间，这个空间不仅吸收了博客撰写网络日志、上传照片等功能，更显著的是增加了人物展示、歌曲展示、播客和朋友等项目，使用户能够真正独立、自由地管理，在自己的空间里"秀"出自己的兴趣。

第二，多媒体手段的广泛使用。互联网用户通过 PC 终端上传视频、音频，更好地发挥网络作为新媒体的优势。在手机等媒体融合的背景下，DV 越来越流行。网友更乐意制作一些涉及视讯或音频的思维片段在互联网上进行共享，并通过在线下载、移动通信终端交流等方式，使自己的主动性和创造性得到最大限度的发挥，不同于传统媒体推动信息的单一模式，用户体验式网络成为现实。

第三，新的盈利模式的产生。与传统媒体和第一代互联网将广告作为主要收入来源（甚至是唯一收入来源）不同，网友天下整合了多种盈利方式，包括广告、无线以及与广播等传统媒体和网站合作，是一个以网络为核心的娱乐平台，不仅可以举行各种网友竞赛活动，而且还能在网上进行人才搜索，推出网友的原创唱片等。

二、大数据驱动模式

大数据，又称海量资料，是指企业所涉及的大量数据和资料，能通过人脑或主流软件工具在合理的时间内提取、管理、处理并整理成有效信息，帮助企业做出准确的经营决策。当技术达到极限时，也就是数据的达到极限。最大的挑战是哪些技术能够更好地利用数据，以及如何使用大数据。与传统数据库相比，Hadoop 等开源大数据分析工具的兴起，这些非结构化数据服务的价值何在？

1."互联网 +"和"大数据 ×"

"互联网 +"的定义即构建互联网组织，创造性地使用互联网工具，以推动企业和产业进行更有效的商务活动。

"企业互联网 +"，即企业的生产、经营、管理、营销、组织和人才等方面都需要利用互联网进行思维重塑，改变自身的流程、管理模式和企业文化，实现基于互联网的决策、管理思维和业务运营模式，从而提高企业的运营效率和绩效。

"产业互联网 +"，即在传统产业，特别是在第三产业，实现与互联网的融合，如"互联网 + 媒体"产生网络媒体、"互联网 + 娱乐"产生网络游戏、"互联网＋零售"产生电子商务和"互联网＋金融"产生互联网金融等。

大数据技术是指从各种类型的大数据中快速获取有价值信息的能力，包括数据采集、存储、管理、分析、挖掘和可视化等技术及其集成。适用于大数据技术包括大规模并行处理（MPP）数据库、数据挖掘电网、分布式文件系统、分布式数据库、云计算平台、互联网和可扩展存储系统。

2. 数据积分链

数据积分链生态由数据区块平台、数据积分平台、数据公益捐助平台、市场服务商网络互联置入平台和数十家接单商家互联互通平台组成，主要是将安全（S）、健康（H）、环保（E）、双创（D）等商品和服务植入数据基因，形成以"数据"为核心的价值链条，让用户和供给侧协同发展，尤其是以大数据进行预测、行为干预、数据估值和量化，让传统公益资源自事后救助转到事前防御，实现了公益与商业互补发展，实现 C 端（用户）与 B 端（商家）的单向或交互式融合。

数据积分链生态经过近 3 年的发展，在数字经济来临之际，抓住时代机遇，升级到 DEE（Data Economic Ecology）生态。数据积分链生态在发展实践中，将数据记录的规范行为原料加工成数据公共品，将预防伤害效果（生产公共利益量值）与公益资源前置投放实施对接，使公益组织救助实现了"标本兼治"，加速社会和谐进程，即公益价值与商业价值的合理分享。

数据记录的规范行为原料可以加工成数据公共品与公益资源前置投放实施对接，再将数据公共品与政府济贫扶弱实施对接，更显著特征是将"行为原料"加工成数据商品，与保险公司和需求商家实施对接，实现各得所需，使数据跨界到更多用途，加速数字经济规模和范畴。

3. 个性化大规模定制

中国工程院院士卢秉恒认为，海尔的大规模个性化定制是制造业发展的方向，也是全球制造业发展的一个趋势。现在，大批量生产的市场已经饱和，要开拓更好的市场那就必须针对用户的个性化需求。海尔做出了非常好的先例，把大批量制造的工厂变成一个个性化定制的企业，符合我们制造业的发展方向，成为"互联网＋"下出现的新模式。

在制造业企业面临着前所未有的激烈竞争和挑战的同时，各种新技术、新理念层出不穷，柔性制造的大规模个性化定制模式成为了不同行业和领域内独一无二的模式。如 DELL——PC 行业大规模定制、猪八戒网——服务行业个性化定制、红领——消费品大规模定制、尚品宅配——家装行业私人定制、哈雷摩托——摩托车行业规模个性定制和上汽大通——汽车行业个性化定制等。

三、生态圈模式

未来的商业模式将是生态圈竞争模式。企业将利用自身的竞争优势和生态优势相互促进，形成相互依存和共生的生态系统，更快地实现战略发展目标。未来的企业竞争将超越个体企业的边界，成为生态系统之间的竞争。这里的生态系统既包括产业链生态，又包括跨产业生态，后者的竞争力会显著高于前者。

1. 智能家居生态圈模式

不论是互联网巨头，还是传统制造大厂，都纷纷布局智能家居领域。海尔U－home 智能家居、三星 Smart Things 智慧物联等传统家电厂商提供了家居智能化的解决方案。阿里巴巴与线下家居卖场的新零售战略合作，标志着腾讯、阿里巴巴等互联网商业巨头在智能家居领域开启了新零售的全新时代。

传统企业正在加快智能化转型的步伐，争夺智能家居市场蛋糕。家电产业呈现出集体智能化的趋势，智能家电生态系统的建立已成为产业竞争的焦点。传统家电厂商和互联网巨头纷纷在智能家居行业布局生态圈。OFweek 智能家居网盘点了智能家居行业十大生态圈模式。

2. 去中心化的生态圈模式

随着移动互联网、社交网络、电子商务、大数据和 O2O 的快速发展，"去中心化"正在成为后互联网时代商业模式建设的新趋势。企业在参与市场竞争的过程中，如何打通边界形成合力，在商业生态圈中实现良性发展，成为商业发展的新命题。真正的生态圈应该是去中心化的。没有中心也就意味着每个成员企业都能成长为中心，具备无限衍生、孵化的能力。为了加强企业与用户的联系，进一步提升企业资源共享和风险抵御的能力，不少企业寻求建立合作共赢的商业生态社群。然而，生态圈中力量的不均衡、话语权的不平等，使得一些既有的生态网络存在着不少危机。

而"去中心化"的优势在于，每个成员企业都可以聚焦成长，具有无限衍生和孵化的能力。生态系统实际上最大化了智能生活中的每一个细分领域，然后突破了边界概念，为用户提供了更接近其实际需求的智能生活整体解决方案。智能家居企业需要在新生态模式的基础上，提高资源整合能力和聚合效果，达到"1＋1＞2"的效果，还可以创建新的内容和新的板块。

3. 产业生态圈与商业生态圈

产业生态系统是指在一定（部分）区域产业范围内已经形成（或计划形成）的以主导产业为核心，具有较强的市场竞争力和区域可持续发展的产业。产业多维网络系统，反映了一种新的产业发展模式和产业布局形式。

在发展的关键时期，产业转型必须重新审视传统的工业园区发展模式，以建设工业新城为目标，以区域集中和产业集群为导向，引导产业在不同领域集聚，带动科研创新实力和服务体系建立，促进关联企业的上下游产业合作，通过共享、匹配和融合，形成多个微观生态链，形成一体化的产业生态系统，推动工业园区由单一生产区向生产、服务和消费等多功能型城市经济转型。

产城融合的物理空间是社区，其灵魂是人。产业社区以人为本，在提供有助于高效工作的氛围之外，还为科技工作者提供覆盖休闲、娱乐、健身和交往等全链条生活配套空间。与传统产业园区相比，这样的生活方式可以近距离、更便捷地坐拥城市核心区，感受核心区沉淀的文化基底，共享成熟商圈的活力氛围，并快速融入都市多元化的底板，让工作与生活实现真正意义上的无界衔接。

在未来，市场竞争不再只是企业之间的较量，更是平台之间的较量，甚至是商业生态圈之间的较量。随着互联网企业不断地跨界联合，企业将形成各自的商业生态系统。互联网平台思维的最高境界就是超越竞争，打造多方共赢的生态圈。

许多互联网企业都在跨界整合传统行业，而传统行业也在积极挂靠互联网平台。构建线上线下一体化的平台，并在条件成熟时发展成商业生态圈，已经成为各种企业在未来市场中的发展目标。

第四节　组织变革中的互联网思维

互联网时代是分享经济时代，企业想在垄断行业中发展，实际上是非常困难的。这种生态是多样化的，企业应该变得更小、更专业。因此，社会分工越来越细化，不同的大、中、小企业支持整个生态的发展。分享经济将为我们带来未来，不仅是向一个方面发展，而且是从生态的角度发展。更多的企业和管理团队要发挥各自的优势，实现相互合作。企业组织也应进行相应的变革以适应这种变化，其中，组织结构的变革最为明显。

一、"平台＋用户"思维

客流下降已经成为零售行业的共性问题，从业者与其执拗于寻找客流下滑的原因，不如下大力气去服务好现有用户。对零售店而言，账面会员数量动辄百万，但它们只是沉睡在数据库，非但没有产生应有价值，反而造成大把资源的无谓浪费。直面客流下降的事实，零售店从业者需要调整思路，继而实现战略牵引下的战术变革，从"以自我为中心"向"以用户为中心"转变。

1. 长虹：智能家电全产业链

长虹作为国内家电企业的龙头，长期以来拥有智能电视、智能冰箱、智能空调、智能手机、智能家庭盒和掌上智能终端等丰富的智能终端产品。根据长虹的公开信息，其目前重点发展家电、军工和IT分销三大核心产业，通过布局三大核心产业，提升产业地位，建立竞争优势，提升核心产业盈利能力，加快新兴产业发展，形成"终端＋平台＋服务"的完整生态，努力提高企业发展的质量和效率。

长虹基于互联网和物联网，围绕"新三坐标"智能战略，以传感、控制和服务为基础，形成智慧家庭解决方案，打造了智能家电全产业链。长虹推出的物联运营支撑平台（UP平台）、人工智能电视、物联网冰箱以及长虹H2分子识别手机等产品，打造了长虹智能家居产业，成为物联网生态圈的重要依托。

目前，长虹物联运营支撑平台（UP平台）已经整合长虹智能终端用户、CHiQ终端用户数据以及购食汇、妥妥医和家事帮等长虹自有新业务数据，同时与腾讯、阿里、芒果TV和环球购物等达成智能运营合作，逐渐形成智能化运营商业模式。长虹大力打造智能家电产业链，将带动整个产业的升级，同时，中国企业有望实现"弯道超车"，领跑即将到来的智能化时代。

2. 夏普：干净构架

作为一家日本老牌企业，夏普自被富士康收购后动作频频。夏普发布的新战略强调未来会以人为核心，围绕"干净的空气""干净的水"以及"干净的食物"三个"干净"的构架来布局家电产品，陆续会将除电视之外的更多其他产品呈现在用户面前。

夏普在家电产品的全方位布局上谋划已久。富士康董事长郭台铭就曾公开表示，电视只是富士康在智能家庭领域推出的第一个作品，以后会陆续推出以"干净的水""干净的空气"以及"干净的食物"为代表的产品。如今看来，夏普家电的全方位布局从一开始就已经被列入计划。

3. 用户转化率、关联率和留存率

用户管理集中于三个词汇——获客、留客、悦客，追求的是用户进来，留下来。基于平台的用户管理已经成为企业实现自我救赎的不二法宝。用户管理，虽是系统工程，却也离不开以下三个关键词：

第一，转化率。即进店用户的成交率，其对应的是用户数据管理的精准营销能力。

第二，关联率。此关联非彼关联，不是以追求当次成交客单为初衷的关联销售，而是要挖掘用户的长期价值（终身价值）以及衍生价值。

第三，留存率。这是从另一个角度去诠释复购率，是数据导向下的用户管理的终极目标。

二、"流量＋大数据"思维

在信息爆炸的时代，用户的耐心越来越有限，如何在短时间内赢得用户青睐？需要做到两点：一是需求定位准确；二是产品和服务到位，操作流程方便，即以用户需求为中心，利用科技和数据，消除家装过程中的高耗点和低效率点，提高信息流和场景实现的效率。大数据思维，就是通过互联网获取用户数据，了解用户的需求和习惯，从用户的使用习惯和消费习惯出发，打造自己的产品，这样能够抓住用户的需求，把风险降到最低。

以往想要得到数据必须通过调查，但是在现在的互联网时代，很多的数据我们可以直接得到，或者从网上获取，这些数据能够让你取得事半功倍的效果。

1. 格力：用户专属的家居智能生态圈

格力智能家居展区包括格力手机 2 代、格力画时代、格力领御、格力金贝、TOSOT 零耗材空气净化器和加湿器等在内的一系列智能产品。通过格力自主研发的"格力＋"智能 APP，还能对格力旗下的智能产品进行远程智控，数据记录，形成用户专属的家居智能生态圈。

鉴于用户的智能家居需求，未来各智能产品不仅需要满足用户某方面的应用需求，同时，它们还应该是一个有机连接的整体，而各企业、各品牌的操作系统也应该是开放的状态，打破现有的互联壁垒。

2. 华为：技术创新与数据分析精准定位用户心智

华为不断在产品上叠加各种各样的玩法，包括互联互通、Wi‑Fi 稳定性、模组稳定性和后台升级。华为的技术加持，让华为旗下的所有产品更智能、更好玩、更简单。

智能路由器在智能家居生态系统中有着不可替代的作用。一方面，作为家庭里的第一个联网的设备，智能路由器连接的中心节点起到了将云、端、边和心连接在一起的作用；另一方面，华为的路由器支持 Hilink 生态圈的技术体系，当网络不佳时，华为路由器的边缘计算会发挥很大的作用，让用户的操作体验保持流畅。

华为将加速智能生态的发展。华为在 2018 年改造了 800 家线下体验店，让用户更快了解到华为的智能生活系统。在华为智能生态系统的打造中，华为依托方舟实验室，将各个合作伙伴的智能家居产品串联起来，构成完整的智能家居体系，并在方舟实验室完成联动智能部分，形成完全的场景化，确保带给用户最好的体验。

三、"迭代＋跨界"思维

随着产业结构的分散、数据的广泛应用和互联网的万物互联，企业所面临的竞争环境逐渐从单一的线性环境向全方位、全时空、多维开放的竞争环境转变。用户需求变化迅速，行业技术变化迅速，企业保持竞争优势的唯一途径就是创新。为了应对竞争环境的复杂性，满足互联网通过模糊原有边界创造新价值的需要，许多企业选择与跨行业组织合作，通过资源整合实现创新。

1. 跨界资源整合，与用户价值协同共享

依托互联网技术，跨行业的共享经济为企业提供了一种新的思维方式，借助"协同共享"的理念和平台，企业之间可以共享彼此的闲置资源，包括有形和无形闲置资产。共享新范式鼓励企业以利他主义为新的经营逻辑起点，从价值创造的角度寻找企业自身存在的价值。

在与跨产业组织进行资源共享的过程中，越来越多的企业选择与所在产业关联性较小的企业进行共享，将曾经不相干甚至不兼容的元素进行连接，从而创造出新的价值和新的业务领域。例如，腾讯与长安汽车签订了基于智能网络的汽车合资合作协议，以合资公司的形式开展合资企业探索，构建更加开放的基础运营平台和硬件平台；小米与美的集团签署了战略合作协议，协议的主要内容是智能家居业务领域的联合发展；阿里巴巴集团与中国建设银行签署了战略合作协议，共同推动中国线上线下合作、电子支付业务以及用户资源和信用系统共享。

这种来自不同行业的企业为实现共同的战略目标，以契约、协议、合资等方式形成的共享资源、能力、信息等的组织合作形式被称作跨界共享。在共享经济时代，企业间的跨界共享成为企业发展面临的必然选择，尤其是传统行业与互联网等新兴行业的跨界融合。相关研究主要集中在企业跨界搜寻、跨界经营等方面，而作为一种组织合作形式，跨界共享与战略联盟本质相同，但是又因共享经济的影响呈现出不同于以往战略联盟的特点。

2. 产品迭代 ＆ 技术创新

迭代典范非微信莫属。微信在发布第一版本的时候与 QQ 并没有太大的区别，但就是这个不起眼的 APP 竟在移动互联网上掀起了大风大浪，成为 APP 开发中的标杆性应用程序，让腾讯一举进入国际化市场，全面开启全球市场争夺战。

迭代说起来很简单，就是快和重复。快是迭代的内在要求，重复是迭代的表现形式，迭代的真正内涵是积累、总结与升华，是量变到质变再到量变的过程。其中，用户信息反馈及其需求的大数据分析是迭代过程中的重点，没有反馈就没有迭代。

专栏 3-5　　　交控科技：城轨信号系统的龙头

交控科技是一家专业从事城市轨道交通信号系统的研发、关键设备的研制、系统集成以及信号系统总承包的企业。公司的主要产品包括自主研发的基础 CBTC 系统、CBTC 互联互通列车运行控制系统（I-CBTC 系统）和全自动运行系统（FAO 系统）等新一代轨道交通信号系统，主要运用于地铁、轻轨、单轨和磁悬浮等城市轨道交通。公司有着强烈的社会责任感，保证交控的每个员工都是合格的社会人，具备一个社会人基本的素质与品德。公司以发展轨道交通系统技术为己任，通过公司的发展带动整个轨道交通安全控制系统产业的蓬勃兴旺。为了振兴民族轨道交通信号产业，向用户提供安全、可靠、先进的产品和优质、全面的技术服务，确保广大民众的安全、快捷出行，公司的全体员工一直在努力。

一、公司简介

交控科技股份有限公司成立于 2009 年 12 月，是国内第一家掌握自主 CBTC 信号系统核心技术的高科技公司，向公众提供高效、可靠、低耗能的轨道交通控制设备以及全生命周期的技术服务，是轨道交通信号解决方案领域的领先者，产品涵盖基础的 CBTC 系统、兼容多种信号制式的互联互通系统和 GOA4 等级的全自动运行系统等。交控科技致力于为更好的轨道交通提供更多元的信号系统解决方案以及全生命周期服务。交控科技有四大服务指南，分别是故障修复与配合用户分析系统故障、产品维护、问题咨询与用户培训及故障品返修与备件生产。此外，公司有着严格的安全与质量体系和项目管理体系。

二、以自主技术为核心，深耕行业十余年

公司以自主技术为核心，有着明确的产品和市场定位，研发能力突出，深耕行业十余年，致力于打造卓越的城轨信号系统。

第一，产品和市场定位明确。该公司是一家专业从事城市轨道交通信号系统的研发、关键设备的研制、系统集成以及信号系统总承包的企业。公司率先掌握 CBTC 核心技术，领先国内其他厂商 5 年，并参与制定 CBTC 相关行业标准、规范。公司基于 CBTC 技术基础，成功推出了全球先进的 I-CBTC 系统、FAO 系统等新产品。I-CBTC 系统可实现不同线路车辆的信号

系统之间的互联互通及城市轨道交通的网络化运营与资源共享；FAO 系统可实现运行的高度自动化，提升系统的安全性和可靠性。

第二，研发能力强。公司在研项目包括现有产品升级和未来储备技术研发两类。现有产品 CBTC 和 FAO 处于国内领先水平，I－CBTC 处于国际领先水平。公司的 CBTC 技术领先国内竞争对手 5 年，公司作为牵头方参与了 I－CBTC 的国家示范工程，是目前国内唯一一家实现自主 FAO 工程应用的厂商。在未来储备技术研发方面，公司的主要储备技术 VBTC 和 VBTC 是国际公认的信号系统技术发展方向，目前，尚未有厂商实现 VBTC 的工程应用，公司的 VBTC 研发仍处于国际领先水平。

三、信号系统自主化先行者

公司是信号系统自主化先行者，是国内第一家 CBTC 自主化企业，拥有国际领先的技术指标。公司的订单快速增长，市场占有率不断提升。

第一，国内第一家 CBTC 自主化企业，技术指标国际领先。公司是国内第一家实现 CBTC 自主化的企业。2010 年 12 月 30 日，北京亦庄线顺利开通，标志着公司自主掌握的 CBTC 核心技术实现实际工程应用，同时，标志着中国成为第四个成功掌握 CBTC 核心技术并顺利开通实际工程的国家，打破了国外信号系统的技术垄断，实现了信号系统的进口替代。

第二，订单快速增长，市场占有率提升。公司拥有自主可控的 CBTC 底层核心技术，并持续在国际城市轨道交通信号系统先进领域投入技术研发力量，陆续开发出 I－CBTC 系统、FAO 系统等新一代城市轨道交通信号系统，真正实现了城市轨道交通信号系统的进口替代，有力保证了公司产品和技术的产业化，促进了公司竞争力和影响力的增强。

交控以振兴安全控制系统产业为己任，是具有中华民族精神的跨国企业。交控科技紧跟国际发展趋势，结合国家的战略需求与要求，致力于列车运行控制系统核心技术、产品与标准体系的自主创新，不断提高技术装备的安全性和可靠性，不断改善自主创新流程与规范，旨在成为具备国际竞争能力的企业。

资料来源：交控科技官网，http://www.bj-tct.com。

四、"简约＋极致"思维

如何抓住用户的心呢？要解决这个问题，需要注意两点：一是简约，简单、明了得让用户无法忘记；二是极致，将用户体验做到极致，超越用户预期。简约让用户记住产品，用极致抓住用户心智。大道至简，越简单的东西越容易传播，越难做。穷尽极致，抓住用户痛点，打造让用户尖叫的产品或服务，突破消费者体验的极限。

1. 乔布斯的简约，苹果的起死回生

1997年苹果接近破产，乔布斯回归。乔布斯在白板上画了一条水平线和一条垂直线，然后画了一个由四个正方形组成的正方形图表，在两列的顶部分别写了用户和专业人士，在两个标题下写了桌面和便携式。乔布斯砍掉了70%的产品，重点开发了4款产品，使得苹果扭亏为赢，起死回生。其实，简约思维，就是专注点，你要做的是抓住一个点来突破，而不是像无头苍蝇一样。

2. 京东的极致思维，把产品和服务做到极限

什么叫极致？想用户所想，超用户所想。京东商城在细分市场领域能够迅速追赶上淘宝的脚步，最重要的一点是物流方面的用户体验。京东在物流方面运用了极致思维，上午下单下午就能收到。用户意想不到的，就是用户的痛点，也是极致思维的体现。

【章末案例】 尚品宅配：大数据驱动 C2B 模式创新

阿里巴巴首席战略官曾鸣在《C2B，互联网时代的新商业模式》一文中这样描述 C2B 模式：基于互联网和云计算平台，消费者驱动，以定制等方式创造独特的价值，网络化大规模协作。工业时代以厂商为中心的 B2C 模式，正在被信息时代以消费者为中心的 C2B 模式取代。传统的家具制造商采用的是大批量的标准化家具生产方式，款式、尺寸、色彩都是固定的，消费者只能被动选择。互联网和先进的信息技术使规模化定制成为趋势。尚品宅配掌握了这个先机，采用柔性生产方式，把消费者由被动接受产品转变为主动参与到产品的设计、制造过程中，提供全程数码服务，最大限度地满足消费者的个性化需求。尚品宅配是 C2B 模式的中国样本。

一、公司简介

尚品宅配成立于 2004 年，是广州尚品宅配家居股份有限公司的品牌，是一家强调高科技和创新的快速成长的家具企业。尚品宅配在广州、上海、北京、南京和武汉一共有 38 家店，在全国有 800 多家店。家居设计系统加入了店内设计服务的核心团队，每天承接来自国内外数百家用户的国内外一体化设计解决方案，拥有中国家具行业数万种产品库、户型库及方案库三大库。尚品宅配的经营理念是"网络成就你我家居梦想"；企业精神是"团结、创新、激情、责任"；企业使命是"成为中国家居电子商务的领导者"；企业愿景是"轻松家居、经济家居、舒适家居、科技家居"。

二、从 O2O 到 OAO 尚品宅配宅配的店网一体化

从目前来看，尚品宅配正在加快开店速度。依托新居网平台，尚品宅配从 2010 年起开始发力 O2O，并在线下建立 O2O 直销体验店。如今，尚品宅配已经建立起包括新居网、微信公众号和生活方式体验店在内的店网一体化布局。尚品宅配的营销逻辑已经由过去的 O2O 模式发展到了 OAO 模式。

O2O（Online to Offline）模式强调从线上到线下，核心是把线上的用户带到现实的商店中去，而 OAO（Online and Offline）模式强调线下和线上的有机融合，实现店网一体化，确保资源互动、信息互联、相互增值。尚品宅配追求更多的是产生销售业绩的用户，思考更多的是产品与目标人群、用户之间的联系在什么地方。随着 OAO 新营销逻辑的形成，尚品宅配也把研究的焦点转向了用户。以"先有用户，再有客户"思想为基准，尚品宅配形成了一套自己的 OAO 逻辑——线上抓社区和链接，线下抓用户和体验。

三、做好线上连接，加强用户联系

目前，在线上，尚品宅配通过 PC 端新居网、微信服务号、在线设计预览和免费预约测量等渠道和手段与用户进行连接。在微信诞生不到一年的时间里，尚品宅配成立了移动互联网事业部，重点关注移动互联网终端与用户的联系，提升用户体验。目前，尚品宅配拥有的微信公众服务号粉丝数量已超过 900 万。通过"吸附—封闭—返回"的操作逻辑，尚品宅配将微信服务号变成了粉丝聚集的场所。

第一，根据用户的浏览习惯，智能地推送用户的偏好信息。智能信息推送系统会根据粉丝的浏览习惯推断出用户的年龄和消费可能性，并定向推送首选内容，这与头条的属性相同。

第二，个性化用户服务形象的植入。尚品宅配在微信符号匹配中很好地回归了人性化的响应模式，树立了微信客服形象。同时，针对不同的用户需求，可以匹配不同个性的用户服务，并要求工作人员在 30 秒内回复。

第三，加强粉丝回报。通过粉丝活动日、粉丝折扣等多种福利，拉近公司与粉丝的距离，提高用户黏性。

四、线下强化体验，变身流量平台

在网上吸引用户只能解决问题的一半。如何才能将用户转变为客户？尚品宅配开始押宝店内体验服务。尚品宅配已在大型购物中心和办公楼开设直营店（含旗舰店、标准店）70余家，其中，尚品宅配品牌店49家，唯一定制店25家，均以一线城市为核心且地处核心商业圈，店铺平均面积大，其中，旗舰店面积达到2000多平方米。尚品宅配还实施"旗舰店扩张计划"和"标准直销店扩张计划"，并在南京、武汉、成都等大城市增设10多家新的"旗舰店"和70多家"标准直销店"。为了"捆绑"用户，尚品宅配在体验店设立了店内家居顾问、店内设计师、全屋物理模拟体验、免费设计预览和免费测量尺等项目。

公司的共同价值观是"服务用户、尊重个人、持续创新、沟通与协作、负责任"。

第一，服务用户：用户是公司的生存之本。公司以用户的幸福为自己的幸福，以用户的满意为公司最大的成就，帮助用户创造价值是公司孜孜不倦的追求。

第二，尊重个人：员工是公司稳定的基础。公司努力营造一个轻松包容的环境，让每个员工都有机会和空间充分发挥自己的才能，分享通过努力工作取得的成功。

第三，持续创新：创新是公司发展的基础。公司倡导创新精神，激发创造热情，勇于尝试创新带来的新成果、新思想和新模式。

第四，沟通与协作：沟通与协作是成功的基石。公司主张每一位员工都要敢于沟通，善于沟通，善于利用团队的力量实现目标，为公司和用户创造更大价值。

第五，负责任：负责任是公司长远发展的基础。公司致力于为社会、用户和员工建立一个负责任、有担当的企业，提倡并要求公司的每一位员工对公司、自己和其他同事的劳动成果负责。

五、尚品宅配崛起的启示

美国科学家贝尔曾经说过："创新有时需要走出老路，潜入森林，你会发现以前从未见过的东西。"家居行业有着不走老路的典型代表——尚品宅配，一个从一开始就使用软件技术突破传统家居行业生产模式的定制家具企业。从免费设计到全套定制，从C2B到O2O，非常规的尚品宅配在家居圈自成一派，成长迅速。

第一，柔化生产，时代新工匠的"金刚钻"。尚品宅配灵活的生产技术彻底颠覆了传统的生产模式。基于数字化生产管理流程，用户在生产前订购，工厂库存基本为零，大大提高了运营效率，满足了用户更多的需求。通过完整的内部软件系统和数字标签，尚品宅配实现了同一台机器可以生产不同规格的产品。

第二，大数据，用户需求放大镜。通过创新的云计算技术，尚品宅配积累了庞大的数据库部署系统，收集了全国重点城市约 2000 栋建筑的 10 万种户型数据，包括数百家家居企业的资料和数千家第三方设计公司的资料，从而大大提高了用户的定制效率。设计师只需访问标尺并输入数据，房间图书馆就会自动找到一个匹配方案，然后根据用户的需要做微调，得到一个高质量的解决方案。

第三，工匠精神，点亮中国制造。尚品宅配所做的一切就是为用户创造价值。尚品宅配从心出发，回归工匠精神，像工匠一样，手持"放大镜"关注用户需求，审视自己的产品和服务，力求完美。俗话说，"技近乎道"，诚信、责任、创新、执着的工匠精神不仅可以引导企业生产出高品质的产品，而且是企业长期发展的基石。工匠精神不仅仅是一个口号，它还存在于每个人和每个企业的心中。重建工匠精神，注重质量和服务，是企业生存和发展的必由之路，是"中国制造"成为"中国智造"的核心品质。

资料来源：

(1) 尚品宅配官网，http：//www. spzp. com.

(2) 东方. 尚品宅配的"创新 DNA"［J］. 家具与室内装饰，2017（03）：62 - 67.

(3) 《O2O + B2C 营销模式 + IT 云数据库支持》，http：//news. ifeng. com/a/20140627/40915902_ 0. shtml.

第四章　"互联网＋"流程再造

开章小语："互联网＋"的商业模式之所以能成功，是因为互联网创造了一个新的营销及供应渠道，有了这个渠道所有的交易都不成问题。理论上任何行业的任何商品都可以在网上实现交易，电商诞生到现在，基本上所有大家见过的商品都被放到了网络商城上。因此，探讨"互联网＋"必须研究"互联网渠道＋"这个属性，渠道是互联网交易的重要组成部分，无论是B2B还是B2C。互联网思维下的组织流程再造、业务流程再造和价值流程再造等都是"互联网＋"流程再造的重要内容，特别是价值链重构、供应链优化等，是"互联网＋"流程再造的基础，也是企业管理的依托。

对于政务服务领域来说，数据的价值与作用显得尤为重要。数据共享的目的就在于"6个1"中的"一网通办"，其核心是"流程再造"，表现在"组织通、流程通、数据通、一手通"四个方面。

——孙丕恕

【开章案例】　碳云智能：破界而生，生命数字化

生物科学的发展推动了精准医疗时代的到来，而精准医疗究竟能达到什么样的精准程度，将取决于对生物大数据的处理达到什么水平。因此，生物大数据是备受各界关注的领域。在生物大数据细分领域——医疗健康大数据，碳云智能无疑是国内乃至国际一流的生物大数据团队。碳云智能之所以够成为独角兽，就是得益于其在医疗健康领域所具备的清晰明确的投资逻辑和策略，而且它还构建了一个面向健康大数据的平台，通过顶尖的数据挖掘和人工智能分析技术，处理世界上专业度最高和指数级增长最快的全息保健大数据，为个人提供专属的保健指标分析和预测，帮助人们进行有效的健康管理。虽然，医疗健康行业前景广阔，蕴藏着巨大的投资机遇，但并不意味

着每个企业都拥有一个自我生长、持续发展的生态，并有清晰的投资逻辑和有效的投资策略。

一、公司简介

深圳市碳云智能科技有限公司成立于 2015 年 10 月 27 日，围绕用户生活大数据、互联网和人工智能，打造数字生活生态圈。公司创建团队来自华大基因，其在组学技术、移动医疗、医疗服务、生物数据分析、人工智能和数据挖掘方面具有丰富的经验。目前，碳云智能的融资阶段处于 A 轮，最新融资金额 10 亿元，估值 67 亿元。

碳云智能的基本思想是用数字方式记录个人的生活状态，用人工智能技术分析生活的大数据，通过不断模拟生活本身的特点和规律，帮助每个人管理自己的健康。碳云智能的数据源包括两部分：一部分是由自己的技术能力获得的。团队在基因数据、微生物数据（肠、口腔、皮肤等）、蛋白质和代谢数据（如尿、汗、血等）方面拥有核心技术；另一部分是由合作伙伴获得的。合作伙伴包括研究机构、制药厂、医疗中心、医院、诊断公司、保险公司和健康管理中心等，从合作伙伴处获取的数据包括临床和医疗数据、环境数据、运动数据饮食数据等。

二、"觅我"破壳而出

"觅我"是一个具有互联网特性的工具平台，它帮助用户在一个简单、容易的过程中迈出走向健康的第一步。从产品名称来看，"觅我"就是用户找到自己想要的产品及体验。

"觅我"的使用步骤很简单，只要在"觅我"微信公众服务号或应用程序上下一个订单，利用取样箱采集唾液和尿液，通过快递发回样品，查看报告和健康指导及建议，用户可以轻松地在家完成所有操作程序。此外，基于语音的"人工智能健康监控助理"也使看起来很艰难的任务变得更加轻松、更加智能、更加容易掌握。如用户想控制血糖，那么他（她）应该吃什么或做什么来控制疾病，这些事情都可以通过数据和人工智能的方法来完成。

三、基于大数据的整合

在基于大数据的健康管理中有许多参与者，它们和碳云智能有什么区别？碳云智能最核心的能力，就是在大数据集成中获得多维的人工智能分析能力，大数据集成类型包含了遗传数据、微生物数据（肠、口腔、皮肤等）、蛋白质和代谢数据（如尿、汗、血等）等多个维度。

2017年1月，碳云智能宣布与7家公司建立数字生活联盟，旨在构建强大的数据和技术生态，并尝试整合全球多维生活数据分析能力。Soma Logic和HealthTell公司都来源于碳云生态系统，分别从蛋白质组和免疫组测序的角度，提供了数字生活上游的关键专利技术。在数据分析和管理的中间阶段，生态系统中的Patients Like Me公司将提供50万人的病人数据，并建立一套多群体的大人口比较分析数据库。此外，以色列生态系统人工智能公司Imagu Vision Technologies将以其在图像识别和机器学习技术方面的专业知识提供分析支持。在下游应用解决方案领域，来自生态系统中的AoBiome公司，将借助皮肤微生物分析技术，提供个性化美容和护肤产品。

四、用人工智能和大数据分析对生命负责

大数据生命科学时代才刚刚开始，目前的探索只是这个宏伟蓝图的第一步。碳云智能试图找到普通人最需要的场景和事物，以便他们能首先享受到数据和人工智能带来的便利，这是公司现在的主要任务。公司需要不断积累和抛光，包括技术的改进、管理标准的提高、公众意识的提高，都应逐步完善和成熟。以往在技术和产品方面的整合和探索，都是为数据积累做准备的。个人生活数据的积累，随着时间的推移会出现指数效应，爆发出无穷的力量。目前，最重要的事情是突破认知瓶颈。生命科学不是一种用来快速赚钱的工具，而是要对生命负责的。生命科学研究虽然已经与互联网、人工智能等技术相结合，但仍然是一个漫长的发展过程，包括融资过程、实验过程、商业化过程、平台建设过程和用户开发过程等。

五、碳云智能崛起的启示

产业互联网就是各行业的数字化、网络化和智能化。以产业互联网为核心的数字经济，是中国下一个十年的发展主轴。而大数据和人工智能则是数字经济浪潮的灵魂。随着AI与产业的深度融合，这波大潮将演变为一场以产业为底数、AI为指数的幂次方革命。各行业也将在AI的加速赋能下，迎来产业的升级和变革。2019年6月，创业黑马发布了《2019人工智能产业独角兽TOP50》榜单，AI数字健康管理引领者碳云智能入选榜单。究其原因，不外乎以下几点：

第一，投资机构强大。碳云智能有着实力雄厚且合作稳定的投资机构，主要包括腾讯、中源协和和荣之联。作为全球领先的互联网增值服务提供商之一，腾讯为用户提供包括社交、通信、游戏、视频和金融在内的众多在线服务。中源协和是我国最早开展"生命资源"仓储的企业之一，是一家以"细胞＋基因"为主业、双核驱动发展的上市公司。公司拥有国内先进的细胞技术和较大的细胞资源存储网络，细胞存储容量已超过30万份。荣之联作为中国领先的信息技术公司，致力于将云计算、物联网和大数据等创新技术整合起来，帮助企业完成核心业务的全面数字化和信息资源的创新应用。

第二，管理团队卓越。碳云智能的主要创始团队由在组学技术、医疗服务、生物数据分析、人工智能和数据挖掘方面具有丰富经验的顶级生物技术专家组成。研发团队成员发表论文700余篇，其中一部分发表在 *Nature*、*Science*、*Cell* 等系列全球顶级学术期刊，总计拥有各类专利100余例，在国内甚至全球相关领域拥有巨大的学术影响力。王俊作为碳云智能的创始人兼CEO，负责公司的管理和业务发展。王俊曾参与创建全球最大的基因组学研究开发机构——华大基因，主持了一系列具有国际影响力的重大项目，包括数千人基因组、肠道微生物和复杂疾病研究等。在此期间，王俊主导了华大科技、华大医学、华大股份的三轮融资，约10亿美元，并带领华大股份进入上市轨道。

第三，高新技术领先。碳云智能拥有全球领先的病患网络平台和专业的多组学数据计算分析能力，能够为其合作伙伴提供全球领先的技术支持，并为 APP 开发者提供便利的数据开发平台。未来，公司预计将有数百万的用户能够享受到来自这些第三方平台开发的健康及疾病管理应用程序，还可以通过数据和科学洞察，帮助生命科学领域的公司及研究人员解答研究中的关键问题。

资料来源：

(1) 碳云智能官网，https：//www.icarbonx.com.

(2)《碳云智能发布数字化健康管理平台觅我™，并打造数字生命联盟》，https：//36kr.com/p/5061123.

(3)《这可能是目前最牛的10家医疗创业公司》，http：//kuaixun.stcn.com/2016/0517/12719885.shtml.

第一节 组织流程再造

流程再造是美国迈克尔·哈默和詹姆斯·钱皮在20世纪90年代提出的一种管理理念，流程再造是一种企业活动，其内容是从根本上分析和设计企业流程，并以彻底的方式，管理相关的企业变革，以追求绩效，实现企业业绩的戏剧性增长。企业重组的重点在于选择和重新规划对企业运营至关重要的几个业务流程，以提高运营效果，其目的是在成本、质量、外部服务和及时性方面取得重大改进。

一、什么是组织流程再造

互联网时代，流程再造的核心是以用户满意为导向的业务流程，其核心思想是打破企业按职能设置部门的管理模式；以业务流程为中心，重新设计企业管理流程；以用户满意为导向从用户满意的角度出发，确定企业整体的经营过程，追求全局最优而不是个体最优。

1. 组织、战略与业务流程关系

战略是企业经营的基础和方向，企业的相关流程运作和组织设计都受其影响。组织是战略实施和运作的基本平台，只有建立相应的组织结构，才能实施相关的战略和流程优化。流程是战略实施和组织运作的具体载体和模式，它根据战略运作的需要，在不同的组织平台之间运行，从而实现企业的增值过程。

策略是动态的，而不是静态的，用于确定组织和过程。许多企业的战略管理没有根据企业内外部环境和资源状况的变化及时调整，往往是在今年做一个战略规划，次年计划就被搁置。企业的组织和过程调整要么长期不变，与市场变化和竞争需求脱节；要么频繁变化，缺乏一定的导向性、稳定性和目的性。显然，这两种情况和战略控制的要求不同。

过程管理提高了组织灵活操作和适应环境的能力。传统职能部门管理的假设前提是通过专业部门的运作来提高部门的运作效率，外部组织环境相对稳定，用户需求相对单一，其管理的关键是在固定框架模式下进行更好的运作和协调。但是，与传统的组织运行环境相比，现有的组织运行环境发生了很大的变化。用户的个性化需求越来越突出，市场竞争越来越激烈，而产品或服务的独特竞争优势却不持久，导致传统管理职能的弊端越来越突出，出现部门本位主义严重、协调成本高及市场部之间纠纷严重等现象。环境的变化对组织运作提出了新的管理要求，即面向用户、应对市场和传递压力，组织管理需要更注重用户价值的实现。

这些要求能够通过过程管理传递压力和流量值，系统地解决用户需求，增强对外部变化的响应。因此，过程管理改变了我国传统的组织和运行方式，增加了员工的灵活性和环境适应性。

2. 数据主导组织流程再造

随着网络技术、物联网、云计算和云存储技术的兴起和发展，人类社会进入大数据时代，大数据已成为学术界、商业乃至政府密切关注的热点话题。学术界围绕大数据的背景、内涵、特点和技术等进行研究，如2008年9月的《自然》杂志推出了《大数据》专刊。

商业社区的相关研究也开始注重大数据产业的发展，形成了新的大数据格式，如塔吉特、亚马逊等公司利用大数据技术分析网络用户的搜索行为、浏览行为和购买行为，挖掘用户的偏好和行为习惯，积极为用户推荐产品和服务，建立基于大数据的营销模式，促进业务模式创新。

政府将大数据作为提高政府信息化水平和国家治理能力的战略选择，如奥巴马政府发布的大数据研究与发展倡议。大数据作为一种思维方式和技术力量，在经济、社会和国家治理中都显示出其创新能力。正如麦肯锡研究所预测的那样：大数据将是世界创新、竞争和生产力增长的下一个前沿领域。维克托·迈尔·舍恩伯格和肯尼斯·库吉尔在《大数据时代》中反复强调，大数据是人们获取新数据创造新价值的源泉；大数据也是一种转变市场、组织和政府与公民关系的方式，强调基于大数据技术的新思维和方法。

政府流程再造是将企业流程再造的理论和方法牵引和移植到公共管理改革中，使企业流程再造工具从工商管理领域延伸到公共管理领域，是从工业社会进入网络信息社会的时代要求，对政府部门管理流程进行彻底的重新设计，从而使公共部门在行政成本、公共服务和产品质量、公共支出的效率等有可量化的标准方面取得巨大改善，进而达到政府流程的剧烈性改变。在信息技术力量的支撑和驱动下，组织流程再造的逻辑表现为组织管理理念的创新、组织结构的重组和组织业务过程的再造。组织流程再造不是网络信息技术的简单纯粹的解决方案，而是以用户为中心的人本因素与以网络信息技术为主导的过程和技术因素双重作用的结果。与传统的子部门、子环节管理模式相比，组织流程再造具有以下三个显著特点：

第一，面向公共。用户导向是新组织管理运动中一个革命性的管理理念。过程设计应从方便用户获取服务入手，组织服务应从"部门导向"控制向"用户导向"服务转变。

第二，技术支撑。信息技术为组织流程再造的实现提供了基础，主要体现在改善部门间资源的整合与共享，促进组织与用户之间的沟通。

第三，追求效率。通过对组织流程的根本性反思和根本性重新设计，促进了部门的虚拟整合，减少了不必要的支出，以企业家精神重塑了组织。

组织再造作为一种新的组织管理运动，受到了广泛关注，但在实践中却面临着思想、制度和技术上的障碍。其主要原因是企业流程再造的短期目标、企业文化再造的滞后以及理论体系缺乏有效的创新方法和工具支持。大数据作为社会变革的力量，为组织流程再造提供了新的思路和技术，是组织过程再造的创新者、推动者和改革者。

大数据思维的核心内涵是组织部门要坚持主动服务、开放共享、整合互动和用户导向的理念，这与服务质量和效率一致。组织流程再造强调服务。大数据技术强调在组织服务中要充分利用大数据采集技术、存储技术和分析技术，使其符合信息技术支持的组织流程再造的要求。因此，组织流程再造的大数据功能将不仅停留在技术革命的水平上，也体现在组织治理理念和思维模式转变的水平上，在组织流程再造中引入大数据，使组织流程再造更具活力。

大数据在组织流程再造中起着创新、推动和重构的作用。大数据思维是组织管理理念的创新，大数据技术是组织结构的推动者，是组织流程再造的重构者。从思维的角度看，大数据在组织流程再造中强调战略领导和创新理念，形成了数据开放、数据共享和数据决策的大数据思维。从方法上看，大数据强调了大数据采集技术、数据处理技术、数据存储技术、数据分析/挖掘技术和数据结果表示技术在组织流程再造中的应用。从知识的角度看，大数据强调组织部门内部业务流程、跨组织业务流程和外部服务业务流程的综合流程再造。

3. 组织流程再造：战略与组织架构的思考

企业组织结构是企业流程运作、部门设置和职能规划的最基本的结构基础。常见的组织结构形式包括集中、分权、直线和矩阵。企业组织结构是一个决策权的分工体系，是各部门的分工协作体系。根据企业的总体目标，组织结构需要在一定方向上配置企业的管理要素，确定企业的活动条件和活动范围，从而形成一个相对稳定、科学的管理体系。没有组织机构的企业将处于无序状态，严重阻碍企业的正常经营，甚至导致企业经营完全失败。相反，适当有效的组织结构可以最大限度地释放企业的能量，使组织更好地发挥协同作用，达到"1＋1＞2"的合理运行状态。许多企业正遭受着组织结构不合理造成的损失和混乱，如组织内部信息传递效率降低，失真严重；企业决策低效，甚至错误；组织部门人浮于事；部门之间职责分工不明确，导致相互推诿、相互矛盾；企业内部消耗严重等，要消除这些企业疾病，只有通过组织变革才能实现。

战略与组织结构的有效结合是企业生存与发展的关键因素。一个成功的企业要制定适当的战略来实现其目标，并建立适当的组织结构来实施其战略。首先，企业战略目标与企业组织结构的关系是行动与反应的关系。企业战略决定着企业的组织结构，即什么样的企业战略会有什么样的组织结构，同时，企业的组织结构对企业的发展目标和政策有很大的影响，在很大程度上决定了企业各种资源的配置。组织结构是企业活动实施的基本要素，也是企业战略实施的重要保障。在企业战略中，组织结构调整是许多企业采取的措施之一。因此，企业组织的设计和调整应寻求和选择与企业管理战略相匹配的结构模式。其次，在设计和调整组织结构时，先要明确企业的总体战略目标、发展方向和重点。最后，企业战略与组织结构的关系与外部经济发展有关。企业在不同的发展阶段，应该有不同的战略目标，组织结构也要做出不同的调整。企业组织结构调整是企业战略实施的重要环节，也是决定企业资源配置的重要因素。由此可见，企业战略与组织结构是相辅相成的。

二、生产（经营）六要素的协同再造

生产要素是经济学中的一个基本范畴，包括人的要素、物的要素及其组合。生产要素是指社会生产经营活动所需的各种社会资源，是维护国民经济运行和市场主体生产经营过程的基本要素。随着科学技术的发展和知识产权制度的建立，技术和信息也被作为相对独立的要素投入生产，这些生产要素在市场上交换，形成各种价格和生产要素体系。

土地、劳动力、技术、资本、企业家能力和数据的协同运作，形成了生产要素市场。生产要素市场包括金融市场（资本市场）、劳动力市场、房地产市场、技术市场、信息市场和生产资料市场。生产要素市场的培育和发展，是充分发挥市场在资源配置中基本作用的必要条件，是发展社会主义市场经济的必然要求。市场体系是各种相对独立的商品市场和生产要素市场形成的不可分割的有机统一体。

从静态的角度看，市场体系是商品、资本、技术、劳动力、信息和房地产等各种市场的整合。从动态的角度看，市场体系还包括各种市场的运行、管理和控制机制及其构成、变化和发展。随着社会主义市场经济体制的建立，我国商品市场日趋完善，市场功能日益扩大。资本、技术、劳动力、信息和房地产逐步进入市场交易，已发展成金融市场、技术市场、劳动力市场、信息市场和房地产市场等生产要素的市场。这些要素市场构成的统一体，在整个国民经济中起着非常重要的作用。

三、"四功能流"的协同再造

商流是动机和目的，资金流是条件，信息流是手段，物流是过程，这四流有时会相互影响。商流是物流、资金流和信息流的起点，也是后三流的前提。一般来说，没有商流，后三流是不可能发生的。相反，如果没有物流、资金流和信息流的匹配和支持，商流就无法实现其目的。没有及时的信息流，就没有商流、物流和资金的顺畅流动。没有资金支付，商业流就不存在，物流就不会发生。

1. "四功能流"协同运作

在日常生活中，提到"物流"这个话题，往往会与资金流、商流和信息流结合在一起，因为物流、商流、资金流和信息流是流通过程中的四大相关部分。这四个环节形成了一个流通过程，是相互存在、相互作用、不可分割和相互独立的关系。物流、商流、资金流和信息流的复杂、有机结合，将产生更多的动力，创造更大的经济效益。

所谓的商流，是指商品所有权的转移，是一种买卖或交易活动的过程。商流是物流、资金流和信息流的起点，也可以说是后三流的前提。没有商流，就不可能有物流、资金流和信息流。相反，如果没有物流、资金流和信息流的匹配和支持，商流就无法实现其目的。四流之间有时会相互影响，如甲、乙双方经协商达成供货协议，确定了商品价格、品种、数量、交货时间、交货地点和运输方式，并签订了合同，也可以说商流活动开始了。为认真履行合同，自然要进入物流过程，将货物进行包装、装卸、储存和运输等。伴随着信息传递活动，如果业务流程和物流顺畅，下一步就是支付和结算，即进入资金流的过程。无论是买卖交易还是物流和资本流，这三个过程都离不开信息的传递和交换。没有及时的信息流，就没有顺畅的商流、物流和资金流。没有资金支付，商流就不会建立，物流也不会发生。

商流是动机和目的，资金流是条件，信息流是手段，物流是目的和归宿。也就是说，由于购买的需要或意愿，决定购买，购买的理由是商业流通的动机和目的；因为想购买或决定购买某一商品，如果你不付款，你就不会拥有该商品，这就是条件；因为决定购买，也有了资金，然后再有付款的动作，这是买家给卖家传递信息，或者去商店把购买信息传递给销售员，或者打电话购物、网上购物，这些都是信息传递的过程，但这一过程只是一种手段；经过商流、资金流和信息流之后，必须有一个物流过程，否则商流、资金流和信息流就毫无意义。例如，当一个单位搬进一个新的办公室时，它需要买几台空调，可直接去商店、打电话或在线购买空调，这伴随着资本流动（如现金支付、支票支付或银行转账）和信息流动。但完成这个"三流"并不是问题的终点，你必须把空调给买方，最后还有运输、装卸等物流过程。

虽然，商流、物流、资金流和信息流有其自身独立存在的意义和运行规则，但"四流"也是一个相互联系、相互伴随、相互支持的综合整体。在了解和研究循环经济，或在进行物流管理过程中必须要把握这一点，以使我们全面、科学地认识问题，更有效地做好物流工作。

2. "互联网＋四功能流"的协同再造

"互联网＋四功能流"的协同再造完美地打造了电子商务商业生态环境。众所周知，在商品流通的第一个阶段，是通过以物易货的方式进行交换，主要是以货币的物理性为主；随着生产力的发展，在商品流通的第二个阶段，主要是一手交钱、一手交货；随着社会商业信用的发展，银行在商品流通的第三阶段出现，这样的中介服务，甚至货币交易，是我国工业物流和商业流通的新起点，产生了多种贸易支付方式，包括兑现现金支票、汇票和延期付款等，并以信息流通的状态在业务流通和物流分离中脱颖而出，交易双方为了掌握对方各种利益和中介方关于商品交易的各种信息，如商品信息能力、支付能力、调解能力和中介信用等，他们都必须掌握双方的各种信息；随着电子商务的高速发展，第四阶段信息流明显处于最重要的地位，在当今社会的商品交换流通过程中，没有信息流的物流是难以想象的，他们之间是相互分离又各自独立的关系。信息流是物流、资金流的特征描述与客观反映，他们之间是相互联系的，物流、资金流和信息流的形成，是商品流通波动发展的必然结果。

专栏 4-1　　　虹软科技：视觉人工智能领军企业

虹软科技是计算机视觉行业领先的算法服务提供商及解决方案供应商，服务于世界各地的用户。公司将领先的计算机视觉技术应用在智能手机、智能汽车、智能家居、智能零售和互联网视频等领域，并且仍在不断探索新的领域与方向。公司在杭州、上海、南京、深圳、台北、硅谷、东京和柏林等地均设有商业与研发基地。基于世界先进的计算机视觉技术，虹软科技已在各领域推出多种计算机视觉解决方案，为全球各类知名的设备制造商提供个性化计算机视觉解决方案。在保持技术领先的同时，虹软科技率先推出了支持离线式图像技术的虹软视觉开放平台，与广大合作伙伴携手推动各类视觉技术在旅游、教育、政务、出行、社区楼宇和互联网应用等领域的应用，引领和推动了视觉技术的赋能和落地。

一、公司简介

虹软科技始终致力于视觉人工智能技术的研发和应用，坚持以原创技术为核心驱动力，在全球范围内为智能手机、智能汽车和 IoT 等智能设备制造商提供一站式视觉人工智能解决方案。虹软科技通过 20 多年在数字影像领域的持续研发投入，积累了大量基础算法。在产品化的过程中，公司结合行业需求，整合基础算法，与全球消费电子领导厂商开展深度合作，实现了核心技术的更新迭代和产品的持续创新。目前，公司提供的视觉人工智能解决方案主要应用于智能手机行业。同时，公司积极将视觉人工智能技术在智能汽车、智能家居、智能保险、智能零售和互联网视频等领域进行推广，为产品及行业的升级发挥积极作用。

二、视觉人工智能技术逐渐成熟，产业化落地应用程度不断提高

公司在视觉人工智能方面的技术逐渐成熟，从技术层面到应用层面，公司的产业化落地应用程度不断提高。

第一，技术层面。随着全球科技界和产业界对视觉人工智能研究和应用的高度重视，核心技术和产业化应用的研发投入持续倍增，有效地推动了人体识别、物体识别、场景识别、图像增强和虚拟动画等多项技术的持续进步。

第二，应用层面。视觉人工智能技术产业化落地应用程度不断提高，在智能手机、智能汽车、智能安防、智能家居、智能保险、智能零售和互联网视频等领域均有广泛的应用，并形成全新的产业链条与商业经营模式。可以预见的是，随着视觉人工智能技术的不断发展，视觉人工智能行业的应用场景将进一步渗透，助力各应用行业解决行业痛点，提高运营效率，实现行业转型和升级。

三、"研发+产业合作"构筑强护城河

经过多年的技术、专利、人才和合作伙伴等资源的积累，公司已构筑起"研发+产业合作"的强护城河，为公司日后的发展壮大奠定了扎实基础。

第一，研发优势。经过多年的技术、专利和人才积累，虹软科技已全面掌握了视觉人工智能及人工智能的各项底层算法技术，包括人体识别、物体识别、场景识别、图像增强、三维重建和虚拟人像动画等全方位视觉人工智能技术。截至2018年底，虹软科技在视觉人工智能领域拥有专利129项（其中发明专利126项），软件著作权73项。

第二，产业链深度合作优势。公司坚持与产业链上下游的主流公司开展合作，并与之建立长期、紧密、稳定的合作关系。例如，公司与高通、联发科、展讯等各主流移动芯片公司建立了长期稳定的合作关系；与索尼、三星、格科微、舜宇光学和信利等CMOS影像技术企业和各大摄像头模组厂建立了广泛的业务合作。

在超过20年的发展过程中，虹软科技成功聚集了众多的视觉领域专家，并吸纳和培养了来自国内外一流高校的优秀人才。公司将坚持聚焦技术，注

重技术与行业结合的应用经验，融合先进的学术科研力量，为全球的用户带来真正价值的视觉享受与体验。

资料来源：虹软科技官网，https：//www.arcsoft.com.cn/。

四、"五结构链"的协同再造

围绕核心企业，通过对信息流、商流、资金流和物流的控制，从原材料的采购、中间产品和最终产品的制造，到通过销售网络将产品送至用户手中，供应商、制造商、经销商、零售商和最终用户一起形成了一个完整的功能网链结构。它不仅是将供应商与用户连接起来的信息链、供应链、资金链、技术链和价值链，而且是一条价值链，物料因加工、包装和运输等过程而增值，给相关企业带来了效益。

1. 信息链、供应链、资金链、技术链和价值链的协同运作

根据系统原理，信息链、供应链、资金链、技术链和价值链是一个系统，它是一个有机的整体，由多个相互作用、相互依赖的部分组合而成。供应链是一种功能链结构模型，通过控制核心企业周围的信息流、商流、资金流和物流，将供应商、制造商、分销商、零售商和最终用户等集成在一起。

第一，供应链的整体功能。供应链的系统特征首先体现在其整体功能上，这一整体功能是供应链上任何企业都没有的具体功能，是供应链成员企业之间的功能集成，而不是简单的叠加。如果要构建以全程供应链为核心的真正的市场能力，就必须从末端的供应控制到前端的用户，在整个全程供应链上不断优化，然后集成内外部资源。由供应链系统的整体功能集中表现在供应链的综合竞争力上，而不是单一的供应链成员企业。

第二，供应链系统的目的性。表现具有明确的目标，即在复杂多变的竞争环境中，以最低的成本、最快的速度和最好的质量为用户提供最满意的产品和服务，并通过不断提高用户满意度来赢得市场，这也是供应链中所有成员企业为之奋斗的共同目标。

第三，供应链上的成员企业关系密切。"五结构链"中的成员企业存在着竞争、合作、动态等多种供需关系，这种关系是基于共同利益的合作伙伴关系。实现供应链系统的目标，不仅有利于单个企业，而且有利于所有企业。供应链管理改变了企业的竞争模式，从强调核心企业地位的战略伙伴关系演化成每个企业地位平等的协同关系，每个企业都能充分发挥自身优势，实现多赢互惠。

第四，由供应链所构成的生态系统具有更好的环境适应性。在当今经济全球

化的快速发展中，企业面临着买方市场的快速变化。用户对时间的要求越来越高，不仅要求企业按时交货，而且希望交货时间越来越短，要求企业对不断变化的市场做出快速反应，不断开发定制的个性化产品，占领市场，赢得竞争。由供应链能够灵活快速地响应市场，通过企业各节点业务流程的快速组合，加快对用户需求变化的响应速度，各相关主体通过聚集而相互作用，以不断适应环境。

第五，由供应链所构成的生态系统更具层次和逻辑。由运营单元、业务流程、成员企业、供应链体系和整个运营环境构成了不同层次的主体，每个主体都有自己的目标、经营策略、内部结构和生存动机，供应链各成员企业都是供应链系统的组成部分。从系统的层次结构来看，与传统的基于单一企业的管理模式相比，供应链的管理是一种针对更复杂系统的管理模式。

2. "互联网＋五结构链"的协同再造

"互联网＋五结构链"实质上形成了一个生态系统服务体系。生态系统服务是优化网络化运作，最大限度地降低成本，从生态系统前端就开始满足最终用户的所有流程之和。互联网服务平台能够从供给端开始为企业提供全流程、全方位的服务，包括资金、运营、技术、物料、仓储和融资等一系列的服务。近年来，随着网络技术、信息技术的快速发展，传统的大批量制造和销售模式正在向个性化定制的生产方向转型，"互联网＋"正在一定程度上改变着企业生产经营和品牌塑造的方式，同时也对传统的制造服务提出了新的需求。在此背景下，国内涌现出一批基于"互联网＋"服务平台的新技术和新模式。

第一，平台化趋势突出。构建平台化生态系统是促进上下游产业合作共赢的重要途径。在我国，平台已成为一种必然趋势，从单一的某一环节专家到整个集成商，再引领平台生态系统，已成为大多数企业转型升级的必由之路。平台模型构建的生态系统不再是单向的价值链，而是一个能够促进各方共赢的商业生态系统。以众陶联为例，该平台搭建了全球 B2B＋O2O 陶瓷产业链平台，在平台上实施一站式服务，为供应商提供直接营销平台，参与者还能共享供应链金融、大数据开发、资金池和资本市场回报等多种效益，还提供产品设计、检验、IT 信息服务、工厂技术服务、物流服务、节能服务、商标法律服务和生产性服务企业等业务，打造陶瓷产业上下游合作共赢的生态系统。在这种平台生态系统中，服务平台与企业的价值融合，是多边集团的连接，是生态系统的领导者，是加入平台生态系统的各环节企业和机构实现发展的纽带，未来将逐步建设成一个富有增长活力和盈利潜力的商业生态系统。

第二，集聚化、标准化和智能化的整合是企业转型突破的重要出路。基于互联网的供应链资源整合模式通过加强供应链协同合作，贯通从原材料到物流、融资和人才培养等整条环节，同时通过原材料和机械设备等供应的标准化，从生产源头保证制造的效率和质量，并通过推行先进生产工艺和智能制造技术，推动传统制造业加速转型升级，从而为传统制造业找到突破发展瓶颈的出路。以众陶联为例，通过消除中间商、大规模透明采购原料等方式来集聚整合供应商资源，实现制造商、供应商以及人力、技术等资源的优化配置，提升整个产业的协作效率，巩固佛山陶瓷产业群的整体竞争力；同时，通过建立行业原材料的采购标准，整合产业链上下游资源，从源头上提高产品的生产效率和质量；此外，通过积极推动干法制粉技术和智能制造技术的应用，促进陶瓷行业降污染、降能耗，找到陶瓷行业谋求突破发展瓶颈的重要出路。

第三，以用户需求为导向，是传统企业服务转型的核心方向。精准把握用户需求已成为企业保持竞争力的决定因素之一，以用户需求为导向，推动以用户为终点的传统模式向用户高度参与的创新服务模式转变。如国内的海尔、红领等传统制造企业，正着力打造以聚合用户需求为导向的模式。红领集团搭建了一个智能 C2M 平台，平台一端与用户对接，用户将数量、款式、工艺、风格等个性化设计要求提交到标准化数据中，订单将被直接发送到订单平台排队，生产线的智能化可以实现不同数据、规格及元素的灵活搭配和自由组合，从而在一条流水线上创造出灵活的个性化产品。通过这种以用户需求为导向的模式，传统制造企业可以进一步提高产品创新的范围，降低研发成本，增强用户忠诚度，提高市场反应速度，实现服务的转型，提高企业核心竞争力。

第四，运用互联网技术构建动态敏捷的协同系统，是提升企业市场竞争力的重要途径。从最终市场获取用户实际需求信息并对其做出快速反应的能力，直接决定了企业的市场竞争力。互联网技术的创新应用促进了协同系统向"对用户的敏捷反应导向"型转变，有助于制造业实现"零库存"生产，提升企业市场竞争力。以海尔为例，基于人单合一双赢模式，员工可以根据市场的变化自主决策，通过为用户创造价值增加个人收入，以零距离即需即供的方式，快速响应用户需求，极大地提高了产品的竞争力。运用互联网技术构建的动态敏捷的协同系统，让供应端和需求端直接对话，及时发现和创造用户需求，在整个协同网络的每一个过程实现最合理的增值，同时压缩产品订单周期，缩短没有创造价值的流通环节，减少库存资金占用，加快周转速度，从而有效地提升企业市场竞争力。

第五，基于平台交易数据提供金融服务，解决中小企业融资问题，促进产业发展。由于资产规模和管理标准等因素，融资一直是制约中小企业发展的主要因素。怡亚通、一号链、汇通达、阿里巴巴和达通等一些综合性服务平台，集合了业务、物流、清算和资金的一站式管理，对供应链全过程的信息有充分的把握，已集成为强大的数据。平台在沉淀企业贸易大数据的基础上开展金融服务，能够有效地解决核心企业上下游中小企业的融资问题，推动产业发展。以阿里巴巴——

达通为例，达通一家与多家银行合作，为出口企业提供无担保纯信用贷款，及退税融资和贸易融资等服务。这种金融创新模式通过物流、商流、资金流和信息流的整合，可以优化和提高中小企业的融资收益和成本比，同时解决银行放贷难、中小企融资难两大难题，在行业发展中起到重要的推动作用。

第六，"骨干企业+产业联盟+金融资本"的合作共建模式，是行业服务平台快速发展的扎实基础。在行业服务平台的建设模式中，骨干企业、产业联盟以及金融资本均发挥了重要作用，三者融为一体，合作共建的模式，对于行业服务平台而言将是一种颠覆性的模式创新，也将有助于保障平台的快速、高效发展。采用"骨干企业+产业联盟+金融资本"的合作共建模式搭建服务平台，有助于快速集聚行业优秀企业，并源源不断地吸引更多的关联企业，为进一步发展壮大奠定扎实的基础。

五、组织流程再造的模式

流程再造是美国的迈克尔·哈默和詹姆斯·钱皮在20世纪90年代提出的一种管理理念，流程再造是一种企业活动，其内容是从根本上分析和设计企业流程，并以彻底分析的方式，管理相关的企业变革，以追求绩效，实现企业业绩的爆炸性增长。企业重组的重点在于选择和重新规划对企业运营至关重要的几个业务流程，以提高运营效果，其目的是在成本、质量、外部服务和及时性方面取得重大改进。

1. 资源整合模式

资源整合是企业识别、选择、吸收、配置、激活和有机整合不同来源、层次、结构和内容的资源，使其更加灵活、系统、有价值，并创造新资源的复杂动态过程。资源整合就是优化资源配置，根据企业的发展战略和市场需求对相关资源进行重新配置，突出企业的核心竞争力，寻求资源配置与用户需求的最佳结合。其目的是通过组织体系安排、管理和运营协调，提高企业的竞争优势和用户服务水平。资源整合是企业战略调整和日常工作管理的一种手段。整合就是优化资源配置，获得最佳的整体。

2. 数据匹配模式

数据匹配是根据某种内部关系对数据进行注册。对于代表地理实体的空间数据，它包括两个方面的处理：一个是处理空间位置实体之间相互关系（如计算彼此之间的距离、区域的重叠覆盖范围等）；另一个是处理过程，处理不同数据源、数据采集方法和时间（如两点一致性测试、线段一致性测试等）。空间数据匹配是信息处理与分析的几何基础。

3. 生态圈模式

生态圈竞争出现的基础是商业基础设施中技术的进步。目前，随着互联网、物联网、大数据、云计算和人工智能的发展，商业模式和商业行为出现了巨大的变化。技术的发展使得不同行业和不同企业间的联系和交集越来越多，形成了合作的基础，也使很多新模式得以实现。亚马逊的触手正从电商领域伸向实体零售，其利用人工智能技术做出的 Amazon Go，可以实现"拿货即走，无须结账"，这在以前是难以想象的。

第一，降维打击。企业间的竞争很可能跨越行业形成"降维打击"，即另一个领域的企业突然之间可能就抢了你的饭碗。其中一个很好的例子便是互联网支付。支付宝和微信支付都凭借着用户资源和流量入口迅速攻城略地。没有自己多维度防御网和生态圈的企业，在这种战争中将处于极大劣势。

第二，互赖、互依、共生的生态系统有利于每个企业的发展。单打独斗会受到自身实力的限制，协同作战则可以更好地生存。以电商为例，天猫和淘宝在大生态中有支付宝的合作，在几秒钟之内便可完成下单和支付，而以前的京东只能通过钱包和网银支付，非常的不方便。现在，京东和微信支付开展合作，既能实现秒付下单，保证京东的用户体验，又能为微信支付带来更多的用户，对双方的生存和发展都更为有利。

第三，用户追求极致体验，是生态圈形成的动力。例如，用户对支付体验的要求促成了京东和微信的合作，其实，这样的例子还有很多。以出行旅游为例，携程已从最初的机票业务拓展到涵盖旅行社、酒店、租车和境外小交通等方面的生态布局。而且，阿里巴巴利用自己在 2B 段的生态布局所推出的"阿里商旅"，不仅能提供更便捷的出行体验，还涵盖了差旅结算、报销等业务，这便是跨行业生态圈所带来的用户体验。

4. 阿米巴经营模式

阿米巴管理就是以每个阿米巴的领导为核心，让他们自己制订计划，依靠全体成员的智慧和努力来实现目标。通过这样的实践，让每一个一线员工都能成为领导，主动参与运营，进而实现"全体员工参与运营"。目前，我国企业形成的"三人小组"模式，也是阿米巴商业模式的一种。阿米巴商业模式的本质是一种定量授权管理模式，是以商业哲学和商业会计为支撑的完整的商业管理模式，是企业系统竞争力的体现。阿米巴商业模式的本质是定量分权，要遵循从上到下、从大到小和逐步分层推进的基本原则。

六、组织流程再造的方法

以经营模式转变为核心的业务流程再造分为五个阶段共 20 个步骤，可以清晰、具体地描述业务流程再造的过程。

1. 准备阶段——建立团队并确定目标

第一，建立一个组织。建立由企业最高管理层领导的流程再造推进机构，并充分授权，直接向企业最高管理层汇报，建立定期进度报告和追加授权制度。

第二，设置栏。通过对现有和潜在竞争对手的综合分析，选择一家或几家实力较强的赶超型企业作为基准企业。

第三，确定目标。在当今高度市场化的世界里，用户需求呈现出多样化和个性化的特点。因此，企业要确定目标市场，分析企业的用户来源，分析的重点包括：现有用户忠诚度的特点、潜在用户流失的原因、增长和共同特点、潜在用户需求的一致性等，为用户区分重要程度。只有确定了最重要和最有价值的用户群，企业战略才是目标。

2. 自我检查——诊断系统并确定症结

第一，战略定位。检查各级各类用户的满意度和满意率，根据差距检查战略定位问题，调整企业战略定位。

第二，确定业务模型。根据调整后的企业战略定位，推进商业模式转型。根据美国学者玛格丽塔的观点，商业模式并不固定，成功的商业模式，与现有商业模式相比，代表着一种"更好的方式"。商业模式应该随着环境的变化和自身竞争能力的发展而改变，有时这种调整甚至可能是革命性的重建。

第三，运行模式自查。经营模式是商业模式的具体体现，也是推动和最终实现商业模式调整或重组的关键。根据业务模型转换的方向和特点，对现有的业务模型进行全面的自适应诊断，以确定问题的症结所在。

3. 设计阶段——创造环境和设计计划

第一，正三观。公布上一阶段的自检诊断结果，组织对流程再造可能形成阻力的人员和主要参与人员到标杆企业参观、充分示警进行危机教育，采取大讨论、征文、演讲等有效途径，自上而下渗透，转化职工精神模式，增强员工力量，促进企业文化变革，逐步形成新的核心价值观，营造创新氛围，形成创新文化，消除组织抵制能量聚合的机会。统一企业员工的思想认识，消除忧虑，认可企业的新愿景，形成强有力的现场效应力量，支持组织的变革。

第二，设计运行模式。在创新文化的包围下，全员投入，引导员工发挥其积极性和创新精神。全体员工将以群众的智慧和高级管理层的判断依据，参与设计，根据新的业务模式，适应用户和市场的需要，为企业选择与业务模式相匹配的新运营模式。

第三，诊断流程。根据新选择的运营模式，邀请外部专家参与，以内部流程再造推进团队为主，鼓励所有员工充分参与，诊断企业现有流程，评估流程的效率和有效性，并确定黏结点、多余工序和边缘区。

第四，方案的设计。组织内外部专家在系统诊断的基础上，借鉴标杆企业流程再造的经验和做法，以新的运作模式为核心，重新设计企业流程和推进流程再造实施的方案。

4. 实施阶段——以点带面，强力推行

第一，局部试点。选择试点单位，进行局部试验，对实施方案和新流程进行实验性验证，考虑到流程再造的高风险，核心流程一般不在局部试点的选择范围，通常选择辅助流程，在效果比较快、员工基础好、管理者认识到位、对核心流程不至于形成致命影响的流程进行试验。

第二，完善方案。通过分析试点收集的信息和核查方案的预期目标，改进和修订设计方案，调整预期目标，确定方案执行的顺序和重点，并制订应急计划，旨在提高业务流程重新设计的风险抵抗能力。

第三，交流沟通。流程再造必须建立沟通渠道。计划涵盖了所有组织和所有员工的利益和权力。因此，在计划发布之前，应该与全体员工进行广泛而充分的沟通，以获得员工的理解和支持。如有必要，可在实施计划之前对不同级别的所有员工进行培训和教育，使他们能够理解为什么，做什么，怎么做。

第四，权力变革。在实施阶段，首要任务是消除障碍，改变原有的组织结构，快速调整管理者，重新分配权力，为流程再造奠定良好的组织基础。

第五，新旧流程切换。虽然流程再造要稳妥，但一旦条件成熟，需要全面实施，就必须迅速破除混乱，果断地完成新老流程的同步切换，以新流程取代旧流程，如果过渡期设置得太长，新老流程容易冲突，问题难以解决。

5. 调整阶段——提高标准，不断改进

第一，过程调整。流程优化阶段最重要的任务之一是邀请关键用户和利益相关者参与新流程的评估，并根据评估结果参与新流程的改进和设计。这不仅增强了关键用户和利益相关者对流程的适应性，而且能够更全面、更及时地了解他们不断变化的需求，从而提高新流程的适应性，提高用户对新流程的认识和影响力。沟通过程能使用户可以获得心理满足感。

第二，数字化进程。由于流程再造只能描述现有流程的信息化，因此，信息包装可能会掩盖现有流程的一些不足，给后续流程再造带来极大的不便，影响流程再造。这是一个很重要的问题。此外，在调整和优化的过程中，需要大量调整信息，重新设计流程，精简和优化流程，并有效发挥新流程的作用。

第三，动态评估体系。流程再造后，如果绩效考核体系没有做出相应的调整，那么新流程将无法维持。在全面实施流程再造后，通过重新设计流程绩效和整体流程来评估新的绩效评估系统，并将流程协调度作为主要评估指标。在新流程运行之前，及时消除惯性，建立新的补偿系统，并实现流程的有效拉动。

第四，规范流程。引入新流程后，应系统地推广，使价值链中的相关企业、用户和利益相关者及时了解、关心并进行评估。经过一段时间的周期性运行，反复修改和完善，逐步成熟稳定，得到了各企业的广泛认可。它应该以正式的流程管理文件、图表和其他企业标准的形式来进行标准化，即新流程的相对固化，并将其作为标准使用一段时间。

第五，流程调整。用户的需求在不断变化，市场格局也在不断调整，企业需要不断调整自己的商业模式和运营模式。同时，不断诊断流程，发现问题，提出改进建议，并做出决策。

第六，流程反馈。流程再造不是一刀切的过程，而是一个循环的、渐进的过程，企业应该根据诊断结果反复改进流程。

第二节　业务流程再造

业务流程再造（Business Process Reengineering，BPR）最初由美国的迈克尔·哈默和詹姆斯·钱皮提出，通常被定义为通过对企业战略、增值运营流程以及支持它们的系统、策略、组织和结构的重组与优化达到生产流程与生产力最优化的目的。强调以业务流程为中心和对象，以关注用户需求和满足为目标，对现有的业务流程进行根本的再思考和彻底的再设计，利用先进的制造技术、信息技术和现代管理手段最大限度地实现技术上的功能集成和管理上的职能集成，以打破传统的组织结构，建立新型的过程组织结构，从成本、质量、服务、速度等方面实现企业管理的突破性改进。

一、什么是业务流程再造

BPR是企业和管理界关注的新热点。一些美国大公司，如IBM、Koda、通用汽车和福特汽车等公司纷纷推行BPR，试图利用BPR来发展和扩张自己。

1. 业务流程再造是组织互联网化变革的突破口

随着经济全球化的发展，一个更加激烈的全球竞争环境正在形成：用户价值观正在发生变化，需求越来越多样化和个性化，对产品满意度的期望越来越高。同时，高科技信息技术的发展，特别是全球范围内的互联网的快速发展和普及，为管理模式的创新创造了有利条件，新的企业管理理念和改革实践不断涌现。大规模生产必将被柔性生产、分工和层次结构替代，以合作和协调为手段，取消职能，以过程为导向强化目标管理。

BPR摆脱了传统分工理论的影响，倡导以用户需求为导向，组织变革，员工充分授权并正确应用信息技术，大胆地对目前的业务流程进行重新设计，实现对公司内部资源的有效配置，通过技术改进提供优质的产品和良好的服务，快速应变市场环境，最终实现企业的经营目标。可以说，业务流程再造是组织互联网转型的突破口。

2. 互联网思维与业务流程再造

"互联网＋"的主要内容包括制造业与服务业的互联网化模式、营销业互联网化模式、管理业互联网化模式和商业互联网化模式。扁平化互联网时代企业业务流程再造的关键。既然，互联网时代企业业务流程再造已不可避免，那我们就要用积极的心态去拥抱变化。

第一，大数据思维。大数据是互联网时代的特征，互联网时代业务流程再造的首要任务是打造公司自己的大数据平台建设和大数据运营能力，这在企业进行业务流程再造时尤为重要。

第二，用户思维。在互联网时代，企业要以用户为中心，把用户当成神，先去研究用户的核心诉求，然后根据用户需求开发产品和服务。正所谓，把用户当成神，把自己当成人。

第三，体验思维。在互联网时代，企业在进行业务流程再造的时候一定要关注用户体验。原来绝大多数企业在终端销售的时候都是采用买赠的方式，即用户购买一定的产品即可获得相应的赠品，而蒙牛把买赠改为赠卖，即先体验、后买单，获得了巨大的成功。蒙牛的这种赠卖方式大概就是一种典型的用户体验。

第四，平台思维。让企业所有利益相关方在同一个平台上跳舞。传统企业进行业务流程再造更多关注企业内部价值链的优化，而在互联网时代，企业业务流程再造必须将所有利益相关人捆在同一个平台上来思考。

第五，极致思维。极致化可以满足用户某个至关重要的需求。在互联网时代，公司必须抓住用户的重要需求，然后用极致的产品和服务体验打动用户。记住，在互联网时代，满足用户的最佳产品是做减法的产品，互联网时代不需要复杂的产品和服务。

3. 互联网时代业务流程再造的新内涵

在互联网时代，企业战略和商业模式发生了变化，相应地，营销模式、产品开发经营和供应链模式也发生了变化。我们该如何应对这种变化？要应对互联网时代下的企业变化，只有业务流程重组，因为业务流程是上述所有变化的基础。

第一，更高、更快、更强。在瞬息万变的互联网时代，天下不会再有新鲜事，那么企业如何才能立于不败之地呢？先大后强，还是先强后大？这是经常令很多传统企业困惑的问题。在互联网时代，这个问题的答案只有一个——更强才能活得更久。诺基亚大不大？摩托罗拉大不大？为什么在互联网时代，这些企业都死掉了呢？原因很简单，因为这些企业不够强！

第二，干掉中层。扁平化是互联网时代业务流程再造的核心和关键。海尔的张瑞敏提出的"管理无边界，企业无领导"也正是这种理念。雷军也给陈年开过一个秘方：去管理层化，让所有员工专心致志地做产品。

二、怎么进行业务流程再造

业务流程再造通常被称为"企业重组"或"再造工程"。自20世纪90年代以来，西方发达国家出现了一场企业再造革命，即"毛毛虫变蝴蝶"革命，也可以看作是全面质量管理运动后的第二次管理革命。

1. 利益相关者分析

利益相关者分析（Stakeholder Analysis）也用于项目管理。利益相关者分析用于分析与用户利益相关的所有个人（和组织），帮助用户在战略制定过程中分清重要利益相关者对战略的影响。

利益相关者能够影响组织，他们的意见是决策时需要考虑的因素。所有利益相关者都不可能在所有问题上达成一致，而且，一些团体比其他团体具有更大的影响力。因此，如何平衡各方利益，成为战略规划的关键问题。除了影响战略制定，利益相关者分析也是评估战略的有力工具。

2. 业务流程分类与分层

通常，企业流程的一级流程被称为主价值链流程，只是一个图表。二级流程是大型业务块分类图。这里我们称其为大版块，而不是模块，这与软件和业务模块不同。每个公司都有不同的方式来描述主要和次要流程，可以通过图表上块的位置、颜色和大小来区分这些流程。在业务流程描述中，最有价值和最重要的是三级流程。三级流程通常被定义为跨部门和跨职能的流程。三级流程细化到部门，涉及部门的具体岗位，不涉及岗位的具体操作。与强调跨职能和跨部门融合的三级流程不同，四级流程侧重于部门内的分工，换句话说，运营商更详细的运营标准（也称为SOP）是为了完成更高层次的目标。

在企业流程应用程序中，上述层次定义是相对的。咨询公司一般将1~2级、3~4级和5~6级分别划分为一层，形成企业流程的三层架构：决策层、管理层和操作层。5~6级流程是以软件功能为载体，实施顾问思维的方向是先考虑软件功能再考虑企业流程，也可以说，是用ERP工具实现管理目标。3~4级流程是管理目标的载体，流程的分类、分级、分层要与其应用相结合，不能孤立使用。

3. 从程序化、规范化到流程化

企业管理、项目管理的程序保障，是指遵循企业经营的客观规律和项目总结，结合企业管理和项目管理的国内外成功经验编制和确定统领企业的和项目管理过程的路径、程序、过程和顺序，确保企业和项目在安全、质量和效益方面最大化。在企业和项目管理的全过程中，整个管理体系按照统一制定的程序和标准运行，即程序化、标准化、规范化管理。

专栏 4 - 2   **宏川智慧：区域性石化仓储服务商起航**

宏川智慧（002930）依托持续的创新能力、强大的安全管理能力、优秀的损耗控制能力和卓越的效率管理能力，在现有业务的基础上开拓了物流链管理服务和轻资产业务，不断为用户提供全过程、个性化的优质服务，树立了良好的竞争品牌，赢得了众多知名用户的认可。同时，公司以自建、并购和输出管理等方式，不断扩展现有化工物流版图，形成全国性的物流、资金流和信息流体系，从而实现了使公司成为创新、专业、领先的创新型石化物流综合服务商的战略目标。

一、公司简介

广东宏川智慧物流股份有限公司，位于东莞市东莞港立沙岛，主要为境内外石化产品生产商、贸易商和终端用户提供仓储综合服务及其他相关服务。具体业务包括装卸、仓储、过驳、中转及物流链管理等。在珠三角与长江流域共建有三大仓储基地，总占地面积1200余亩，拥有各类储罐217座，容总量达107.03万立方米，是全国危险品物流安全管理先进单位和国内最大的民营化工仓储集团之一。经过多年的深耕和发展，公司拥有217座多种材质和多种特殊功能的储罐，罐容总量达107.03万立方米，满足了绝大部分石化产品的仓储要求。同时，公司及子公司在我国石化产品主要消费地区均拥有优良的自建码头，服务范围覆盖了珠三角、长江南北两岸。

二、石化仓储区域性龙头，掌握区位核心稀缺资源

公司掌握区位核心稀缺资源，三江港储辐射广东和深圳等核心消费区，占据石化仓储区域性龙头地位。

第一，掌握区位核心稀缺资源。我国石化产品消费地区主要集中在华东和华南地区，公司的仓储业务分布于珠三角、长三角及东南沿海地区，区域优势明显——三江港储、宏川仓储及宏元仓储位于珠三角地区的中心地带。此外，码头属稀缺资源，拥有自建码头是保障及促进仓储业务发展的关键因素。

第二，三江港储辐射广深等核心消费区。三江港储是东莞市虎门港立沙岛化工区第一个建成投产的大型码头仓储项目，自有化工专用码头长300米，最大可靠泊2万吨级化工品船舶，可有效辐射珠三角核心消费区中的制造企业群和加油站等消费终端。

三、规模效益、品牌效益逐步体现

公司不断提高品牌效应，增强用户管理，经营实力也随着规模效益和品牌效益的日渐增强而不断提升，公司未来的发展潜力巨大。

第一，公司效益提升。公司已开展为用户控制损耗和时间的物流链管理服务，提升了公司效益。在库区出租率一直维持在较高水平的情况下，公司不断探索操作创新，完成一系列技术改造工程，从节约成本和提高库区周转率以增大吞吐量等方面提升公司效益。同时，根据公司仓库布局情况，公司创新地开展了异地存取业务，即太仓阳鸿和南通阳鸿存取互通，降低用户运输成本。

第二，公司经营实力显著。公司库区拥有217座多种材质和多种特殊功能的储罐，单一储罐罐容700～20000立方米，用户可选择性高，能满足绝大部分石化产品的仓储需求。因码头岸线资源为稀缺型资源，公司下属企业均拥有自建码头，石化仓储企业盈利能力与储罐规模呈正相关，预计公司未来的盈利能力和市场地位均会进一步提升。

宏川智慧以"成为创新型石化物流综合服务商"为企业愿景，以"为员工搭建发展平台、为用户提供优质服务、为社会创造综合价值、为股东获取丰厚回报"为使命，始终坚持创新发展战略，通过移动互联网和大数据等新技术，创新公司业务服务模式，优化资源配置，建立创新型服务管理平台。

资料来源：http：//www.grsl.cc。

三、为什么要进行业务流程再造

业务流程再造以企业的业务流程为核心，是企业所有"再造"工作的核心。流程是工作或事物的结构，是发展的逻辑，它包括事物的发展和发生的变化，也就是说，公司依赖于各种各样的流程和运作。因此，业务流程再造是一个系统的集成，以用户满意度为基础，及时应对外部环境，提高企业核心竞争力，使企业内部各部门密切联系、和谐统一，实现组织业务流程的根本性变革和创造性转换。

1. 运行的效率与成本：自我救赎

传统组织结构以在建设中的作用为核心，各部门的作用始终是对一项业务负责，没有人知道其他部门的业务内容，各部门明确界定，每个人都只是与自己所在部门的目标相关联，没有人知道整个业务。为了实现企业的目标，为用户提供满意的产品，有必要根据企业内部的某些组织程序，建立端到端、完整、一致的集成业务流程，并共同努力实现企业的目标，提升组织的运行效率，降低成本，在激烈的竞争环境下进行自我救赎。

2. 适应互联网时代的市场变化：危机公关

企业的发展并不完全取决于其对核心技术的掌握，而是取决于其对市场的敏感性。例如，戴尔并没有掌握计算机的核心技术，但它的销售手段是优越的，所以它的发展非常迅速。从企业的外部来看，企业的顶部是供应商，底部是用户，它们被串在一个市场链上。从内部看，每个工种都有上道工序和下道工序，它们被串在一个流程链上。为了提高企业的市场反应能力，必须将内部的流程链与外部的市场链有机地结合起来，运用市场经济的一般原理，引入市场机制，理顺流程关系，从而更好地适应互联网时代的市场变化，更好地进行危机公关。

第三节　流程再造的互联网思维

"大众创业，万众创新""工业4.0""互联网＋"成为影响中国各个行业及其组织过程的关键词。我国在分析国内外市场的基础上，遵循产业升级改造的客观规律，提出了大力发展制造业的战略目标。两者都以智能制造为核心，利用信息技术进入智能化时代。经过多年的发展，互联网技术的影响已经渗透到人类生活的各个方面，不仅给我们的生活带来了前所未有的变化，而且对企业的组织形式和管理模式产生了广泛而深刻的影响。

一、广度：市场零距离

在互联网时代，获取信息非常方便，人们成为信息的接收者、创造者和传播者。个人获得的信息量增加，信息传输速度加快，削弱了管理者对信息的控制，员工依靠从管理者那里获得的信息而形成的关系逐渐瓦解，原有的单向通信被及时、平等、互动的多向通信所取代，从而使企业能够根据市场的需求迅速做出反应，更好地发展。

1. 市场传播的方式呈网络化

互联网已经在深刻地颠覆着这个世界，信息的获取方式也发生了重大变革，网络成为大众获取信息的重要渠道和方式。"零接触一代"对传统媒体绝缘的中青年群体已经形成。移动互联网的出现，使互联网已经距离人类"一厘米"。信息碎片化使数据与人的交互变得轻松。但是对数据管理和利用效率提升提出了新的挑战。

2. 扁平化更有效率

传统企业的熟悉的"金字塔式"或"宝塔式"组织结构（如职能型组织结构、事业部型组织结构、集团式结构和矩阵式组织结构）在互联网时代也受到了巨大的挑战。互联网企业强调，传统的分级管理、官僚观念、集中决策的组织模式、以线性模式为主导的组织模式与互联网时代下"更高、更快、更强"的组织模式是不相容的。在互联网时代，外部环境变化迅速，越来越多的问题需要在现场和基层进行决策，这就要求企业必须压缩管理层次和决策半径，实现扁平化管理。

3. 管理层级的退化与互联网公司的跃进

在公司，从高层到基层只有三级（高层管理者—部门负责人—基层员工）；海尔通过建立2000多个自主经营体，减少了几万名管理者；阿里巴巴则通过分拆业务，将事业部从十几个拆分为几十个，以压缩管理层级。我们做一个测算：假设一家企业有10000名一线员工，按照传统企业每个管理层6~10人的管理幅度来计算，这家公司需要设置（1人、10人、100人、1000人、10000人）5个管理层级，从高管到一线员工中间需要1111名（1名高管+10名中高层管理者+100名中层管理者+1000名基层管理者）管理人员。那么，在互联网企业需要多少管理者呢？假设我们把这10000名员工分为1000个工作组，每个工作组10人，每个中层管理者管10个工作组，每个高管管10个中层，那么，这家公司仅需要110名（10名高管+100名中层管理者）管理者。

二、深度：OEC

OEC管理模式是海尔集团于1989年创造的企业管理方法，其中，"O"代表整体，"E"代表每个人、每一天、每件事，"C"代表控制和清理。OEC管理法也可以表述为今日事今日毕。也就是说，每天都要完成当天的工作，并通过吸收整理来不断提高工作能力和工作效率。日事日毕、日清日高，当天的工作当天完成，工作每天要清理并要每天有所提高。这是海尔多年的经验总结出来的一套系统、科学、规范的基础管理方法，是海尔多年来能够保持高速、稳定发展的基石。

1. 目标系统——管理总账

管理总账工作，即企业年度方针目标展开实施对策表，它由总经理执行，按目标、现状和难点实施措施、期限、责任部门、工作标准、见证材料和评审办法的统一格式，把整个企业的生产管理、质量、经济效益、生产率和市场产品和发展作为重点，并对其进行详细的分析、分解、考核和奖励，并按规定的标准和审核周期进行考核奖惩。每个企业都有自己的目标，到年底都要进行方针、目标分解。也就是说，我们定目标的时候要看竞争对手的目标有多大，我们和他有多大的差距，我们怎么样迎头赶上去。在海尔，目标就是军令状，考核是相当严格的。日清控制系统是目标系统的支持系统。

2. 日清系统——管理工作分账

管理工作分账，即分公司及各部门的年度方针目标展开实施对策表，由分公司厂长或部门负责人签字执行，并根据工作分工和主要责任进行分析和分解。对企业职能部门，根据职能确定重点并分解到人。日清系统，简单地说就是过程，以前我们做工作只看结果，不问过程。现在的工作是既要论结果，也要看过程，在控制过程当中走向成功。

3. 激励系统——管理工作明细账

管理工作明细账，即工作控制日清台账，包括项目、标准和指标价值比、责任人、每日完成情况、证明材料、考核结果、完成总额和考核人等。激励机制就像一个杯子底一样，杯子没有底就盛不住水，所以说，激励机制是日清控制系统的保证系统。激励机制搞好了，才能保证日清控制系统顺利进行。我们认为，考核和激励是一个企业的黄金法则，一个企业如果考核不到位，激励不到位，管理就不能搞好。日清控制系统讲究的是怎么样控制，怎么样考核，考核的结果进入激励机制，表现好的该表扬的表扬，该奖励的奖励，表现差的该批评要及时批评，该罚款要罚款。奖励不叫奖励，叫正激励，罚款不叫罚款，叫负激励。正激励是鼓励你向前走，负激励是推着你向前走，目标是一致的，都是为了进步。在员工的激励上，要注重及时激励。及时激励就是激励要讲究时效性，假设及时激励的效果能达到80%，滞后激励的效果可能20%都不到。

三、高度：组织无领导

如今，员工自我管理的要求和程度大大提高。当员工的重要性被放大时，除了劳动报酬外，员工对公平和个人价值的关注程度也越来越高。原始的管理模式是将组织中的各个部门隔离开来，并将一致的业务流程划分为多个部分，这不仅导致工人技能的简化，而且对员工主动性的发挥产生影响，降低了员工的创造力和学习积极性，忽视了员工之间的非正式信息交流，不利于信息、技术和资金的自由流动。如今，人们根据自己的感情和兴趣迅速地聚集和散开，原先依靠正式制度强制在一起的官僚制度受到影响，企业内部对员工自我管理、自我驱动、相互学习和经验分享的需求日益增长，管理模式从集中控制向自主管理转变。

对部分企业来说，分权并不只是为了成功，有时候是出于生存的压力。软件业和唱片业一样，遭受了海星型组织的大肆入侵。然而，太阳微系统公司和IBM的做法就与唱片业者不同，这两家企业已经找到创新的做法，走在了分权浪头之前。IBM发现，与微软操作系统为敌的开放原始码系统Linux正蓄势待发。IBM不但不和这个分权的市场新对手竞争，反而支援它，调配了600名工程师，全力改善Linux工作系统，而且积极支援Apache和Firefox的研发工作。Firefox是一种开放原始码浏览器，与微软的Internet Explorer分庭抗礼。IBM的策略，一部分是出于"敌人的敌人，就是我的朋友"这个理念。但是，IBM这么做的目的，并不是要阻碍竞争对手，而是预料到开放原始码的软件终将胜出。IBM原本可投注资金，研发有竞争力的产品，但是，即使研发出这些产品，之后也会被击败，与其研发操作系统与之抗衡，不如设计并销售与Linux相兼容的软件和硬件。

**专栏4-3　　　美的集团：渠道多维度拓展，
加速多品牌零售转型**

美的集团是一家消费电器、暖通空调、机器人与自动化系统及智能供应链（物流）的科技集团，提供多元化的产品与服务，包括以厨房家电、冰箱、洗衣机及各类小家电为核心的消费电器业务；以家用空调、中央空调、供暖及通风系统为核心的暖通空调业务；以库卡集团和美的机器人公司等为核心的机器人及自动化系统业务；以安得智联为集成解决方案服务平台的智能供应链业务。美的以"科技尽善，生活尽美"为企业愿景，将"联动人与万物，启迪美的世界"作为使命，恪守"敢知未来——志存高远、务实奋进、包容共协、变革创新"的价值观，整合全球资源，推动技术创新，每年为全球超过3亿的用户、各领域的重要用户与战略合作伙伴提供满意的产品和服务，致力创造美好生活。

一、公司简介

美的于1968年成立于中国广东，业务与用户迄今已遍及全球。美的在世界范围内拥有约200家子公司、60多个海外分支机构及12个战略业务单位，在全球拥有约135000名员工，业务涉及200多个国家和地区，结算货币达 22 种。同时，美的为全球领先的机器人智能自动化公司德国库卡集团最主要的股东（约 95%）。2015 年，美的成为首家获取标普、惠誉和穆迪三大国际信用评级的中国家电企业，评级结果在全球家电行业以及国内民营企业中均处于领先地位。2018 年，美的集团连续三度入榜《财富》世界 500 强，位列第 323 位，较 2017 年上升 127 位。2017 年，美的营收 2419 亿元，净利润 186 亿。2018 年上半年，公司营业总收入 1437 亿元，同比增长 15.02%。美的是一家于深圳证券交易所上市、现代公司治理的企业。

二、销售与研发并重，提升渠道力与产品力

公司通过出色和多元化的产品组合，提升销售费用投入巩固渠道力，维持研发投入提升产品力，做到销售与研发并重。

第一，拥有出色和多元化的产品组合。美的产品组合在众多竞争对手中为最佳，原因有两方面：一方面，其产品多样性（与格力相比），这将有效减少某类产品的潜在价格战爆发和需求急剧下降所带来的负面影响；另一方面，在小家电的领先优势（与海尔相比），这为公司长远的发展带来了强劲的动力，因为这一类别的产品在中国没有广泛的渗透。

第二，公司提升销售费用投入巩固渠道力，维持研发投入提升产品力。线下渠道以效率与协同为中心，强化零售变革，缩减线下渠道层级，提升渠道效率，并建立 30 个区域市场运营中心，推动多品类联合促销。同时以物流网络提升为驱动力，提升渠道下沉能力，安得智联基于全国 118 个城市物流中心网络，已实现 24 小时内可送达 19956 个乡镇，24～48 小时内可送达 16511 个乡镇，全国乡镇 48 小时配送覆盖率可达 87.6%。

三、拓展业务渠道

公司通过与东芝和库卡合作，推出了互联网品牌美的布谷，继续搭建多元化品牌矩阵，不断扩展公司的业务渠道。

第一，东芝效率提升，库卡业务拓展。公司各事业部与东芝在 2018 年共完成 73 个协同项目，带动东芝白电在品牌、渠道、研发、供应链等方面的效率不断提升。公司成立合资公司，承接一般工业及瑞仕格业务，进一步推动工业机器人、医疗和仓储自动化三大领域的业务在中国市场的拓展，顺应中国市场在智能制造、智能医疗、智能物流和新零售等方面的需求。

第二，美的布谷主打互联网渠道，继续搭建多元化品牌矩阵。2019 年 4月 17 日互联网品牌美的布谷新品正式推出，多元化的品牌系列有望提升整体

品牌的影响力。在 AWE 展上，公司发布了美的布谷品牌，正式推出布谷新品，产品包括电饭煲、洗碗机、净水器、落地扇、扫地机器人和热水壶等。美的布谷依托集团全系列产品的研发生产优势，以年轻化的设计语言，着重在线上渠道拓展，旨在满足线上年轻用户更为差异化的需求。

美的集团坚持诚信、责任、健康和科学发展，创造用户价值并有效满足用户需求，追求股东价值最大化并保证其他利益相关者利益，提供平台和资源激励员工创造价值，成就自我，与企业共同发展，鼓励职业经理人长期为股东创造价值。未来，美的将会为我们带来更多惊喜。

资料来源：美的官网，http://www.midea.com。

四、速度：JIT

JIT 采购又称准时制采购，包括劳动力柔性和设备柔性。一般可以遵循以下步骤：组建 JIT 采购团队；制订计划；选择几个供应商建立合作关系；开展试点工作；做好供应商培训，确定共同目标；发布产品检验单；向供应商提供免责证书；实现交货方式与时间表一致；持续改进和扩大成果。JIT 哲理的核心是消除一切无效的劳动与浪费，在市场竞争中永无休止地追求尽善尽美。

1. 看板管理是 JIT 采购的最有效手段

看板是一种类似通知单的卡片，主要传递零部件名称、生产量、生产时间、生产方法、运送量、运送时间、运送目的地、存放地点、运送工具和容器等方面的信息和指令。看板方式作为一种进行生产管理的方式，在生产管理史上是非常独特的，也可以说，是 JIT 生产方式最显著的特点。JIT 生产方式说到底是一种生产管理理念，而看板只不过是一种管理工具。看板只有在工序一体化、生产均衡化和生产同步化的前提下，才有可能发挥作用。如果错误地认为 JIT 生产方式就是看板方式，不对现有的生产管理方式做任何变动，就单纯地引进看板方式的话，是对企业发展起不到任何作用的。

2. 企业应选择最佳供应商，供应商的有效管理是 JIT 采购的基石

在供应链管理系统中，制造商与供应商之间建立了战略合作伙伴关系，单货源供货，通过信息共享缩短响应时间，实现供应链的同步化动作。在供应链管理环境中，采购管理的目标是在需要的时间里将所需数量的合格物料送到需要的地点。准时化的采购使采购业务流程朝着零缺陷、零库存和零交货期的期望方向发展，增强了供应链的柔性和敏捷性。

3. 供应商和用户之间的密切合作是 JIT 采购成功的关键

由于订单驱动下的采购管理，需求是离散的，消耗是不稳定的，频繁按需求

批量补给生产会造成采购成本增加，库存成本随库存量的增加而增加，而采购成本与订货量成反比，所以需要找到一个合理的经济订货批量，使总成本最小。

4. 有效的采购流程和严格的质量控制是准时制采购的保证

JIT采购对企业的采购管理提出了新的挑战，企业需要改变传统的为库存采购的管理模式，提高柔性和市场响应能力，加强与供应商的信息联系和相互之间的合作，建立新的合作模式。

第四节 "互联网＋"流程再造的重要内容

"互联网＋"流程再造的主要内容包括制造业和服务业网络化、营销模式网络化、管理模式网络化和商业模式网络化。哈默和钱皮提出，新一轮的重组是基于互联网的重组，实现了企业之间的信息共享，流程不再是每个企业内部的事情，而是一个需要跨越企业边界的流程再造。

一、适应用户需求变化

"共享"成为互联网经济下用户的关键理念之一。从用户参与使用的共享平台来看，任何一个愿意接受平台规则的用户都能够通过这一平台实现自身资源要素的有条件性或无条件性转换，从而获得相应的价值效用。在共享平台中，每一个用户都能成为提供资源的供给者，也能成为消费共享平台内其他资源提供者的用户，使得社会资源的配置效率得到极大程度的提高。

1. 用户价值的变迁

共享经济背景下所催生出的平台型企业，其通过聚合不同价值偏好（经济价值偏好、社会价值偏好与环境价值偏好）的用户群体，为解决经济、社会与环境问题提供了能够实现价值共享理念的新的运行机制。尤其是互联网平台企业的互惠、合作、包容以及互信的运行机制，大大缩短了用户与生产者之间的共享心理距离，增强了平台内用户的共享意愿。而且，平台型企业的用户在一定程度上也是平台型企业价值创造的共享主体，契合了共享价值理论的基本内涵，与价值创造的共享内容框架一致共享价值假定了不同价值主体的价值偏好是多维的，而非一维的，通常包括经济价值偏好、环境价值偏好和社会价值偏好。共享价值偏好可以理解为更加强调社会需求的大小，而不仅仅是传统经济市场界定的需要，只强调经济价值。因此，用户在平台企业中整合的经济价值和社会环境价值，实质上蕴含了共享价值的基本内涵与基本追求。

2. C→B 私人订制的崛起

C2B 的兴起是互联网从边缘向中心移动的必然结果。在传统工业时代，用户与用户、用户与企业及产业链上下游之间的信息交流是封闭的、不平等的。随着互联网不断渗透到传统业务中，每一个环节都被重组。如果有一个分水岭，它可能是在 2000 年，这是互联网真正开始发展的时间。在这一觉醒过程中，用户是第一位的，从商品极度短缺到严重泛滥，互联网几乎给予了用户无限多的选择，信息沟通的极大便利重构了用户的消费习惯，这对于用户来说是一种新的消费习惯和消费认识。

用户对产品质量要求更为严格，对个性化需求更为迫切。而传统商业的觉醒要比用户慢得多，大多数人被迫进行商业革命。一些站在 IT 行业前沿的人率先涌入这一新趋势，将以用户为中心的商业理念注入自己的业务系统中，这一时期最成功的公司是后工业时代的小米公司，虽然它仍然遵循 B2C 生产模式，但它已经看到了 C2B 时代的用户焦点。从商业的角度看小米，我们会发现，小米成功的关键因素之一就是把握了互联网经济时代的商业本质——消费中心。

3．用户体验

用户体验（UE/UX）是用户在使用产品过程中建立的一种纯粹的主观感觉。然而，对于一个定义良好的用户组而言，其用户体验的共性可以通过良好的设计实验来识别。随着计算机技术和互联网的发展，技术创新的模式正在发生变化，以用户为中心、以人为本的技术越来越受到重视，因此，用户体验被称为创新 2.0 模式的精髓。在面向知识社会的中国创新 2.0 中，用户体验是"三验"的第一个创新机制。

近年来，移动和图形技术的发展使得人机交互技术几乎渗透到人类活动的各个领域，这导致了从纯粹的可用性工程到更广泛的用户体验的巨大转变。这使得用户体验在（用户的主观感受、动机、价值观等）人机交互技术的发展过程中受到了相当大的关注，其关注度与传统的三个可用性指标（即效率、效益和基本主观满意度）不相上下，甚至优于传统的三个可用性指标。

专栏 4-4　　　启明星辰：企业信息安全龙头

启明星辰一直保持着我国入侵检测/入侵防御、统一威胁管理、安全管理平台、运维安全审计及数据审计与防护的市场占有率第一位。作为信息安全产业的领军企业，启明星辰以用户需求为根本动力，通过不断耕耘，已经成为政府、电信、金融、税务、能源和交通制造等国内高端企业的首选品牌。

启明星辰自成立起，经历了不同阶段的跨越式自我升华，已迈入"I³"阶段——独立（Independence）、互联（Interconnect）和智能（Intelligence），并建立了第三方独立安全运营新模式，基于云计算、大数据、物联网、工业互联网、关键信息基础设施保护和移动互联网新技术，打造专业的安全分析队伍，提供覆盖全行业全技术的安全能力，解决新技术带来的安全挑战，帮助城市全面提升安全能力，从而更大限度地保证网络空间的公平与正义。

一、公司简介

启明星辰信息技术集团股份有限公司成立于 1996 年，由留美博士严望佳女士创建，是国内极具实力且拥有完全自主知识产权的网络安全产品、可信安全管理平台、安全服务与解决方案的综合提供商。2010 年，启明星辰集团在深圳 A 股中小板上市。目前，启明星辰已对网御星云、杭州合众和书生电子进行了全资收购，集团成功实现了对网络安全、数据安全和应用业务安全等多领域的覆盖，形成了信息安全产业生态圈。集团总部位于北京市中关村软件园启明星辰大厦，在全国各省、市、自治区设立分、子公司及办事处 30 多个。

二、打造国内信息安全龙头企业

公司有着完善的信息安全产品线，在多个细分市场处于领先地位，而且，公司高度重视研发，致力于打造国内信息安全龙头企业。

第一，公司信息安全产品线完善，多个细分市场领先。上市之后，为丰富信息安全产品线，公司先后收购多家公司股份，并通过投资方式提前布局新领域，而后，公司构建了包括安全产品（包括安全网关、安全检测、数据安全和平台、安全服务、安全管理及系统集成）在内的完整的产业链条，覆盖了防火墙、VPN、入侵检测/入侵防御、UTM、网关防病毒、安全审计、内网终端安全、漏洞扫描和安全管理平台等主流安全产品市场，共有百余个产品型号，可以较为完备地满足用户的网络安全需求。

第二，公司维持高比例研发投入，快速应对行业变革。近年来，信息安全技术的快速发展和新型安全威胁的不断出现，驱动了全球网络安全技术的加速迭代创新。为应对行业的这种快速发展，公司维持高比例的研发投入，自 2010 年上市以来，公司的研发费用一直维持在营收的 20% 左右，远高于行业平均水平。公司 2017 年的研发支出高达 5.5 亿元，占总营收的 22%。

三、布局新兴安全领域，发力安全服务市场，驱动公司持续发展

公司通过布局新兴安全领域和发力安全服务市场来驱动公司持续发展。

第一，布局新兴安全领域。随着万物互联、云计算和大数据的快速发展，启明星辰已完成了大部分产品的虚拟化和云化工作，并推出了满足政务云/行业云、大数据应用、智慧城市、工业互联网、态势感知和移动互联安全等新需求的新产品与解决方案。

第二，发力安全服务市场。公司将在济南、杭州、昆明和郑州四个地区建设城市安全运营中心，为智慧城市、城市云、大数据中心及其他城市关键信息基础设施建立网络安全监测、信息通报和应急处置机制，实现全天候、全方位的网络安全态势感知、运维服务和应急响应能力，并将在昆明、郑州等地建立网络安全培训学院，为企业与个人用户提供网络安全培训服务。

雄厚的技术实力使启明星辰成为国内信息安全领域承担国家级重点项目最多的企业。启明星辰拥有国家级网络安全技术研发基地和近百项自主知识产权，遥遥领先于业界。未来，启明星辰将会为国家和社会做出更大的贡献。

资料来源：启明星辰官网，https：//www.venustech.com.cn。

二、流程开源、节流、增值分析

开源节流即开辟增加收入的渠道，减少资金的支出与流失，就是开辟更多的赚钱途径，杜绝浪费，控制成本，实现提高经济效益的目标。对于企业来说，开源意味着增加收入——开辟增加收入的途径；节流意味着省钱——节省不必要的资源消耗和费用开支。

1. 价值增值流程分析

价值流程是一组操作过程，包括增值和非增值活动，就是将产品从原材料状态转变为用户可接受的成品。供应商和用户之间的信息沟通所形成的交易价值也是价值增值流程的一部分。

价值流程一般采用价值流图方式进行分析。价值流图是一种使用简单的符号和流线从开始到结束描述每个工序状态以及工序间的物流、信息流和价值流的当前状态，绘制未来状态图，以显示价值流改进的方向和结果。价值流图分析从用户端开始，首先要了解用户的需求和节拍；然后研究经营过程中的每一个过程，从下游返回到上游再到供应商，分析每个过程的增值和非增值活动，包括准备、加工、库存和物料转移方法等，并记录相应的时间，了解物流信息传递的路径和

方法；然后，识别和确定废弃物，并根据分析情况找出原因，消除浪费，为持续改进提供目标；最后，根据企业的实际情况，设计了一种新的价值过程，为企业未来的经营指明方向。

实现精益生产管理，最基本的是消除浪费。统计研究发现，在企业生产经营活动中，增值活动约占企业生产经营活动的5%，而非增值活动约占60%，其余35%是浪费。价值流管理就是通过绘制价值流图，进行价值流图分析，发现和消除浪费，降低成本，获得最高的边际利润。

2. 附加值增值流程分析

经济增加值是美国思腾思特咨询公司提出并实施的基于经济增加值概念的财务管理、决策机制和激励报酬制度，它是一种基于税后净营业利润和产生这些利润所需的资本投入总成本的企业绩效财务评价方法。公司创造的经济附加值等于税后净营业利润与总资本成本之间的差额。资本成本包括债务资本成本和权益资本成本。目前，以可口可乐为代表的一些世界知名跨国公司大多采用 EVA 指标来评价企业绩效。

3. 全产业链增值流程分析

哈佛商学院教授迈克尔·波特在 1985 年出版的《竞争优势》一书中提出了价值链概念。他认为，每一项业务都是在设计、生产、销售、分销和支持其产品的过程中进行的活动的集合，所有这些活动都可以体现在价值链中包括企业价值链和企业内部价值链。产业链是工业经济学中的一个概念，它是各产业部门在一定的技术经济关系的基础上，根据特定的逻辑关系和时空布局关系，客观地形成的一种连锁关系形式。

当价值链理论的分析对象从一个特定的企业转向整个产业时，就形成了产业价值链。价值链和产业价值链从不同的角度解释了价值创造的过程，前者侧重于价值创造的环节，后者涉及组织的职能和关系。产业价值链是一个在产业层面上整合企业价值的更大的价值体系，每个企业的价值链都包含在一个更大的价值活动群中，从而实现整个产业链的价值创造和实现。产业链的价值活动包括产业链中企业的所有价值活动，但这些活动不是简单的大杂烩，而是以产业链的价值组织形式发现和创造价值。在产业价值链形成之前，每个企业的价值链都是相互独立的，彼此之间的价值联系是松散的。产业整合后，企业被绑定在一个产业价值链体系中，产业链利用企业之间的价值链创造新的价值。

产业价值链理论的形成有着坚实的理论基础，它的发展融合了点、线、面和网络的研究，贯穿于价值创造、分配和传递的全过程。其理论体系不仅与产业链、价值链和供应链有关，还包括价值体系、价值网络、价值星座和全球价值链理论。理论的多样化促进了产业价值链体系的创新和完善。

三、蓝图规划

蓝图规划的出发点是解决企业面临的核心管理问题，通过业务流程优化、职责完善和组织机构调整搭建管理体系，落脚点是通过信息化将管理优化的结果予以固化，确保信息化项目成功的方法。

1. 业务蓝图内容

企业蓝图在 ERP 实施过程中得到了广泛的应用，下面是每个公司在业务蓝图阶段所做工作的简要概述。

SAP 实施方法包括五个步骤：项目准备、业务蓝图设计、系统实现、最终准备及上线和技术支持。实施方法涵盖了售前咨询、项目规划、蓝图设计、系统建设、切换准备、系统切换和持续支持七个阶段；金蝶 Kingdee Way 的实施方法包括六个主要步骤：项目定义、业务蓝图、蓝图实现、在线准备、系统启动及验收和交付。

在蓝图设计阶段，主要的工作目标是让用户了解软件系统的功能、管理思想和应用过程（知己），同时了解用户的业务和需求，区分优先级，判断合理性（知彼）。其主要任务是指导用户在初步掌握系统标准的基础上进行业务处理，参考图书馆标准的业务流程，转换企业自身的业务流程，使之能够在新系统中处理业务流程，并形成新的企业应用系统的业务蓝图。蓝图的实现是在第二阶段（业务蓝图设计）的基础上，根据定义的业务蓝图草案，通过在实验室环境下对企业业务处理过程实现模拟处理，使新系统业务蓝图的适应性，得到进一步验证和纠正，在新系统的基础上形成用户业务管理框架，实现用户业务管理与软件系统的统一。

2. 业务蓝图设计

第一，现状调查。通过对公司的大规模访谈，进一步深入了解和讨论与关键用户之间的业务细节和业务整合关系，梳理业务流程和涉及的业务数据。

第二，未来业务蓝图设计。根据研究分析结果和先进实践，设计各模块的业务蓝图，包括详细的流程和模块之间的关系，以确定未来的信息流、物流和业务流。其处理方式是通过流程的重新设计，定义未来的变更点，包括部门职责、岗位职责和操作流程等的变更。

第三，业务数据收集。在蓝图设计过程中，项目组需要明确各种主数据的收集策略和数据编码规则，并开始数据的收集和整理。

第五节 价值链重构：价值网络化

价值是一切转型或重构的核心。只有价值，才能赋予转型以意义。价值链的重构是基于价值第一原则，价值则是基于用户，在价值链中，我们必须坚持以用户为中心，把用户价值创造放在首位。企业之间的竞争实际上是企业价值链与价值创造网络之间的竞争。因此，价值链的设计与建设，以及随着环境条件的变化而进行的重构与创新，已成为企业发展的重大战略问题。企业价值链的创新和升级，可以增强价值链的价值创造能力，使企业获得更有利的竞争地位和更高的利润。

一、价值链是企业成长的基因

要判断一个企业的生命力和活力，不应该看企业赚了多少钱，企业的现金流有多好，或者企业的产品有多好，而应该看企业的"基因"，即企业内部价值网络是否强大，或者其在行业中的位置。

只有拥有健康"基因"的公司才能持续盈利。马云曾经说过："由于一定的能力或资源，一个企业可能会迅速崛起，即使在短短几年内也能走上正轨，但很快就会下沉，甚至消失。"长命百岁、持续成长的能力至关重要。对于那些短命的企业，我们通常称它们为"烟花企业"，"轰隆"一声，然后就消失了。

20世纪80～90年代，保健品行业中有三株口服液；白酒行业中有秦池；IT行业中有四通和长城等。21世纪以来投资界的德隆、光伏产业的无锡尚德、餐饮行业的湘鄂情和广东真功夫、互联网及电子商务行业的8848和饭统网等都具备长久持续的核心盈利能力，这些企业有一个共同的特点，即企业在价值网络中均处于有利地位或业绩非常好，如通用电气、西门子、联想、华为、海尔、万科、格力、全聚德、同仁堂等。

二、生态型价值网络

传统价值链的核心特征是环节中的角色基本上是不变的，设计环节就是设计环节、销售环节就是销售环节、制造环节更是形成了固定的工艺和流程，而且还要通过ERP固化下来，行业价值网络的企业角色和位置也是基本不变的，而移动互联网时代展现出的新的价值网络则具有鲜明的开放性和多变性。

1. 环节中角色的双向性成为普遍现象

由于技术的进步和思维的变化，不少优秀的企业成为了新型价值网络的重构者，如优步，这种行业的价值网络，以及企业内部的组织价值网络，与以往的单向性相比，明显具有了双向性。优步的车主既是服务提供者也是需要服务的用户；小米用众包模式在研发和销售过程中充分发挥粉丝作用也显示了强大的双向性，粉丝既是用户，也是研发者，还是测试者，同时是销售渠道，如图4-1所示。

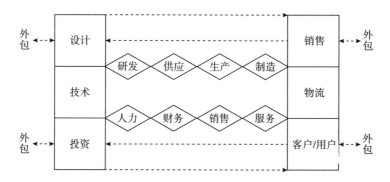

图 4 - 1 生态型价值网络示意图

2. 链条的开放性明显增强

传统的价值网络，无论是行业的价值网络，还是企业的组织价值网络，都具有明显的封闭性，最典型的代表就是矿山、汽车、钢铁、医药等这些传统企业，就连传统的电视播放领域也是如此，固定的环节、固定的服务模式，甚至采取相互持股和签订排他性服务合同的方式来构建价值网络的壁垒。但是，在今天，跃升为新时代代表的企业，很多采取了开放的价值网络模式，如医药（尽管在中国，这是个需要各类牌照的行业）与百货零售企业的融合以及诸多"互联网＋大医疗"领域大咖的战略布局，如阿里健康等。代表互联网特征的新企业更是如此，其开发的对象不仅限于行业内的其他企业或个人，还包括各类关注这个行业的其他行业企业和人士，参与者可能与你有关，也可能无关，可能要分享你的利益，也可能纯粹出于爱好和无聊。

3. 价值产生过程体现为互生性，而不仅仅是互补性

传统价值网络产生价值的过程主要体现为双方的互补，我提供原材料，你负责生产，我卖给你，你卖给用户，双方强调的是互利互赢，是一种"层层扒皮"式的盈利模式。而今天一些前卫企业的新型价值网络明显突破了以往的互补性，不仅仅是上下游双方的关系，还是多方的参与和互动，具有鲜明的互生性，交互生产、交互研发、交互原材料、交互人才，不仅互为上下家，而且没有主次或主辅之分，只是大家相互提供经营要素，最典型的代表之一就是微信上的企业和个人所建立的各类商务关系和非商务关系，滴滴和优步均是如此。

4. 参与者显示出了越来越多的自发性

传统价值网络具有霸道型特征，每个行业的价值网络中一般都会有一个或几个霸主，价值网络的参与者需要获得其中关键企业的同意，一般都是通过协议或持股的方式解决。一旦进入这条价值网络，参与者的身份和角色就基本固定了，成为其中的一个关键部件或环节，如果不符合把你带进价值网络的关键企业的要求，就有可能被踢出价值网络，这带来的可能是企业的破产，如有些苹果的代工厂或供应商。而今天的这个时代，这一格局似乎正在扭转，价值网络的参与者可能出于种种动机进入，可能随时会离开，而且对自己扮演的角色也会不断主动调整，如小米研发过程中的粉丝、自媒体的粉丝或参与者、开源软件开发过程中的黑客等。这种互生、开放、自发和自我修复的特征，很像现代开源软件开发领域中黑客文化的"集市模式"，与传统软件开发的"大教堂模式"有着本质的不同。生态型价值网络，这种新型的价值网络模式正在崛起，正在走向主流，这告诉我们一个信息：生态型价值网络的时代到来了！一种构建新的竞争优势的工具和战略，正在强劲地展现它的魅力和能量。

三、"互联网 +"价值链重构的核心问题

"产业路由器"是传统产业结合互联网重构价值链的一个方法，当你站在产业链上空俯瞰时，就会发现今天中国的每一个品类都有重做一遍的机会，这个机会就是"产业路由器"。"产业路由器"的核心是将行业中散乱的参与者连接起来，大家团结起来产生独特的价值洼地。

1. "产业路由器" 关键在连接而不是垄断

"产业路由器"能够以更低的成本服务用户，或者创造新的价值。传统产业的企业家，如果能将此维度放大 10 倍，效率会提升 3 ~ 5 倍，成本降到30% ~ 50%，从任何角度切入都可能会成功。产业价值链的重构就是站在产业角度而非企业角度俯瞰产业机会，要关注产业链上下游各个参与者的痛点和盲区。目前，我们所看到的许多商业模式，本质上都不是百分之百的原创，它们都有其借鉴的对象和来源，关键在于如何重新定义技术边界，如何重新定义价值网络，如何重新定义游戏规则。这些新的定义会让整个商业模式的空间和价值变得完全不同。

2. 创新是为了更好地连接，而不是吃独食

创新不是一个非黑即白，非 0 即 1 的过程，从百分之百的模仿到百分之百的原创之间，存在着三种创新路径：移植创新、整合创新和跃变创新。你必须把自己的工作跟团队、项目和业务连接起来，用系统维度去思考和看待，重新审视过往的经验，重新优化、组合，发现新的创新点。

系统思维在生活中的应用几乎无处不在。公司可以看作是一个系统，城市可以看作是一个系统，一家餐厅、一个班级、一个公共号码都可以看作是一个完整的系统。系统思维的本质是从整体的角度和更高的维度关注其输入和输出。输入、输出、元素和结构可以帮助企业更好地理解系统思维。从系统的角度看待事物，你会发现许多原本含糊不清、非常棘手的障碍都会迎刃而解。整合创新本身，不是一步式的过程，它需要在聚焦的基础上不断地试错和迭代。整合创新有

两种方式：第一种是跨界、跨地区的整合，即不同市场要素的整合。第二种是跨行业的整合，即跨界和嫁接。

3. 产业互联网是必然趋势，价值链升级为价值网络

在过去的这几年里，我们可以看到，传统产业+互联网、传统产业+人工智能和传统产业+区块链技术等，本质上都是将不同的商业模式与信息技术重新组合形成新的商业方式。跃变创新是整个创新路径里最高的形态，是基于对本地市场和用户的深度理解，它涉及三个"重新定义"，即重新定义技术边界、重新定义价值网络，以及重新定义游戏规则。通过这些新的定义，最后会形成一个新的物种。比如，亚马逊、特斯拉和 Luckin Coffee，这些本质上都是基于对技术边界、价值网络和游戏规则的重新定义所产生的新的商业模式。

未来企业的竞争力，不再体现于是否能从利益相关方手中攫取到最大化利益，而是看能否与各个利益相关方在博弈中形成一种可持续的、稳定的资源和能量交换的生态网络。

**专栏4-5　　　用友网络：云计算核心资产，
平台生态加速完善**

用友网络公司自成立以来经过 30 余年的发展，现已成为国内企业信息化服务龙头，形成了软件业务、云业务和金融业务的业务布局。公司在云业务方面进展迅速（2017~2018 年云业务增速分别为 250% 和 180%），在政策氛围良好的环境下，通过重磅云 SaaS 产品及用友云 PaaS 平台等，打造了用友云生态（2019Q1 聚集生态厂商 3500 家，云产品和服务突破 5500 个），未来，有望成为云业务巨头。用友云作为数字化商业应用基础设施，已为超过 400 万家企业与公共组织用户提供企业云服务，覆盖大中型企业和小微型企业；同时，用友云作为企业服务产业的共享平台，汇聚了超过万家的企业服务提供商，共同为千万家企业与公共组织的创新发展服务，推动中国数字经济与智慧社会的进步与发展。

一、公司简介

用友网络科技股份有限公司诞生于 1988 年，始终坚持用户之友的核心价值观，领航企业服务行业 30 年，是领先的综合型、融合化和生态式的企业服务提供商，致力于服务中国及全球企业与公共组织的数字化转型与智能化发展，推动企业服务产业变革，用创想与技术推动商业和社会进步。新时

期，用友网络形成了以用友云为核心，云服务、软件和金融服务融合发展的新战略布局。用友云定位于数字企业智能服务领域，服务企业的业务、金融和IT三位一体的创新发展，为企业提供云计算、平台、应用、数据、业务、知识和信息服务等多态融合的全新企业服务。

二、云计算大势所趋，国家政策保驾护航

云计算已成大势，云业务空间广阔，再加上国家政策的保驾护航，云产业在国内将会蓬勃发展。

第一，云业务空间广阔。随着互联网和大型数据中心的出现，计算资源有了共享的可能，在此基础上，云计算的概念被提出来并逐渐发展壮大。在云计算发展的过程中，整个产业根据提供的云服务不同大致分为基础设施即服务（IaaS）、平台即服务（PaaS）和软件即服务（SaaS）三类。云计算具有低成本、可扩充性、高灵活性和高可靠性的特点，如图4-2所示。

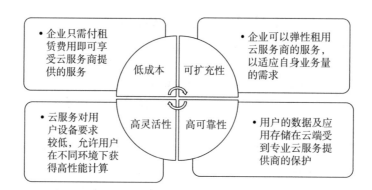

图4-2 云计算的主要优势

第二，政策护航，云产业蓬勃发展。虽然国内的云计算产业起步较晚，但国家出台了很多的配套政策，为产业发展营造了良好的政策氛围。其中，2016年7月发布的《国家信息化发展战略纲要》明确将云计算提升到了国家信息化产业的核心地位；2017年3月发布的《云计算发展三年行动计划（2017—2019）》更是明确了国内云产业进程的时间节点和目标。

三、云业务快速推进，生态融合优势明显

公司拥有完善的产品线布局，为企业提供全生命周期服务，通过高研发

投入打造重磅云产品，使云业务推进迅速，生态融合优势明显。

第一，产品线布局完善，提供企业全生命周期服务。从业务布局来看，公司的主要业务为软件、云服务和金融服务。在软件方面，公司主要提供制造业、烟草、汽车和金融等行业的解决方案；在云服务方面，公司一开始为企业提供财务、人力等单个领域的云服务，经过几年的积累，已于 2017 年推出了 U8 Cloud、用友云平台和精智互联网工业平台等重磅产品；在金融服务方面，公司为企业提供支付结算、理财、风险管理和供应链金融等综合金融服务。

第二，研发高投入打造重磅云产品。公司在研发方面一直处于高投入状态，产品一直保持着"小步快跑"的节奏，通过快速更新迭代以满足企业用户的需求。

用友网络以"用创想与技术推动商业和社会进步"为使命，以"用户之友，专业奋斗，持续创新"为核心价值观，在努力实现产业发展目标的同时，确保员工在用友快乐工作、成就事业、分享成功也是公司的追求。未来，用友会给我们带来更多惊喜。

资料来源：用友官网，https：//www.yonyou.com/。

四、价值链重构的方法

未来的互联网是什么模样、将会给人类生活带来怎样的巨变？目前，没有人能给出确切答案。但有一点可以肯定，每家企业、每个人，都必须主动融入未来网络，在这里找寻价值、重构价值、实现价值。未来的解决方案体系就是数据驱动的学习能力体系，将研究与实践信息整合，形成迭代循环。这样的体系需要人工智能技术和大规模的数据网络两点支撑该体系的落地需要面临数据质量、数据网络和跨学科专业经验三个壁垒。克服壁垒构建"人工智能+数据网络"价值链体系的方法主要有四个。

1. 网络化的数据源 + 智能学习能力

数字技术的发展带动了影像检测设备的数字化、网络化，以及管理系统、信息管理系统的应用普及。例如，健康医疗核心领域涉及多学科、多领域，包括数字医疗、生物科技和医疗设备三大相互关联、相互促进的领域。随着各种检测、医疗设备的小型化甚至微型化趋势的加快，医疗设备成本迅速下降，加快了检测设备、医疗设备进入基层医院，甚至进入社区与家庭的速度。现在以 IBM 代表的智能诊断、辅助诊断、远程诊断，发展非常迅速。

2. 网络化的数据源＋智能的证据推荐

今天，网上订餐、网络约车和 APP 远程操控家电，已成为日常的生活场景。随着移动互联网和物联网的发展，我们将进入一个万物互联的新时代。对人类来说，实是存在，虚是联系，虚实融合的新生存方式，将勾勒出一个更激动人心的未来新世界。专家认为，未来世界的一大变化就是，由"分层"转向"结网"。因为有了无处不在的网络，人的五感将延伸到六感——全球连接的即时可用的知识、信息、数据。个人成为一个个智慧节点，企业成为一个个信息枢纽。每个个体、节点只有融入系统、互联互通，才能将自身作用前所未有地放大。

这样的"结网"式生存，改变了生活，也颠覆了产业。最近几年，我们看到了共享经济的蓬勃发展，看到了大规模定制化生产成为现实，在此背后，无一例外都源自"互联网＋"的推动。如今，网络正在带来新的产业革命。而这不仅仅是一场数字化革命，更是一场价值链革命。当"互联网＋"像电能一样，把一种新的能力或基因注入各行各业时，随之而来的便是产业模式再造、商业模式演变和创新模式重构，以及价值链的颠覆性重塑。

3. 提供不同数据组成的 AI 解决方案，而不是单个的点

在这样的大背景、大趋势下，我们有必要重新认识制造业，重新审视制造业的价值。各行业正从传统的粗放式发展时期进入精细化经营时代，对零售的定义也从传统的"人、货、场"延伸到"研、产、供、销、服"，即商品的研发、生产、供应、销售、服务，AI 时代的 AI 解决方案应该是贯穿全产业链的，从 B 端到 C 端覆盖商品的研发、生产制造、仓储调度、供应链流转、客户营销及服务的全价值链条。通过全价值链的塑造，打通产业链各环节的数据，避免数据孤岛，借以 AI 之力最大限度地发挥数据的价值。

第六节　供应链优化

供应链优化，又称作有限资源约束下的决策方案，主要包括全局优化和局部优化两种类型。全局优化是从大量方案中找出最优方案。然而，在现实中，可能没有最优方案，也没有方法来检测得到的方案是不是最优的。因此，局部优化是必要的，局部优化是在大量相似方案中寻找最优方案。该方法依赖于方案的初始解，不同的初始方案其优化结果不同。对于互联网来说，它本质上可以简述为零和无限。所谓零，是指信息传递的耗时和共享成本都趋于零。所谓无限，主要指无限的地理空间覆盖、无限量的复制、无限数量的受众。两者的结合将产生令人兴奋无穷的想象空间。当消费端升级的大势来袭，传统规模化的供应链便难以招架，这势必会带来新的产业模式变革。

一、柔性供应链管理

供应链柔性是指企业在生产经营活动中能够快速、经济地应对环境或环境所带来的不确定性。它一般由缓冲、适应和创新三种能力组成。从流程的角度来看，贯穿整个供应链的制造、物流、信息及相应的供应系统，具有一定的灵活性。

1. 柔性制造系统

柔性制造系统是指针对外部环境的变化，现有的资源条件和低成本的快速生产能够满足用户的需求和市场的高质量产品要求，包括机床柔性、产品柔性和加工柔性等。

2. 物流系统灵活性

物流系统灵活性是指在不断变化的外部环境条件下，企业以合理的成本在适当的时间和地点收集和交付适当的产品、资源和服务，以满足用户或合作伙伴的需求的能力。

3. 信息系统的灵活性

由于供应链在其整个生命周期中是动态的，因此在此期间，供应链的各个层次都将发生重组或重构，信息柔性子系统可以相应地进行调整以适应变化。

4. 供应系统的灵活性

根据用户或合作伙伴的需求，改变供应计划，可以提高合作伙伴之间的服务和合作水平。灵活的供应链可以通过调整生产进度，改变零部件或产品的数量、类型或组合，以满足合作伙伴或用户的需求。

专栏 4-6 中科曙光：国产高性能计算机龙头

中科曙光是一家在科技部、信息产业部和中科院大力推动下组建的高新技术企业。中科曙光始终专注于服务器领域的研发、生产与应用。2011 年 3 月 30 日正式改名为中科曙光。它以中科院计算所、国家智能计算机研究开发中心和国家高性能计算机工程中心为技术依托，拥有强大的技术实力。曙光系列产品的问世，为推动我国高性能计算机的发展做出了不可磨灭的贡献。2004 年 6 月，每秒运算 11 万亿次的超级计算机曙光 4000A 研制成功，落户于上海超级计算中心，进入全球超级计算机前十名，从而使中国成为继美国和日本之后，第三个能研制出 10 万亿次高性能计算机的国家。

一、公司简介

曙光信息产业股份有限公司（以下简称"中科曙光"）是在中国科学院的大力推动下组建的高新技术企业。2014 年，中科曙光成功在上海证券交易所上市（股票代码：603019）。中科曙光是国内高性能计算机领域的领军企业，亚洲第一大高性能计算机厂商。2009～2018 年中科曙光九度获得中国高性能计算机 TOP100 排行榜第一。中科曙光提供高性能计算机、通用服务器、存储、安全和数据中心等 ICT 基础设施产品，并大力发展云计算、大数据、人工智能和边缘计算等先进计算业务，为用户提供全方位的信息系统服务解决方案。凭借多年在高端计算机领域的技术积累，中科曙光正在逐步从硬件与解决方案提供商向数据综合服务商迈进，并提出"数据中国"品牌战略，通过布局城市云计算中心和大数据业务，以实现覆盖中国百城百行云数据网络的目标，让全社会共享数据价值。

二、国产高端服务器龙头

公司依靠中科院，拥有雄厚的研发实力，通过打造"芯片＋服务器＋云计算"的产业闭环，力争成为国产高端服务器的龙头企业。

第一，背靠中科院，技术实力雄厚。公司实际上由中科院计算所控制，是中国第一个专门从事计算机科学技术综合性研究的学术机构。大股东北京中科算源资产管理有限公司作为中科院计算所辖下的企业孵化平台，目前通过技术孵化以及直投，参股了包括中科曙光、龙芯中科、寒武纪和中科天玑等在内的龙头科技企业。中科院旗下的大量专利、技术等需要上市平台进行商业化落地，公司要从技术、产业等多方面进行协同。

第二，打造"芯片＋服务器＋云计算"的产业闭环。从打造中国高性能计算机和服务器领先品牌，到建立中国首个商业化、规模化的城市级云计算中心，然后到设计研发相关芯片，再到构建全自主可控的新一代信息技术体系，公司业务体系逐渐完善，综合竞争实力不断增强。目前，公司正逐步从硬件提供商向云计算服务商迈进，对基于"服务器＋高性能计算机＋存储＋云计算＋安全"的产业闭环进行全面布局。

三、依托超算积累，积极布局下游云计算

公司依托超算积累，通过积极推进"数据中国"战略，携手福州市政府，打造"数字中国"样板工程，积极布局下游云计算，如图 4-3 所示。

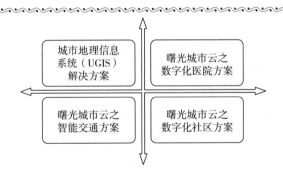

图4-3 中科曙光智慧城市与智慧云解决方案

第一，积极推进"数据中国"战略中科曙光城市云可以为智慧城市建设提供统一的计算、存储、安全、网络和运维等服务，通过符合政务应用安全需求的管理平台和高可靠的云计算服务，引导各类智慧政务和跨行业的智慧应用向城市云聚集，促进社会治理创新，提升城市管理水平，拉动新兴产业聚集和发展，使其成为支撑智慧城市建设发展的信息化基础平台。

第二，携手福州市政府，打造"数字中国"样板工程。在第二届数字中国建设峰会上，公司与福州市人民政府等机构签署战略合作协议，根据协议，基地将立足中科曙光在先进计算领域的软硬件核心技术实施整机研发，并通过引入工业机器人、数字化管理平台和工业物联网等新技术、新模式，建成先进的数字化、信息化和智能化的智能制造工厂，为"数字福建"发展培育新动能，助力打造"数字中国"样板工程。

中科曙光以"诚信、协作、学习、创新"为企业价值观，严格践行恪守承诺，说到做到；紧密合作，绝不推诿；持续学习，永不止步；敢于创新，突破自我各项需求。公司正逐步从"硬件提供商"向"云计算服务商"迈进，对基于"服务器+高性能计算机+存储+云计算+安全"的产业闭环进行全面布局。未来，中科曙光会为国家和社会做出更大贡献。

资料来源：中科曙光官网，https：//www. sugon. com。

二、供应链优化的主要内容

1. 战略定位

没有定位的策略是盲目的、空洞的。只有有效的战略与有价值的定位相结合，才能使供应链持续优化，充满活力。虽然沃尔玛的供应链定位不是所有企业都可以模仿的，但它的逆向战略可以成为企业参考模型。每个企业都有一定的内部循环和习惯，面对不断变化的外部环境和用户，诊断供应链的定位问题，进而调整发展战略，对供应链上的一系列相关环节以及组织变革与有效干预之间的关系进行研究。新定位形成并实施后，要定期进行测量和评估，反复测量用户和市场反馈的偏差，根据管理层对定位目标的认知，采取措施，不断系统化，正确纠正偏差，真正确立企业在供应链中的最佳领先地位。

2. 流程优化

整个优化轮分为三层：问题层、三流一轴层和五化层，如图 4 - 4 所示。

第一，问题层。问题层，即我们所遇到的问题，好比打靶要瞄准靶心，这是局部优化的出发点。问题层对应的手法只有一个，即瓶颈定位。

第二，三流一轴层。三流一轴层对应的手法有实物流规划、资金流规划、信息流规划和时间轴规划四种。

第三，五化层。所谓五化，就是数据化、可视化、简化、标准化和自动化。

供应链优化的十大手法，有始有终，好比一个滚动的车轮。单独来看，各个工具都可以被独立使用；但是整合起来，每个工具又彼此关联、相互配合。需要注意的是，优化轮是供应链架构在战略层上的一个局部优化工具，但却无法在供应链架构的战略层上使用。

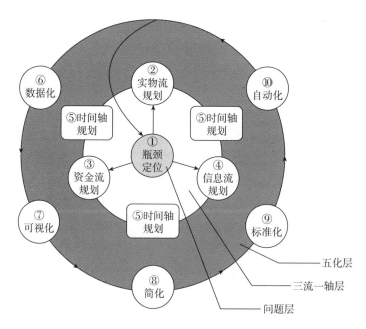

图 4 - 4 优化轮的三个层次

3. 价值创造

在大数据时代，供应链的信息聚合及信息运用，可以更好地展现供应链在运营管理的多环节、多组织的连接与整合中的信息价值。通过供应链的信息聚合，实现供应链信息资源优势的整体利用，促使其在运营管理中具备供应链领域的大数据收集、信息资源整合、分析处理及供应链运营的预测决策等能力，充分运用供应链信息的聚合效应，实现供应链信息资源在有效、高效运用中的创造价值。

三、"互联网＋"供应链优化的方法

"互联网＋"供应链结构优化就是通过管理创新、功能调整、数据赋能和结构优化不断完善供应链结构，使供应链整体效益提升并降低成本，从而最大限度地提高企业价值。供应链结构优化是传统供应链优化转型升级的重要手段和发展趋势，通过供应链结构优化，使传统的协同创造从传统的功能管理走向供应链管理。在供应链优化过程中，从线型结构到网状结构，从非接触式关系到接触式关系，从粗放式传统的管理到简单、精确的用户驱动式管理，从单一的组织体系到跨组织、跨平台的协同创新体系，从纵向一体化的流程结构到生态化的配送路径平台，实现了商业模式的创新，提升了企业的核心竞争力，如表4-1所示。

表4-1　供应链结构优化比较

供应链维度	传统供应链	优化供应链
管理职能	传统职能管理	流程协同创造
整体结构	线式结构	网式结构
触达关系	非接触式关系	接触融合关系
驱动管理	粗放传统管理	精确用户驱动
管理方式	单一组织内部	跨越组织协同
流程结构	纵向一体流程	平台生态分布

【章末案例】　　优必选：诠释中国创新力量

自图灵机的概念于1936年被首次提出以来，机器执行智能任务的能力呈指数级增长。人工智能（AI）作为一种必不可少的加速器，其目标是让机器具有类似人类的智慧。AI已经改变了我们的生活、工作、学习和沟通的方式。目前，人脸技术、物体检测、图像描述等均已支持将移动端SDK集

成到应用中。数字经济时代已经到来，中国企业也将迎来更多新的机遇和挑战，只有具备领先性和显见性以及高度前瞻性等特征，才能以超前的经营和管理模式脱颖而出。深圳市优必选科技股份有限公司是全球顶尖的集人工智能和人形机器人研发、制造及销售于一体的高科技创新企业。

一、公司简介

深圳市优必选科技有限公司成立于 2012 年，是一家集人工智能与人形机器人研发、平台软件开发应用及产品销售于一体的全球高科技企业。2008 年，优必选从人形机器人的核心源动力伺服舵机的研发起步，花了 5 年时间克服了技术难题，并在性能参数、稳定性和性价比方面领先世界，保持了除芯片外拥有自主知识产权的技术优势。消费类人形机器人 Alpha 系列、STEM 教育智能编程机器人 Jimu Robot 和智能云平台商用服务机器人 Cruzr 等产品逐步推出。2018 年，优必选估值 50 亿美元。

优必选作为初创企业在人工智能与机器人这个尚须培育的未成熟市场站稳了脚跟。一直以来，公司秉承着"卓越创新，彼此成就，合作分享，简单直接"的价值观，以"让智能机器人走进千家万户，让人类的生活方式变得更加便捷化、智能化、人性化"为使命，为实现"3～5 年，成为中国智能机器人领袖企业，5～10 年，打造全球智能服务机器人优秀品牌"的愿景而不断努力着。

二、押注人形机系列创新，开拓消费、教育、娱乐、商服新天地

根据以往数据，优必选五年间营收增长了 1000 倍：2014 年，优必选总销售额仅为 200 万元，2015 年达到 5000 万元，2016 年飙升至 3 亿元，2017 年超过 10 亿元，2018 年超过 20 亿元。预计 2019 年的销售额会从 20 亿元飞跃到 60 亿元甚至 100 亿元，这将是一个巨大的闪光点。

目前，优必选的商业化产品主要包括消费类人形机 Alpha 系列、STEM 教育智能编程机器人 Jimu Robot、与迪士尼合作的 IP 机器人、智能云平台商业服务机器人 Cruzr 和智能巡检机器人 ATRIS。前三个系列为 2C 场景，后两个系列为 2B 场景。2019 年 1 月 9 日，美国国际消费类电子产品展览会首次出现了优必选旗下的新一代 Walker，这是优必选还没有商业化的黑科技，它不仅拥有 36 个高性能伺服关节和力觉反馈系统，还具有视觉、听觉和空间感知等功能，能够实现灵活、平稳、快速的行走和精确的操作。

2018 年 9 月，优必选发布了最新的 Alpha 系列产品——悟空机器人，可

用于教育、家庭、社交和办公等多种场景。该机器人集成了目前优必选消费类机器人的主要技术能力，14个转向器关节使其具有更加丰富的姿势和肢体语言，以及敏感的动作，如舞蹈、功夫、爬升等。眼部液晶显示屏与摄像机配合，可呈现哭泣、快乐和爱心等花样表情，其中，拍头的反应多达十余种。机器视觉是"悟空"的另外一大亮点，除了人脸识别，"悟空"还可以实现绘本识别、物体识别和视频监控等，进阶的玩法还包括开放式API和图形编程，供开发人员进行创意组合和二次开发。

三、场景探索，养老服务切入

和许多与尖端技术斗争的人工智能公司不同，优必选有更多的场景思维，尤其是2B场景。公司强调，只有了解场景才能使产品完美。2018年，优必选2B市场的增长速度最快。2018年，优必选的2B营业收入比例已经达到35%～40%，远高于预期，主要集中在教育、商业和安全领域。互联网是上一代技术，下一代技术是人工智能。机器人与人工智能教育是国家未来发展的前景，全球趋势也是一样的，未来，人工智能必将会贯穿于各个行业、各个垂直领域。

周剑在考虑一个全面的教育大局，从而推动优必选机器人的消费市场。在中国，有许多从事教育的公司，如学而思和新东方，但没有真正领先的人工智能教育公司。教育没有上限，市场非常广阔。养老是优必选的另一个关注重点。养老院是统一修建的，每个房间的摆设几乎是一致的，甚至杯子颜色都统一，在如此环境下机器人就可以做端茶倒水的事情，也可以通过陪护人员进行遥控操作，替代简单、重复的劳动。由于每个家庭的大小、摆设、环境都不一样，目前的机器人和AI技术做不到通用。养老服务是优必选切入服务领域的第一个场景，之后才是通用场景，一步步来。

四、凝聚人气，战略决胜

初创公司如果犯了错误，代价可能就是破产。度过了第一个5年的"生存期"后，优必选开始思考战略和未来布局。2018年，优必选一口气吸纳了数个高管：日本Robi机器人之父高桥智隆出任首席产品官，湖南卫视主持人李锐出任首席内容官，连续三年荣获新财富金牌董秘的张钜出任CFO兼董秘，前富士康集团CQO及副总裁鲍益新博士（Charles）出任高级副总裁（分管质量）兼CEO特别顾问，前奥美时尚CEO及奥美贺加斯中国区总裁谭旻出任CBO，前通用电气全球研究中心机器人科学家谭欢博士出任副总裁、北美研发中心负责人。

2018 年对于许多创业公司而言是一道坎，有人被绊倒了，有人跨过去了。优必选属于后者，不仅毫不减速，还实现了盈利。逆势见真金，优必选有没有成为估值千亿美元公司的底气，由优必选的思考和管理哲学可见一二。

五、案例启示

第一，产品线多样化，共同发力 To－B 和 To－C 场景。目前，优必选的产品线比较多元化，涵盖娱乐、教育、家庭联谊、新零售、航空和政府部门等领域。商业产品包括消费类人形机器人 Alpha 系列、STEM 教育智能编程机器人 Jimu、与迪士尼合作的 IP 机器人、智能云平台商业服务机器人 Cruzr 和智能巡检机器人 ATRIS。前三个系列用于 To－C 场景，后两个系列用于 To－B 场景。

第二，自主研发，营收的 45% 投入研发。目前，消费类机器人产品普遍面临着一个尴尬的困境，它们需要提前规划未来，通过商业化来生存。目前的技术水平和智能功能还远远没有达到用户的要求。此外，机器人市场也是喜忧参半，教育和护理机器人最受欢迎，许多产品只是添加一个屏幕、芯片、摄像头或互联网功能音频，就冠以机器人的名字滥竽充数。事实上，人形机器人 50% 的成本集中在控制系统和运动控制部件上。在中国的人工智能企业中，优必选是少数几家集技术研发、软件、硬件、生产、销售和服务于一体的人工智能全产业链企业。

第三，大力布局服务机器人。战略上，优必选的产品线比较多元化，涵盖娱乐、教育、家庭联谊、新零售、航空和政府部门等细分领域。与许多专注于尖端技术的人工智能公司不同，优必选有更多的场景思维，尤其是 To－B（企业市场）场景。2018 年，优必选 To－B 市场增长最快，To－B 的收入占比达到 35% ~40%，远高于预期，主要集中在教育、商业和安全领域。

资料来源：

(1) 优必选官网，参见 https：//www.ubtrobot.com/cn/.

(2)《专访优必选 CTO 熊友军：3 岁的 Walker 还不完美，对人形机器人应适度宽容》，参见 https：//www.tmtpost.com/3709492.html？rss = ifeng.

(3) 邱月烨. 优必选谋局 [J].21 世纪商业评论，2019（01）：42 – 45.

第五章　协同创造，万物互联

开篇小语：协同发展、协同创新、协同开拓和虚拟组织等协同创造的思想早已贯穿在每个人的日常生活里。消费升级带来了新的消费模式和观念，为协调人力资源、资本、知识和其他元素提供了新的思路和指导。协同创造涉及多个领域之间的技能合作和优势互补，将分散的个体整合成一个巨大的整体，使产品价值不断提升，协调度提高。未来，互联网商业模式下的协同创造必将成为时代的主题，成为互联网发展的不竭动力。推动协同发展，共赢协同未来。协同创造已逐渐成为企业管理创新的重要方式、途径、模式和策略，是新时代企业必须具备的软实力，打破了现有的企业管理边界，以人本为中心，聚焦人的需求与创造能力，采用"生态群落"管理方式，不断促进人与外界环境的迭代适应，寻求组织整体有序地跃迁。

要以更开放的心态寻求更广泛的合作，不仅要与上下游企业、同行企业合作，还要与各地政府合作，与大学、科研单位合作，与投资部门合作，特别是诚心诚意与用户合作，共同培育安全可控的产业生态，一起做大做强中国的计算机产业。

——李国杰

【开章案例】　　迪普科技：企业级网络安全专家

2019 年 5 月 10 日，杭州迪普科技股份有限公司举办的"聚指成拳，铸网唯安——2019 年合作伙伴大会"在海南三亚召开。来自全国各地的行业专家和各界媒体共同探讨了价值市场需求以及如何在数字化转型的大趋势下共谋未来网络安全市场发展的新方向。面对网络信息安全带来的巨大考验，迪普科技构建了以安全为核心的解决方案体系，涵盖安全防护、视频专网安全管控、自安全园区网、自安全分支机构、应用交付、安全检测与服务极大场景化解决方案。为何迪普科技能够很好地利用国家对于网络信息安全的战略规划和产业扶持？因为公司始终以技术创新为领跑，拥有一系列具有自主知识产权的核心技术，并根据不同用户需求改进技术，通过多元化的营销策略，将业务领域拓展到电子政务、税务、金融和医疗等相关行业。作为一个专注、本质、自主、成熟的软硬件平台，迪普科技能够对未来安全趋势进行敏锐的把握。

一、公司介绍

杭州迪普科技股份有限公司（以下简称"DPtech"）是一家集网络、安全和应用交付等领域的研发、生产与销售为一体的高新技术企业。它专注于网络内容和网络安全领域的前沿技术创新，为用户提供深入的安全检测和防御，以及深入的内容识别和加速整体解决方案。自2008年成立以来，在以云计算和物联网为代表的IT技术革命萌芽的背景下，DPtech提出了"让网络变得简单、智能、可靠"的愿景，全面引进网络安全和应用交付等重大应用，不断创新，为用户提供领先的产品和解决方案。DPtech拥有国家信息安全一级服务资质，能够为用户提供完善的技术支持和信息咨询服务，主要业务包括网络安全产品、应用交付产品和基础网络产品的研发、生产与销售，并为用户提供相关的专业服务，特别是运营服务。

2019年5月，网络安全等级防护2.0正式发布。DPtech提出了云数据中心、物联网视频网络管控和自安全园区等解决方案。同时，DPtech推出了慧眼安全检测平台、安全威胁态势感知平台等专业监控产品，并将视频监控整体安全解决方案应用于多个省和重大国际会议的安全工作。

二、构建多平台，将核心技术与用户需求协同发展

DPtech通过构建针对用户需求的不同平台，从网络安全产品和应用交付产品两方面加强与用户的信息交流。对于网络安全产品，公司推出慧眼安全检测平台，作为公司自主研发的主动安全管理产品，能够在监管行业部门内实现快速摸排资产，对风险精准定位，及时响应通报并进行整改，帮助用户很好地进行资产梳理，评估漏洞影响，形成安全资产管理闭环。

在用户规模不断扩大和对应用服务要求逐渐提高的情况下，公司在应用交付平台推出了ADX产品，提升了用户的访问速度和安全强度，并保证7×24不间断服务，大大降低了运营成本。此外，公司还拥有统一的管理中心——DPtech UMC。它集成了网络的硬件和软件，具有故障分类报警、统一的策略配置分布、系统分类和分区等功能，可以为用户提供直观、实时的网络应用状态，提高了网络的整体管理效率，提供了多种场景解决方案，如图5-1所示。

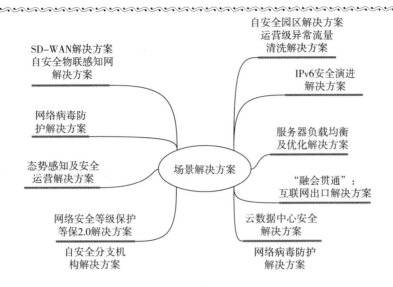

图 5 - 1 迪普科技场景解决方案

三、多元化业务发展，共享协同经济

DPtech 在 2015 年的中国移动安全产品采集中，入围了 IPS、抗 DDoS 和 CGN 三大类共 10 款产品。在能源方面，DPtech 与中国石油有着密切的合作，是中国石油五大一流供应商之一。在电力行业，DPtech 在众多网络设备企业中脱颖而出，成为国家电网信息化项目批量采购的中标者。在金融业，DPtech 首次大规模应用于银行生产系统。2016 年，DPtech 推出以工程实施、基础维保和培训认证为核心的基础服务，提出了新的"渠道建设"战略。公司始终追求网络与安全的融合，其"让网络更简单、智能、安全"的理念满足了更多用户的需求。目前，公司的自安全网络较为成熟，包括校园网、视频专网、云数据中心和分支机构公司等场景的解决方案。如图 5 - 2 所示。

DPtech 具有竞争力的产品和解决方案得到了用户的广泛认可。截至 2018 年底，公司的用户涉及运营商、政府、电力、金融、交通和医疗等在内的各行各业。未来，公司将继续在网络安全及应用交付领域持续投入，进一步完善产品与解决方案，为用户创造更大的感知价值。

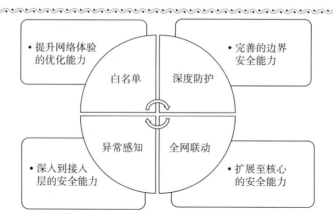

图5-2　迪普科技自安全核心要点

四、协同思维，创新企业新型合作模式

DPtech 目前已有1700余家合作伙伴，渠道业绩的年复合增长率接近50%，通过建立透明、开放的合作模式，实现了多方共享价值的目的。2019年，公司将继续坚定渠道战略，采用连贯的合作渠道政策，简化渠道层级，鼓励合作伙伴围绕价值解决方案拓展价值市场。未来，公司将深入研究用户需求，坚持产品营销，将用户进行群体划分，推出与用户业务需求深度绑定的场景化解决方案，多管齐下，聚指成拳，铸网唯安，如表5-1所示。

DPtech 以纵向管理为核心，横向平台为支撑，打造集管理、维护、支持、售后服务和研发为一体的专业服务团队，总代理主要承接与迪普科技订单相关的物流和资金流的管理工作，并配合迪普科技实施对各级代理商的服务、支持和拓展工作。DPtech 将产品代理权给予总代理，由总代理进一步授权一级代理商，负责行业的市场拓展和销售工作。在面向最终用户的过程中，通过行业认证、行业金牌和行业白金提升网络安全技术相关人员的资质能力和业务能力。商业认证、商业银牌和商业金牌主要针对 SMB 市场和地市级区域市场，以发展下级代理商和拓展中小商业项目为主。

表 5 – 1　迪普科技在不同行业的典型代表

电力	助力湖北电力紧跟"智能电网"的步伐	智能分流轻松应对高并发连接
教育	为山东大学打造"智美"校园	融合网关，扩展无压力
		数据中心安全保障，提供"云安全　硬实力"的数据中心解决方案
		校园网出口优化，通过虚拟化技术实现资源均衡整合
		采用自安全园区网解决方案对校园内网自安全服务建设
医疗	为温州卫计委双向转诊平台提供安全保障	建设市域范围内的转诊协同信息平台，实现不同层次医院的双向互转
		采用"智能流量检测"、"并行流过滤"技术，实现双向流量的快速清洗
政府	助力北京公安分局视频专网建设	构建"安全视联，全程可控"安全防护体系
金融	服务于中国银行信息化建设	高端防火墙具有业界领先虚拟化能力，满足金融行业用户个性化需求
运营商	中标中国移动 2018 ~ 2019 年抗 DDoS 产品集采	唯一同时入围中国移动抗 DDoS 和 IPS 集采的厂商

五、案例启示

在我国，网络和信息安全问题十分严重，信息泄露无处不在，每个人都处在"裸奔"的危险之中。DPtech 始终与网络和安全紧密结合，在关键基础设施领域自主开发创新，构建安全可控的信息技术体系。随着云计算和移动互联网技术对企业的逐步"侵蚀"，企业的安全边界已经被彻底打破。DPtech 积极采取新渠道战略，为企业提供新一代高速、智能和可靠的网络基础设施平台。

第一，创新与渠道并重，建立云数据平台。面对云计算、大数据和虚拟化技术对企业网络安全保护的新要求，DPtech 推出了一种基于硬件的云数据中心安全方案更加适合对于云安全产品的独立性、功能和管理有个性化需求的私有云用户。在满足自身安全需求的基础上，云数据中心通过硬件虚拟化为云租户提供安全保护能力，并得到了广泛的应用。2017 年，企业重点推出安全威胁态势感知平台、安全智能分支机构等产品和服务，满足用户对大数据安全的需求。

第二，协同技术和需求，打造完整的产品供货链体系。DPTech突破了企业的安全网络边界，坚持"重建共赢"的理念，将自己的先进技术与用户的需求相结合，为最终用户创造价值，并以供应侧研发和生产为重点，帮助合作伙伴提高技术和业务能力，倡导全员渠道营销战略，加快分销业务发展，重建新的安全网络格局，共享增长和优势，成功实现互利共赢。

第三，构建主动防御的技术保障体系。云计算、大数据、物联网、工业系统移动互联网和虚拟动态异构计算环境等新的信息技术应用都需要可信的免疫系统作为其基本支持。企业应学会在三重保护框架下，建设可信的安全管理中心，实现系统结构的运行行为、资源配置和数据存储的管理，达到攻击者进不去、非授权者重要信息拿不到、窃取保密信息看不懂、系统和信息篡改不了、系统工作瘫不成和攻击行为赖不掉的防护效果。

资料来源：
(1) 迪普科技官网，http：//www.dptech.com.
(2) 《迪普科技上演弯道超车　成为中国信息安全新领袖》，http：//www.c//4.com、cn/security/4355/a877323.html.
(3) 《迪普科技连续八年全面入围中国电信集采》，https：//finance.sina.com.cn/stock/relnews/us/2019-03-20/doc-ihrfqzkc5484195.shtml.

第一节　协同新时代

随着云计算、人工智能、物联网、大数据和智能体系结构等技术的日益广泛应用，Internet人工智能技术得到了迅速发展，形成了一种以协同创造为核心的新的企业业务模式。在大数据时代，企业的业务模式和组织管理模式发生了巨大的变化，促使企业在科学技术的推动下，突破传统的商业模式，创新和改革自己的商业模式，同时遵循"竞争—合作—协作—协同"的演进过程和规律，形成新的业务模式。只有通过不断的信息交流和与外界的互动，协同创新，构建自己的社会价值创造体系，企业才能在改革浪潮中经受住考验，理性应对市场格局的翻天覆地的变化。

一、"吃穿住行娱"的互联网味道

随着大数据的普及，协同的理念日益渗透到人们生活的方方面面。信息的生成与传递不断加速价值创造与升级，线上线下的概念与界限正在逐渐模糊，我们的生活逐渐进入协同大时代。协同关注的是人们最基本的需求，正是人们的需求使得企业传统商业模式不断变革与创新，企业逐渐认识到协同的独特性，开始将目光聚焦于协同消费上。如今的互联网技术正在向吃穿住行渗透，我们的生活方式正在因互联网而改变，比如，看病可以网上挂号、出行可以网上约车、点餐在网上下单，无处不在的互联网应用，让吃穿住行都展现了满满的科技感，更智能、更高效、更便捷地实现多方资源的整合，协同方方面面。协同不是颠覆，也并非取代，而是注重合，即商业资源的优势互补以及生活上的和谐。协同消费是一切以人为中心，建立在人与物质资料共享基础上的社会经济生态系统，是在互联网上兴起的一种全新的商业模式。目前，协同消费正在逐步取代过时的传统商业模式。协同消费促进了一种独特的共享文化，为人们提供了享受超越所有权限制的产品和服务的机会，并实现了从注重生存需求到追求自我价值的飞跃突破。

二、崛起的互联网商业模式

互联网商业模式指的是以互联网为媒介整合传统商业类型，连接各种商业渠道，具有高创新、高价值、高利润、高风险的新经营和组织结构模型，包括传统的移动互联网商业模式和新互联网商业模式。互联网的商业模式从来都不是固定的，只要它能持续为用户提供长期价值，就是一个好的商业模式。特别是在大众创业、万众创新的风潮的推动下，互联网商业模式成为一个热门话题。近年来，随着互联网技术的不断发展，中国已逐渐成为互联网强国。

1. 私人定制引发企业商业模式变革

互联网消费趋于个性化定制，用户需求不断增加，这就要求企业以更低的成本和更高的效率来提供个性化服务。因此，突破企业固有模式，加快实现更高层次的创新和收益共享，是互联网商业模式下企业面临的重要课题。

协同思想中最重要的就是控制好快变量和慢变量，互联网的变化是绝对的快变量，而人的思想、组织的变革、商业模式的创新则是慢变量，协同思想就是促进快变量的转化和慢变量的成长。互联网时代处于时刻变化中，企业的商业模式变革要最大限度地利用互联网的创新成果，通过创新建立协同机制，实现价值链的重构及连接，采取差异化的战略决策，以协同有效的方式促进商业模式的华丽转型。因此，互联网下的商业模式衍生出了三种模式，分别是跨界整合、分享经济和商业生态圈。

2. 趋势：跨界整合→平台经济

伴随着企业互联网信息技术革命，现实和虚拟的界限得以突破，企业可以突破传统组织的边界、线上线下的边界等，为商业模式带来革命性的变化。跨界整合模式作为媒介整合与发展的主导模式，以智力、组织沟通和人际交往为主体，形成了手稿情报、智库和智慧知识互动传播系统，通过将"资源共享、优势互补、价值转化"贯穿于价值创造的全过程，构建了跨界整合的独特业务内涵。

如今，智能手机、智能平台和智能应用正在涌现。智能应用是从数字集成模式向数据集成模式的过渡。在大数据环境下，知识创新不仅取决于个人能力，还取决于知识管理者、集成商和开发者等社会角色和力量的集体参与度。智库在整合知识方面具有权威性和战略性。它在广度和深度上对知识进行了全面的梳理和整合，被誉为"智囊团"。

微博、微信等智能平台借助媒体产业的发展，为互联网商业模式注入了新的活力。"用户模式"和"无社交，无沟通"已成为企业的普遍共识。用户在开放、方便和互动的社交平台上交流自己的智慧和创造力，传播信息，从而展示自己，实现社区共享的目标。

专栏 5 - 1　　　　省点云购：消费省钱，分享赚钱

网络时代的到来，让传统的独享经济感到越来越不适应，开始逐渐走下坡路。分享经济正在兴起，成为这一时代的经济热点。互联网的广泛应用使得人类处于信息大爆炸的大数据时代。网络数据平台成为了分享经济的媒介。分享经济需要参与者互相信任、互相依赖。省点云购积极创新商业模式，充分发挥平台属性，自主研发、升级，打造了更加规范和完善的线上线下互联网体系，操作更方便，结算更快捷，把信息共享、资源共享和利润共享真正落到了实处。

一、公司简介

省点云购（天津）科技中心，位于环渤海地区的经济中心——天津，是一家以互联网技术为核心的新型移动互联网企业，主要提供计算机技术开发、技术服务，软件开发与经营，游戏软件设计、制作，商务信息咨询，广告，货物及技术进出口，会议及展览展示服务，票务代理，旅行社服务，房地产信息咨询，组织文化艺术交流活动，批发和零售业等业务。在分享经济时代大趋势下，省点云购成为电商服务领域的领先者，国内首家一站式 O2O

运营平台，并成功开发了"省点云购"这种新型同城团购消费平台，突破了一般同城团购平台会员管理各自为营的局面，围绕实体店同城异业联盟和团购特惠两大核心功能，让用户进入快乐、趣味消费的全新消费时代，让实体商家进入线上线下全新社交营销时代。

二、共享商铺的新零售时代

传统的商铺零售时代即将成为过去式，以共享商铺为主的新零售时代即将开启。2018 年，省点云购的共享店铺结合了移动电商、微商、消费商和连锁店，在特有的"分享经济＋共享经济"创新模式上，发起了通过众投多店主方式零投入开店的活动，将场地设备和技术进行共享，实现店铺利用率最大化，开店投入风险最小化，同时，多店主引流、团队运作和多种互联网营销使线上线下完全融合，成为店铺客源强有力的保证。省点云购通过帮助实体店搭建属于自己的线上商城，使到店用户变为商家的线上分销商，最终实现了自营利润和跨地盈利双赢，并根据自身的数据，提供市场分析、精准营销、数据仓库等精准营销，从而实现大数据的共享与协同。

三、创新运营，开启新盈利模式

省点云购彻底解决了实体店"促销、地段、转型"三大困局，为商家提供了专属的网上商城，招揽全城用户。支付即锁定，拓客又锁客，利润轻松翻番，省点云购帮助实体店跨入移动互联网浪潮，开启"1＋N"新盈利模式。

省点云购突破了一般互联网平台会员管理各自为营的局面，打造了一个由商家和用户共同构成的统称利益共同体，让商家和用户能共同受益，共同推广传播，共同构建"实体店＋互联网"的新格局。省点云购让用户变为消费商，人人都是创业者，让用户强大的人际关系圈"赚"起来，帮助企业引爆用户人群。消费一次便可锁定用户，支持会员管理，朋友圈一键分享，促销活动商家全面掌控。

相比其他互联网平台，平台APP店面展示、跨店派发本店代金券、全媒体平台宣传引流等方式，使品牌传播更快，新客和回头客流量增加更多，且不受第三方平台限制。很少的资金投入就可以发挥最大的利润杠杆作用，包括同城商家分润，开发城市合伙人收益，商家引流收益和自有产品收益。如图 5 - 3 所示。

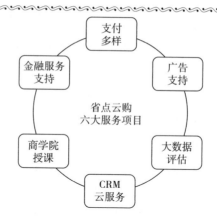

图 5-3 省点云购六大服务项目

参与共同的经济事业，就是管理好自己的未来。一项挖井的事业，只要持之以恒，就能得到源源不断的洁净水源。搭上分享经济的快车，实现不同的自我。未来，我们将逐步实现人人共享、共享共赢的美好愿景，实现共享的新飞跃。

三、消费升级拥抱供给改革

当"质量""体验"等热词出现在日常生活中时，中国新一轮的"消费升级"现象开始出现。消费类型由原始的传统生存型物质消费向发展型、服务型发展方向转变。在消费升级的时代，用户个性得到充分释放，未来的用户更愿意为体验、环境、情感和服务付费。面对新一轮的经济消费升级浪潮，企业应该思考如何更好地满足用户的需求。

1. 消费升级驱动定制化需求增长

"互联网+"时代下行业的新"天花板"正在重塑，产业链上消费者和生产者的市场地位发生调换，消费者占据主导的定制化需求得到增长。以往传统服装行业，一方面，定制价格高昂，消费潜力未得到充分释放，另一方面，工厂的标准化生产限制了消费者的个性化。消费者的需求是市场经济运行的起点和归宿，消费者的需求增长给工厂的供给侧结构性改革带来了驱动力。改革带来的成本下降、工艺优化和渠道优化，又反过来促进了消费者的需求增强，二者在市场经济运行体系下实现了双赢增长。正是因为生产者与消费者在市场上的相互促进，各行业迎来了新的发展契机。在工业4.0时代背景下，互联网产业进行了供应链优化，消费者与工厂直接对接，提供了全新的商业模式，减少了中间环节，大大缩减了产品交付时间。2015 年，中国游客在日本抢购马桶盖和电饭煲。2019 年，以回力鞋、北冰洋汽水、大白兔奶糖、蜂花护发素、老干妈辣椒酱和华为手机为代表的中国货走红。短短几年时间，国货成了"国潮"。

2. 传统品牌坚守匠心，新兴品牌增速明显

服装定制由来已久，20 世纪受到工业化生产的影响后退守高端市场，一方面是需求不足，另一方面是匠人数量严重限制了传统服装定制的发展。随着消费需求的增长，传统品牌受制于匠人数量增长缓慢，甚至出现负增长。与之相反，新兴互联网定制品牌在男装市场大放异彩。

在消费需求增长的市场背景下，互联网定制品牌运用全新的商业模式和品牌运营模式，通过工业 4.0 实现智能制造，进一步加快了产业升级，满足了消费者的个性化需求。

互联网时代下的消费者改变了消费习惯，以互联网为链接，通过无与伦比的话语权，逆转企业与消费者之间的关系，使"用户至上"成为互联网时代的铁律。

中国经济已进入新常态阶段，产业结构优化迫在眉睫。随着互联网和大数据的发展，消费结构由生存消费升级为享受消费、发展消费。强调品牌、质量、服务、个性化和精神体验成为国内互联网用户的主要个性特征。不同的个性特征刺激了互联网细分、跨界电子商务、汽车电子商务和母婴电子商务的快速发展。

第二节　何为协同创造

协同创造，即协同经营，是指合理安排和组合当地力量，以完成一定的工作和项目。合作是包括人类在内的动物群体中普遍存在的一种行为。根据他人的态度和行为来调整自己的现象就是合作。今天，我们正处于互联网时代。无论是淘宝、微信、谷歌还是滴滴，它们都基于网络效应创造了巨大的商业价值。传统商业模式中的游戏规则不再适用。协同效应的实质是相对于传统、封闭的线性供应链管理系统相比，整个企业生态系统形成了一种多功能、大规模、实时的社会协同运行模式。协同创造如今已经逐渐成为企业管理创新的重要方式、途径、模式和策略，是新时代企业所必备的软实力，它打破了企业之间的边界，以人本为核心，将焦点放在人的价值创造能力和需求上，采用生态群落的管理方式，不断促进人与外界环境的迭代适应，促使企业实现"1＋1＞2"的协同效应，使企业与其供应链上的上下游企业形成有序、有效的组织，共同应对市场动态变化，以获取更高的经济利益和社会效益。

一、协同创造的时代元素

数字转型正在推动我国传统经济向数字经济快速迈进。数字化和创新能力作为数字经济的核心要素，能够使传统产业面临着产业格局、产业链和经营模式发生巨大变化。中国先后提出的"十三五"规划纲要和"一带一路"倡议，促进了企业的转型升级，提高了企业的核心竞争力，如图5-4所示。

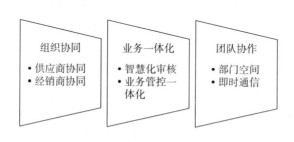

图5-4 协同创造的组织特点

1. 新经济下的百花齐放

以互联网平台为基础，将信息通信技术与各行业结合起来，促进产业转型升级，不断创造新产品、新业务和新模式，构建连接一切的新生态系统。实施高端设备、信息网络、集成电路、新能源、新材料、生物医药、飞机发动机和燃气轮机等重大项目，将一批新兴产业转变为主导产业。我们将制订"互联网＋"行动计划，将人工智能、云计算、大数据和物联网与现代企业结合起来。

2. PC时代下的新宠儿

《中国互联网发展统计报告》显示，截至2017年12月，中国有7.72亿互联网用户，普及率为55.8%，比全球平均水平（51.7%）高出4.1个百分点，比亚洲平均水平（46.7%）高出9.1个百分点。中国网民规模持续稳步增长，互联网模式不断创新，线下服务整合加速，公共服务网络转型加快，成为互联网用户增长的主要动力。工业互联网和金融互联网等是在现有服务的基础上，利用互联网技术和理念，提高向用户提供服务的效率和质量。在这个阶段，强调顺势创新不会产生爆炸性或指数级的变化，不会改变服务业及其产品的性质。它最大的价值是帮助社会建立最有效的联系。

基于互联网平台，"互联网＋"创造了新的产品、新的业务和新的模式，推动了传统服务业的转型、升级、甚至改革。这一阶段强调的是"反攻创新"，反攻创新指的是将互联网作为渠道基础设施和社会生态因素的工具，从顶层设计和底层建筑两个方面重塑产业结构、形式和思路，利用互联网连接一切事物，跨界整合，协同创新，多角度、全方位振兴经济，并先后在 B2B、O2O、C2C 平台模型、不同主体协调集成和互补优势等方面实现资源的最大利用。

3. 漫谈：协同创造大平台

在 AI、IOT 和云计算的发展趋势下，我们必须通过移动化、智能化、定制分享化和泛组织协作等，帮助组织升级和成长，与时代同步。协同创造的核心在于打破组织边界，以用户为核心，打造一个共同的价值共享系统，并为其创造机会和条件，最终达到为全员服务的目的。协同创造的精髓在于以人为中心，以业务管理为主线，以效能提升为目标，以协同创造平台为载体。协同创造平台可全面进行多种管理，实现协同工作、公文管理、表单管理、文档管理、绩效管理、目标管理、会议管理、文化建设和移动办公等，使不同模块的管理在协同创造大平台上集成，打破信息孤岛的原状，从而形成一个高绩效组织，共同打造商业生态圈下的协同创造统一工作平台。

专栏 5-2　　　拉芳家化：内外兼修，对接消费升级

日化行业是改革开放后发展最迅速、最早对外开放的行业之一，是一个充分竞争的市场化的行业。随着日化行业的不断发展，外资品牌在中国日用化工品市场上日益占据主导地位。在化妆品市场竞争中，本土企业的生存空间日益丧失，战略升级迫在眉睫，中国企业应抓住机遇，加大科技投入和产品研发力度，不断发展、完善营销手段，塑造高端时尚的品牌形象，在激烈的市场竞争中站稳脚跟。拉芳家化作为国产日化企业，致力于为广大用户提供优质的日化用品和服务。

一、公司简介

拉芳家化股份有限公司位于广东省汕头市，是我国日用化工企业的领先企业，2017 年 3 月在上海证券交易所上市。公司主要产品包括洗发水、沐浴露、香皂、乳霜和洗面奶等，旗下拥有拉芳、雨洁、圣峰和缤纯等众多知名品牌。拉芳家化始终坚持"诚信、品质、共享"的企业价值观，把诚信作为企业发展的基石，把质量作为企业的生命，把共享作为企业的责任。其广告口号——"爱生活　爱拉芳"享有良好的社会效应，爱，是生活的动力，

是拉芳不断努力的动力。因为爱，拉芳真诚地关注生活，全神贯注地研究生活，打造高品质的品牌产品和服务，提高人们的生活质量。

二、领先技术，引领多品牌发展

截至目前，公司拥有近100项发明专利，是全国发明专利最多的公司之一。公司还与中国科学院微生物研究所合作，成立了中国科学院拉芳发质研究中心。根据中国人的发质特点，公司采用世界先进的科研技术，开发出一种新的高科技营养载体——活性营养包裹体，使国人的发质更健康、更有营养。

公司以"科技、创新、时尚"为企业战略，重视科研开发与投资，立足个人护理产品领域，实施多品牌发展策略，以科技创新为动力，以卓越品质打造强大的品牌。近年来，拉芳家化深入研究了中国人发质，更好地满足中国用户的需求，更好地将国际性的创新技术与中国的市场实际相结合，实现国际日化领先科技的应用，促进环保、安全、绿色产业的发展。拉芳家化在行业内率先采用GMP标准进行生产，提倡绿色生产，积极提高资源利用效率，减少废弃物的产生和排放，从而减轻环境负担，多年来一直以可持续发展的理念在日化行业默默地匠心耕耘，守护着民族品牌。

三、外延拥抱新零售，全渠道协同发展

作为洗护行业是民族品牌的龙头企业，拉芳有望乘行业发展的东风，在产品升级和渠道拓展的催化下，实现民族日化龙头品牌的崛起。拉芳日化的营销理念是"以市场需求为导向，以管理和服务为支撑，以共赢为动力"，以市场需求为导向，从产品的创意、立项到规划，一切以市场需求为导向；高效的管理和优秀的服务团队，能够让我们赢得更多用户的芳心；与经销商长期合作，携手并进，共同发展的原动力。公司营销主要以经销、商超为主，电商渠道的占比正在不断扩大。随着用户习惯的改变及互联网购物浪潮的掀起，公司不断加强电商渠道的建设。微博、微信和小红书等社交媒体成为其品牌营销线上拓展渠道的重要环节，拉芳家化运用自媒体布局，在美妆领域参股蜜妆信息，通过增资宿迁百宝进入社交电商领域，如图5-5所示。

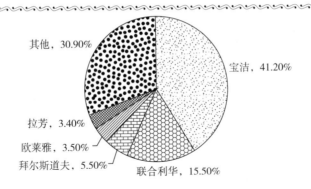

图5-5 拉芳家化在洗护品市场上的占有率

拉芳家化如今已形成了一套卓越有效的质量标准和质量管控体系，未来将携手合作伙伴共同实现"品质拉芳、品味拉芳、品牌拉芳"的愿景。在中国经济发展的新形势下，拉芳家化将继续坚持科技、创新和时尚的企业战略，给大家带来一个全新的拉芳家化。

资料来源：拉芳家化官网，http://www.laf.cn/。

二、协同创造的商业逻辑

商业逻辑是什么？商业逻辑是指在为完成某个商业目的，而策划一系列商业活动的思维过程中的逻辑结构。在协同创造下，企业可以利用相关供应链中上下游企业的资源和能力，生产出高质量的产品。此时，企业不需要考虑交换的价值，只需要考虑它们是否解决了用户的需求。有了正确的商业逻辑，我们才可以继续设计业务模型。商业逻辑包括三个方面，即企业价值、商业价值和核心竞争力，三者缺一不可。

三、协同创造的管理本质

协同创造的主体是虚拟企业，企业是由多个子系统组成的。协同创造通过对系统中各子系统的时间、空间和功能结构进行重新组织，产生一种竞争、合作和协调的能力，实现"1+1>2"的效果。协同创造是在特定的环境条件下，通过规划、组织、指挥、协调、控制和创新，坚持以人为本的管理，有效地管理和组织人类财产和生态组织所拥有的财产等资源，从而达到预期目标的过程。

专栏5-3 　　　金科商业地产：美好你的生活

我国商业地产从过去的"招商难"进入到当前的"运营难"状态，这是商业地产行业发展需要解决的一大痛点。目前，我国商业地产的发展对运营管理能力提出了更高的要求。商场、购物中心等与品牌租户不再是简单的甲乙方合作关系，而逐渐发展为利益共同体的合作经营关系，既需要品牌运营，也需要用户运营。金科集团肩负"建筑人居梦想"的崇高使命，秉承"做好每个细节"的公司理念，经过16年的持续和稳定发展，已成为第一阵营的中国房地产企业，承接了超过300个项目覆盖了全国23个省市，并已取得了相当大的发展。

一、公司简介

金科集团成立于1998年，经过20年的创新发展，现已形成了以民生地产开发、科技产业投资运营、生活服务和文化旅游康养等相关多元化产业四位一体协同发展的大型企业集团，具备强大的综合竞争力，是城市发展进程中领先的美好生活服务商。以国家城市群发展战略为导向，金科集团紧密围绕"三圈一带"，即京津冀经济圈、三角经济圈、珠三角经济圈和长江经济带，进行区域战略布局，业务遍布全国23个省、直辖市和自治区，规模增长快速，效益持续提高。公司总资产2000多亿元，员工2.5万余人，在地产行业的综合排名为第17位，多年来先后跻身"中国企业500强""中国民营企业500强""中国地产品牌价值10强"。

二、多元业务布局，打造美好生活

金科经过多年持续稳定的发展，已形成了以房地产开发和新能源开发为主导，产业综合经营、社区综合服务、酒店园林和装饰等协调发展的多元化产业结构和经营模式。金科拥有良好的产业基础和市场优势，具有较强的综合竞争力。金科的核心业务有：民生地产（绿色住宅＋商业地产）；科技产业；生活服务；文旅康养（酒店＋园林）；其他（新能源）。

公司秉承"美好你的生活"的使命和"坚持创新、诚信务实、开放包容、共创共赢"的发展理念，坚持团队职业化、管理专业化、经营规范化、竞争市场化的发展思路，坚定不移地推行"一快二低三高"的业务发展模式，建立以"双赢计划"为主线的事业合伙人制度，不断创新与超越，旨在成为世界一流的卓越企业集团。公司坚持履行社会责任，积极参与精准扶贫，大力开展产业扶贫、就业扶贫、教育扶贫和公益扶贫，探索出民营企业参与精准扶贫的新模式。国家民政部授予金科"中华慈善奖"，中华全国工商业联合会、国务院扶贫开发领导小组办公室亦为金科颁发了"全国万企帮万村和精准扶贫行动先进民营企业"的荣誉称号。

三、新地产＋新服务，搭建美好生态运营模式

2015 年 4 月 25 日，金科集团为了提升品牌战略，提出了"美好你的生活"的口号，并将其定义为企业的使命。集团实现了从传统单一的房地产开发商，逐渐向多元化的美好生活服务商的战略转型，从简单的售房到提供生活方式，从传统物业管理到全方位服务，从开发商到"开发商＋服务商"，金科已经迈出了坚定的一步。金科发布了社区商业三大产品线：美邻街、美邻汇和美邻广场，营造"美邻"生活圈，依托"美邻"品牌特色优势走差异化发展路线，打造中国超级社区商业中心，立志成为中国卓越的，为中产阶层家庭提供第一消费空间和公共生活空间的商业地产开发商和平台服务商。

以生态运营促合作共赢，金科已建立了完整、高效和健康的商业生态圈。围绕商业平台属性，金科将"共有、共创、共享"的新理念注入生态圈，在平台与商业投资者、经营者、品牌商家和用户之间，形成共赢利益链。从一次消费到全生命周期的服务，各种战略的提出都是围绕着用户展开的，以用户为本体、全生命周期的战略构建金科的美好生态战略。金科的文化理念如图 5 - 6 所示。

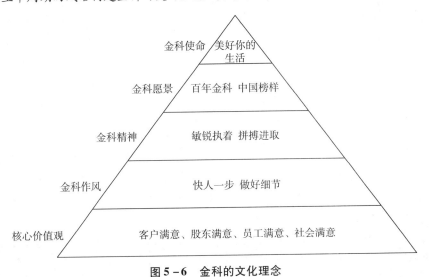

图 5 - 6 金科的文化理念

> 金科集团秉承"百年地产，中国榜样"的远大理想，致力于走专业化的房地产开发之路。金科集团以产品创新和优质服务为核心竞争力，稳步推进依托中西部、做大长三角，开拓环渤海的全国化发展战略，为进入"中国综合企业 50 强"的宏伟目标而不懈努力。
>
> 资料来源：金科官网，http://www.jinke.com。

四、人本管理的精髓

现代的企业竞争，归根结底是人才的竞争。人是有着极其丰富情感的高级动物，人本管理就是管理者以真诚情感交流，认真了解员工的心理需求，达成管理者与员工之间的情感互动，创造一个融洽和谐的人本亲情氛围，帮助企业更加蓬勃发展，如图 5－7 所示。

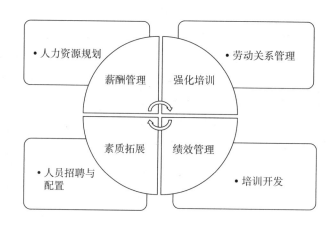

图 5－7　人本管理的要点

1. 严谨细致的工作作风

完善的企业管理制度和流程体系是企业有序管理的基础。员工的高效执行力，严格的公司制度和工作流程是企业稳步发展的核心。提前规划准备、贯彻执行、数据统计、分析总结是企业长久运营的诀窍。

2. 规范系统的学习型组织机制

员工一入职，企业就会根据岗位制订完善的培训计划。培训合格后，还会有师父带领计划，并不定期提供拓展培训。企业还会让管理人员进行轮岗，以提升管理人员的综合素质，开发管理人员的潜能，同时在轮职的过程中通过考察来挖掘人才。日本企业绝大多数的中高层管理人员都是从基层做起，一步一步提升的。

3. 注重团队精神和整体利益

在企业出现问题的时候，领导不是一味地将责任推卸给下属员工，而是所有人保持着互相帮一把、扶一把的态度，公司管理不是警察管犯人，而是要创造环境，创造出让员工尽情发挥其能力的工作环境和条件。

当今有太多企业管理的方法、工具及管理模式，这让很多企业管理者陷入困惑：到底该学习哪种管理模式？通过实地考察日本企业的管理及生产模式，可以更清晰地了解并掌握符合自己企业实际的有效管理模式。

第三节　战略协同创造

战略协同是指在长期目标、发展方向和资源分配的实施过程中，确定两个或多个业务单位管理战略，形成的技能和资源，通过沟通和交流，转移和共享核心竞争力，实现公司的整体业绩。

一、把握互联网变革因素

互联网的发展已经进入了下半场，传统企业正面临两大紧迫的任务：一是如何进行创新；二是如何进行组织变革。在"大众创业、万众创新"的时代，一个又一个传统行业正在被互联网以迅雷不及掩耳之势融合、重构、颠覆。

1. 互联网变革因素

传统企业只有尽快完成组织变革，才能适应快速变化的时代，抓住稍纵即逝的战略机遇，重新激发组织的活力。创新战略是所有传统企业的唯一战略，而组织变革则是创新的重要保障，创新战略与组织变革则需要呼吁企业家回归精神。创新与变革是互联网时代企业变革的必经之路，如表5-2所示。

表5-2　互联网变革主要因素

因素	重点内涵
创新	重新认识"创新"及"企业家精神"的深刻内涵
危机	理解"延续性创新"的窘境与"破坏性创新"的机遇
机遇	寻找创新机遇

续表

因素	重点内涵
策略	系统掌握创新战略
模式	通过演练初步掌握商业模式画布的实战技巧
组织	深刻认识指数型组织对组织变革的重要启示
人才	掌握塑造创新基因的技能
领导	领悟稻盛和夫的领导艺术与经营智慧

2. 把握消费领域的深刻变革

消费变革特别是服务消费的增长，对服务业的较快发展起着有力的引领作用。从部分发达国家的发展历程来看，服务消费占整个消费支出的比重将逐步超过商品消费的比重，呈持续上升趋势。未来，我国的服务消费仍有较大的潜力，对服务业发展的推动作用将继续增强。与此同时，商品消费升级换代及消费品市场不断细分，对制造业转型升级的引领作用也日益增强。当前，供应链下游基于互联网创新的新业态、新模式不断涌现，这一态势对上游制造研发环节提出了快速反应、精准营销等要求，此外，定制、众筹等新兴生产组织模式的不断涌现，亦将引发制造业以需求为导向、以信息为中枢、以柔性制造技术为基础的产业变革。

3. 组织变革中的战略风险控制

互联网转型是当前传统企业面临的重大组织变革，基于企业互联网转型的高风险和双重风险特征，企业对互联网转型的战略风险识别与控制机制进行探讨。企业互联网转型由突破组织惯性和形成新惯例两个阶段构成。企业面临的战略风险主要是模式、能力和资源的变异风险，企业通过组合变革、组合学习和组合重构形成风险控制机制，以降低在突破组织惯性过程中出现的风险。企业面临的战略风险主要是模式、能力和资源的适应风险，企业通过模式迭代匹配、能力迭代提升和资源迭代整合形成风险控制机制，以降低在形成新惯例过程中出现的风险。

专栏 5 - 4　　　　　抖音：记录美好生活

在过去的两年里，短视频产业的发展非常迅速。从曾经流传的"南抖音北快手"这句话足以看出，短视频是一种无年龄限制的、非区域性的全国性狂欢娱乐形式。而短视频作为一个新兴的热门产业，在未来还有很长的路要走。随着5G时代的到来，短视频有着非常乐观的成长前景。与此同时，AR、VR、无人机拍摄和全景拍摄等短视频拍摄技术也日益成熟，给观众带来了更好的视觉体验，有效推动了行业的发展。15秒碎片化娱乐，自动循环播放，高品质内容生态圈，未知惊喜，沉浸式体验，教科书式经典操作……从无人知晓到超过1亿用户，千万人每天生活在一起，抖音短视频如雨后春笋般出现并迅速发展。

一、公司简介

抖音是在2016年9月推出的。2017年11月10日，今日头条将10亿美元购买的北美音乐短视频社交平台与抖音合并。2018年3月19日，抖音将新口号定为"记录美好生活"。2018年6月，首批25家中央企业加入抖音。抖音是一款音乐创意短视频社交软件，是一个专注于青少年的15秒音乐短视频社区，用户可以通过该软件选择歌曲，拍摄15秒的音乐短片，形成自己的作品。抖音是一款社交软件，你可以通过录制短视频来分享你的生活，也可以在这里结识许多的朋友，看到各种有趣的故事。

二、精准产品定位，优质内容生态圈

抖音实质上是一个专注于年轻人的15秒音乐短视频社区，用户可以选择歌曲，配以短视频，形成自己的作品。它与小咖秀类似，但不同的是，抖音用户可以通过视频拍摄快慢、视频编辑、特效（反复、闪一下、慢镜头）等技术让视频更具创造性，而不是简单地对嘴型。抖音用户大多都是年轻人，配乐以电音、舞曲为主，视频分为两派：舞蹈派和创意派，共同的特点是都很有节奏感。而少数放着抒情音乐展示咖啡拉花技巧的用户，成了抖音圈的一股清流。截至2018年12月，抖音国内日活跃用户量已经突破2.5亿，国内月活跃用户量已经突破5亿。

关于产品的特色，抖音短视频的定位是音乐与潮流，在内容审核上把控相当严格，甚至通过签约高质量的网络红人、MCN以及挑战话题等手段保证其健康可持续的内容生态。抖音仰赖强大的"智能推荐算法＋人工精选"的内容推荐模式，对用户人群采取差异化的分析定位方法，利用个性的作品吸引相应的用户形成社群，重视用户与内容制造者以及粉丝之间的交流互动。抖音通过"PGC＋UGC"模式，使短视频内容更加丰富多彩，创意视频都是热门话题，如海草舞、嘟嘟姐及张嘉译走路姿势等，都受到了用户的强烈追捧。

在抖音社交平台上，用户可以找到与自己志趣相投的文化群体，在这个虚拟社区内，用户仿佛找到了组织，找到了归属感，可以在平台的群体归属感中实现身份的平等感，打破身份、地位和职业等限制。用户强烈的参与感会影响内容生产，一段优质的短视频会带来高关注量，点赞数、评论数和分享量也会逐渐增加，用户通过点赞和打赏这两种具有仪式感的形式来表现成就感，大量的点赞是对作品的肯定，能够激发创作者的热情，也会刺激创作者生产更加优质的内容，如图5-8所示。

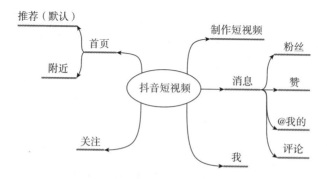

图5-8　抖音短视频社区化结构

三、从线上抖到线下，打造多个垂直 IP

抖音拥有专业的技术团队，负责运营和推广，其团队主要依靠移动智能来完成各个环节的视频剪辑，严格把控内容，其服务目的是为用户提供更好的拍摄技术和原创保护。该团队每周对内容进行筛选，从中挑选出一组视频并展示出来。2017年4月，抖音和网易云音乐实现资源共享，成功实现在线推广，提升了抖音的人气。此外，抖音还与《快乐大本营》《我想和你唱》和《中国有嘻哈》等知名综艺节目开展了合作，为抖音的推广提供了便利。在线下方面，2018年3月，在四川成都举办的《数你最抖》节目，起到很好的宣传定位作用，即青少年音乐视频社区。正是因为抖音，音乐的发行正在悄然改变。同时，抖音引发的音乐浪潮也影响了线下音乐消费，多元化的业务也为抖音带来了极大的推广效应，如图5-9所示。

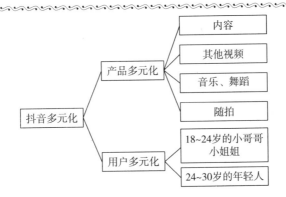

图5-9 抖音的多元化业务

　　抖音的崛起带动了新媒体产业和短视频产业的快速发展。现在，抖音短视频已经成为中国流行的原创短片分享平台。抖音强大的交流优势，会使越来越多的用户喜欢它，并爱上它。

　　资料来源：抖音官网，https://www.douyin.com。

二、构建四种战略协同创造能力

　　在日常管理工作中，协调能力等于管理能力。在企业管理中，良好的协作环境是企业发展的动力。协同创造能力也是衡量管理者管理能力的主要标准，主要包括四种能力，即企业动态能力、企业家战略能力、组织学习能力和持续创新能力。

　　1. 企业动态能力：企业战略弹性之本

　　企业的动态能力是指一个组织为了迅速获得市场上的产品，有效地把握不断变化的商业机会，不断建立、调整和重组因其内外部资源和智力而获得的竞争优势的弹性能力。企业可以利用 IT 技术、组织和管理资源获得竞争优势，还可以通过培育独特、灵活的能力，来满足用户和市场日趋增长的需求。

　　2. 企业家战略能力：企业持续发展之根

　　战略能力是企业家重要的基础能力，包括战略设计、定位、布局、执行、保障、升级和创新等。随着智能时代的降临，企业家摆脱了传统产业的固有思维，重新明确了企业的使命、愿景和价值观，使企业的管理机制和商业模式得以不断改进。只有企业家高度重视自身高端战略能力的提高和修炼，才能成为让员工看得见、悟得到、跟得紧、走得稳的旗手，共同带领组织走向新的发展高地。

3. 组织学习能力：企业持续竞争优势之源

组织学习能力是企业生存和发展的基础，也是企业持续竞争优势的源泉。在"互联网＋"时代下，企业在虚拟组织的支持下，增强以人本主义为核心的跨边界整合能力，提高组织学习和创新能力，将积极的外部资源转化为内部组织的动态管理学习能力，并结合组织的中期目标，构建核心竞争力，根据每个主体不同的需求，不断获取和吸收知识与信息，完善组织行为，提高组织应对网络市场需求的能力，提升企业核心竞争力，实现可持续发展。

4. 持续创新能力：企业超越竞争之力

互联网时代催生出了大量的虚拟组织，越来越多的组织开始重视持续创新能力，在知识共享、集成的创新平台模式下，企业通过互动式学习和知识创造来增加知识存量，使虚拟组织不断创新，促进以知识需求为目的的知识资源的分配和流动，进而促进企业的可持续创新能力。只有在虚拟组织中不断地共享、理解和存储知识，企业才能不断地获取、整合和应用知识，进而提高可持续创新能力。

第四节 "人力＋知识＋资本"的协同创造

人力资本、智力资本和知识资本不是孤立的，而是有许多的联系和相似之处。随着企业知识时代的发展，协调、管理、整合三者，并促进企业发展，是企业获得核心竞争力的关键因素，也是企业创造未来用户价值的强大动力。人力资本是知识资本的一部分，知识资本是人力资本的延伸。知识资本不仅涵盖了知识资本的内容，还包括企业组织体系、用户满意度、长期用户关系和商誉等。

一、数据"大拼盘"

科学技术和互联网的发展推动了大数据时代的到来，各种行业每天都会产生大量的数据片段，企业依靠云计算、云存储和虚拟化技术，对数据进行挖掘和处理。现代企业通过复杂的数据发现和分析用户未定义的行为习惯和爱好，找出满足用户需求的产品或服务，提高决策的准确性，降低运营成本。大数据技术的发展涉及了机器学习等诸多热点领域，人工智能已成为分析的核心技术，大数据定义的边界不断完善，各学科交叉融合，引领着大数据生态系统的发展。

1. 大数据共享和开放的大挑战

大数据生来就是对抗和消弭不确定性的，就是要把黑天鹅变成"白天鹅"。在商业领域，Google 的搜索服务就是一个典型的大数据运用案例，根据客户的需求，Google 会实时从全球海量的数字资源（或数字垃圾）中为用户快速找出最贴近的答案；再看看淘宝、腾讯，两家为了"生态王国"到处跑马圈地，为了数据和流量可谓是拼命之至，由此，可以看出数据俨然成为一种重要的资产。但是，在各家为了大数据你争我夺的时候，大数据的发展却陷入一个瓶颈。大数据犹如河水一般绵延不绝，自由流动，但是若遇山石阻碍，阻断了流通的路径，原有的水流则会蓄积，成为一个水潭，经历风吹日晒或山洪泥泞，就算不干涸也会变成一潭死水，毫无价值可言。这就是目前大数据发展所面临的问题。商业领域面对竞争需要，封闭数据交流也是情有可原，但是政府不同，作为大数据战略的制定者和维护者，反而成为这轮大数据风波的重灾区，其原因就在于三点，即流通不够、交易不够和利用不够。

2. 大数据协同战略：守护未来

中国工程院院士邬贺铨曾提到，在政府层面，需要设立大数据协同管理机构，促进政府部门间的数据共享，但是必须要健全大数据相关制度框架和制度体系。另外，需要进一步建立基础数据库，一方面要集中存储被共享的数据，另一方面进行清晰校验和整合，提供可以共享的目录，以便用户可以接入和收取这些数据。当然，还要规定访问的权限和进行灾备等。

协同创造的初衷就是聚合分散化和优良化的发展要素，强化系统性整合，改变产业或组织发展的无序状态，激活自组织行为，实现企业资源的自动匹配和精准合作，打破竞争的状态，转入竞合的佳境之中，实现协同发展，推动协同效应的产生。因此，利用协同创造理念来精确打击由竞争、观念或体质所造成的数据封锁线，实现大数据的共享和开放，包括政府部门之间的数据共享、跨行政区域政府间的信息共享、政府与企业间的数据合作和共享及企事业单位之间的数据共享等，是存在一定的合理性和实践性的。其具体的实施方案就是利用协同创造3.0 发展公式，锁定和连接"互联网＋人工智能"两端的数据来源，来协同大数据战略的制定。

二、知识"黏合剂"

在大数据的驱动下，企业逐渐意识到跨边界知识网络的复杂性，越来越多的企业将生态系统构建作为重要的运营战略，积极寻求知识网络拓展的可能性，主要从互惠共生、开放协同、生态网络和价值治理四个主要范畴展开。典型的生态系统有两种类型：一种是主导型生态系统，以苹果公司为代表，通过 iPhone、 iPad 等形成封闭的生态系统，用硬件产品带动内容消费；另一种是平台型生态系统，以阿里巴巴为代表，依托大数据技术，打造供应商、物流企业等多方参与的商业生态链，在跨边界知识网络拓展上保持领先优势。

1. 跨界知识整合

在新环境中整合多元化的知识尤为困难，因为不确定性会模糊个体的想法，以及个体间想法的相互关联性。只有当参与者愿意将其当前的知识转化为新知识，并促使其他人的知识发生转化融合、延伸及重构时，个体想法才会浮现并相互提炼，最终实现跨界知识的协同整合。专家们需要将自己对问题的看法告诉其他专家，并进行深入探讨，将自己的知识与其他人的知识相整合。如此，他们可以了解彼此的思维模式，及其隐含的问题解决路径，并获知其他人对每个解决方案的制约作用或重视程度。

2. 跨界知识团队组建

知识创新已成为决定企业发展前景的关键要素，并日益呈现出前瞻性、集成性和动态性的特点，而传统的以个人为基本单位的创新方式却对此无能为力。因此，寻找一种新型的团队运作方式就显得迫在眉睫，知识协同团队便应运而生。知识经济时代，知识协同团队已成为企业解决复杂创新问题和推动人与组织协同发展的重要组织形式，亦是跨界知识整合的运行载体。但是，在知识协同团队组建的过程中，不可避免地会面临知识异质性的阻碍。

知识多元化会通过影响团队的合作过程（信息交换、相互学习和磋商）来影响团队的创新能力。如果团队成员之间不进行争论，不协同知识多元化的优势，就会降低团队绩效。简而言之，如果没有协同多元化知识的创造性任务或商讨过程，多元化本身是无法产生绩效优势的。因而，协同跨界团队的组建显得尤为重要，其运行模式的确立将有益于知识协同团队的诞生。

对团队来说，较高的多元化程度会带来较强的创新能力，但仅仅实现专业知识的多元化并不足以提高团队绩效。与之相关的是常识效应（即在信息多元化的团队中，每个成员会主要考虑和协同所有人都知道的信息）。在工作中，即使独特性知识对于团队任务的完成至关重要，但是跨界团队成员往往会趋于讨论常识性知识，而非独特性知识。此外，与其他团队的人进行深入交谈需要具备较强的沟通能力，还要面临人际冲突。因此，跨界团队的成员必须适应特定的知识边界和合作情境，这是协同跨界团队组建的前提。若是企业要获得进一步的提升及升华，就必须加速跨越知识边界，通过自身智力资源的协同整合，与跨界团队进行磨合和融合，实现跨界团队间的协同发展。

专栏 5-5 **大象慧云：服务亿万企业的"互联网+税务"创新企业**

互联网的快速发展促进了社会各领域的创新和变革，使传统产业有了新的模式。与此同时，新兴产业不断涌现，给税务发展带来了新的问题。"互联网+税务"企业引进了大数据处理等先进技术和面向服务的架构，集成了纳税申报支付、发票业务、社保业务和涉税应用等业务功能。更多的税务机关突破了传统的思维、服务和管理模式，利用智能手机和无处不在的无线网络，构建了一个虚拟组织，满足了纳税人用手机处理各种涉税事项的需求，从"前台"到"网上"再到"掌上"，逐步进行涉税管理。

一、公司简介

大象慧云信息技术有限公司（简称"大象慧云"）是一家集税务大数据开发与应用、税务信息化业务和"互联网+税务"为一体的创新型互联网技术公司，于2016年，由航天信息股份有限公司与京东集团共同出资成立。大象慧云依靠航天信息在电子发票和发票管理业务解决方案上的技术优势，以及京东集团在电子发票应用和大数据领域的成熟操作经验，组成强大的联盟，资源共享，目标共担，努力打造集税务大数据开发和应用、税务信息化业务"互联网+税务"为一体的新服务模式，帮助各类用户实现安全、便捷、稳定和主动的税务信息服务。长期以来，大象慧云一直秉承"诚信、奋进、专业、务实"的服务理念，注重用户的体验，秉承创新精神和远大抱负，不断突破自我。公司将根据用户的需求，开发更适合用户、更有经验的产品或服务。

二、精准行业定位，实行多种解决方案

对于发票流转，发票使用者可直接在手机端自助完成发票开具并获取发票。大象慧云为发票使用者打造了PC端网络，移动端APP和微信公众号三位一体的发票管理解决方案，并运用互联网技术，为发票开具者和发票接收者搭建起发票电子发票便捷流转的桥梁。对于报销和进项管理解决方案方面，公司拥有完善的查验服务和预警机制，帮助企业更好地完善发票信息，实现对纸质化发票的数据提取和认证，并且提供批量查验的功能，提高企业的数据处理效率。如图5-10所示。

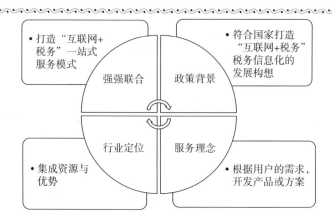

图 5-10　大象慧云的优势

公司的主要业务是数据处理。大象慧云擅长整合股东在电子发票、税控系统、电子商务与大数据等方面的资源和优势，集税务数据开发应用、税务信息化业务和"互联网＋税务"为一体，共同推进税务数据建设承担未来大数据应用的转型使命。公司在税务管理、发票流转、报销结算、项目管理等方面有独特的解决方案，为大型企业提供了一个全面的平台来处理税务相关业务和税务办公室相关业务，如分析、规划、监控和税务申报等，主要包括我的面板、业务管理、数据管理、业务管理和风险管理等功能模块，帮助企业建立全面的税务结构体系和专业的税务数据中心，实现全流程的税务管理，不断优化信息系统，实现高效的税务管理，为企业创造税务价值。

三、强强联合，打造"互联网＋税务"一站式服务模式

随着"互联网＋税务"的税务信息化理念的提出，互联网公司不断推进税务征信体系和社会信用体系建设，打造"互联网＋税务"品牌。大象慧云依托航天信息在发票全业务解决方案上的技术优势与京东集团在发票应用和技术上的优势，强强联合，打造"互联网＋税务"一站式服务模式，主要包括六大模块，分别是我的报销、发票、批量查验、进项、报销管理和企业综合运营管理平台，其中，"我的报销"可以通过互联网扫码、拍照等方式将数据共享，并一键拍照自动识别，获取发票信息，报销申请审批后，网络直接打印报销单。对于用户来说，公司创立的"我的发票"公众号，解决了广大用户发票开具难、管理难、报销难和查验难等问题，为个人提供发票增值服务和发票管理一体化服务。批量查验为用户提供方便的发票查验

服务，通过与扫描枪相结合，可以快速地将发票信息录入用户端，扫码完毕后统一提交至后台进行发票查验，接着进项管理系统会对增值税专用发票的采集、签收、认证、异常监控和逾期监控等流程进行管理，必要时可调用大象慧云报销 SDK，根据发票归集时所建立的对应关系将自身的发票选取并推送到企业报销系统中。最后，企业将数据信息汇总到一起，企业综合管理系统为用户提供便捷高效、实时可控的发票和税盘管理服务，主要包括发票管理、发票报表管理、税控设备管理及数据分析。如图 5-11 所示。

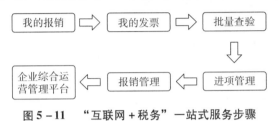

图 5-11 "互联网＋税务"一站式服务步骤

未来，人工智能、大数据和移动互联网等新技术，将进一步解放财税产业的生产力，而人工智能、大数据和区块链技术不但变革了"互联网＋智能财税"模式，还将对大象慧云的财税相关企业服务市场带来全新的诠释。

资料来源：大象慧云官网，http://www.dxyun.com。

三、资本"大派对"

中国经济已进入结构优化和产业转型的新常态，创新带动的发展已成为企业长期发展的动力。在互联网时代，资本市场进一步促进了互联网的发展和实体经济的发展，它是建立在数据融合、人工智能和国内资本市场积极拥抱新经济基础上的，通过现代信息技术、人工智能技术、新材料技术、虚拟经济和实体经济的有效结合，实现不同经济体的共享和发展。

第五节 文化协同之原力

文化协同是指管理者根据员工或用户的文化偏好，形成企业的战略、结构和管理的过程。文化协调为解决跨国经营中的文化冲突提供了新的途径。面对文化差异，我们应该整合行为差异和制度差异造成的文化差异，并将企业面临的多元文化转换为企业管理的资源和优势，解决文化冲突，给企业管理带来好处。

一、海底捞：文化"膳"的极致享受

海底捞的前身是一个四川的麻辣烫小店，如今已经发展成为在全国54个城市拥有177家直营店，7个大型现代化物流配送基地和一个原料生产基地，员工总数30000多人的火锅业巨头。海底捞的口味和其他火锅店没明显差别，让用户最为称赞的"变态"服务才是其成功的法宝。

众所周知，餐饮行业的工作强度大，重复单调，员工容易产生负面情绪，为什么海底捞的员工可以保持极高的服务热情，微笑的提供如此超乎预期的服务呢？这是因为，海底捞的核心并不是它表面的服务，而是渗透于企业经营的理念和文化，如一个巨大的磁铁和发动机吸引着员工努力工作。随着海底捞的成功，众多餐饮企业开始学习海底捞的经营模式，在服务上推陈出新，试图赶上，但从未超越。

1. 收获人心，营造家文化

海底捞是典型的餐饮连锁企业，服务业最需要的就是员工的管理，即收获人心。海底捞的企业文化，在于让每个员工都有共同的价值目标，形成合力共同前进发展。海底捞在用人方面运用的基础理念是人人生而平等，天赋人权，为员工创造公平公正的工作环境。新员工入职后会有员工培训，海底捞独特的师徒制，帮助员工尽快融入集体，这是海底捞贯彻的"第一线最重要"原则。海底捞对待员工细致入微，宿舍设施齐全，补贴政策也优于其他企业，对于这些生活于城市底层的劳动者来说，这个被服务的过程，提高了员工的自尊和自信。

2. 合理授权、适当激励

在海底捞，激励机制随处可见，充分体现了信任文化。海底捞的每个服务员都有打折、赠送菜品或免单的权力，相当于其他餐饮企业的经理角色。对于财权方面，100万元以下的项目由副总、财务总监和大区经理负责，大宗采购部长、工程部长和小区经理有30万元的签字权，店长有3万元的签字权。总裁只负责同意开设分店，而具体的选址、装修等工作，都由大区经理负责完成。充分的信任是海底捞又一文化特色。这种信任不仅让一线员工有了被尊重、被需要的感觉，也给他们带来了一种压力，让他们努力工作，规范自己的行为，不辜负这种莫大的信任。海底捞要征服用户的心，首先要征服员工的心，激发一线员工的热情。为此，海底捞给一线员工充分的授权，让他们有足够的灵活性可以在现场直接解决问题，提高工作效率。另外，海底捞的绩效考核与用户满意是一致的，评价标准不是营业额和利润，而是用户满意度。这样，为用户服务的理念不仅深深植根于人们的心中，而且为一线人员提供了足够的动力。海底捞通过有效的授权和激励，激发员工的自豪感和凝聚力，使员工对企业所有权感到自豪，并具有强烈的归属感，从而实现员工的价值，为用户创造价值。

3. 服务至上，用户至上

海底捞的"不正常"服务受到赞扬，贴心贴身的"超级服务"经常让人流连忘返。在等候区，用户可享用免费水果、小吃、棋牌、杂志、指甲油和擦鞋等服务。用餐过程中，海底捞会给用户分发围裙和热毛巾，给长发女性分发发夹和橡皮筋，给戴眼镜的用户分发眼镜布。

2017 年，海底捞的捕鼠事件引起了社会的广泛关注。海底捞立即关闭有问题的店铺，并发出道歉声明，该声明被称为"完美的声明，危机公关的教科书"。一个负责任的企业，总是能够保护好自己的员工。这样坦诚的企业，用人性化的管理和真诚的服务，最终赢得了公众的青睐。

二、重"心"出发：BAT 的责任之旅

目前，国内互联网市场上有三大巨头，即百度、阿里巴巴和腾讯。这三大巨头中的每家企业都有几家关系密切的小公司，它们各自在电子商务、媒体游戏、社交媒体、搜索门户和基于位置的服务方面规划自己的互联网布局。在风起云涌的中国商界，BAT 始终屹立不倒，以巨人之姿盘踞在各自的地盘，蚕食着互联网的大半江山，这样雄姿勃发的企业，其发展离不开人才。俗话说，小企业看老板，中企业看制度，大企业看文化，这样的大企业，它们的文化精髓又有何绝妙之处呢？

1. 百度：以"简单"为企业核心文化

百度的核心价值一直是"为人们获取信息提供最便捷的方式"，这也是百度生存的根本基础，其使命是"为互联网提供及时丰富的信息，为用户提供最佳的在线体验，改变人们的生活方式"。在百度企业，员工每天都保持着创业热情，公司逐步形成了容忍失败、鼓励创新、充分信任和平等沟通的核心价值观。百度倡导每一个百度人都要最大限度地利用资源，专注于事情的目标和结果，而不是奢侈的形式。精益求精是质量文化的基础。百度公司及其员工都具有不断追求进步和发展，不断总结过去，永无止境提升的优良品质。

过去不是未来。尽管我们的过去很辉煌，但我们仍然需要为明天争取更高的目标。容忍失败和鼓励创新是百度创新文化的基础。百度人可以从失败的经历中吸取教训，继续不断地尝试和探索，这是基于百度宽容的态度，给实验者提供改进的机会。充分信任和平等沟通是百度传播文化的基础。沟通永远是开放、直接和有效的，这样才能有务实和诚实的协同行动。在百度各级管理中，信任、责任和良好的沟通是正确决策的前提，每一个决策都是以务实的精神实施的。

2. 阿里巴巴：以"江湖"为企业核心文化

说到阿里巴巴，不得不提它的武侠文化。每一位入职的员工必须学会的一项武功便是倒立，这个传统乃马云开创，据他所言，倒立可以使员工的身体更加健康，思维保持清晰活跃，有利于员工创新，而且还能解除疲劳状态。这样的规定可谓别具一格，也渐渐地演变成了一种积极向上的企业文化。

马云，英语老师出身，热衷于学习西方文化，同时爱好阅读中国古典小说，欣赏武侠里的忠义精神，拥有中西合璧的意识，这种意识造就了他独特的气质。"六脉神剑"是他创立的企业文化的精髓，分别是用户第一、团队合作、拥抱变化、诚信、激情和敬业（见图 5 - 12）。

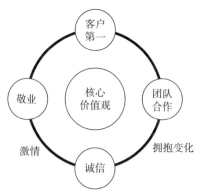

图 5 - 12　阿里巴巴的核心价值观

武侠文化中的正义感和团队精神，渗透到了公司员工的言行中，使其不断努力地创造企业价值。这种以中国传统文化和武术文化为基础的企业文化在创业初期具有很强的凝聚力和文化认同感。独特的"江湖花名"使员工能够与阿里高管共同展望未来，更好地融入公司文化，激发个人潜能和生存感。

3. 腾讯：以"内容"为企业核心文化

腾讯的企业文化就是低调奢华有内涵，以内容为王。马化腾本人低调做人高调做事，习惯埋头苦干，不喜夸夸其谈，也是如此要求手下员工的，他认为，只有拿业绩出来说话才是真本事；腾讯很注重员工的满意度，定期会进行满意度调查，了解民意，不断改进不足，完善办公环境及配套设施，制度分解到每个细节，让每一颗螺丝钉都能发挥长处，从而调动团队合作。此外，公司建立了很完善的员工培训体系，通过一系列的培养，快速满足公司对各种人才的需求；创新和应变能力的要求就一个字——快，反应迅速对于互联网行业来说，是最应该具备的素质。正是因为这种速度的存在，企业才能研发出让所有人都欲罢不能的产品，如微信、腾讯游戏等，从微信版本的更新速度就可看出团队研发的能力，在大部分人还没想到的时候，已经快人一步，抢得先机，给予用户超预期的惊喜般的体验。

专栏 5-6　　舍得：玩转跨界，为美好生活赋能

中国酿酒历史悠久，是世界上最早酿酒的国家之一。白酒是我国独特的蒸馏酒，具有悠久的历史和独特的民族文化内涵。目前，随着人民生活水平的不断提高，白酒的消费观念正在逐步转变，健康饮酒、合理饮酒的消费观念正在逐渐普及。在白酒消费的选择上，消费者的品牌意识和健康意识逐渐增强。专家认为，未来5年，白酒的市场规模将达到1万亿元，白酒企业正面临着新的增长动力，白酒行业迎来了新的发展机遇。作为"中国名酒"企业和川酒"六朵金花"之一，舍得酒业的"舍得之道"所蕴含的深厚文化内涵是当今任何一种酒都不可比拟的，其定位为第一文化酒的胆识和气魄，绝非其他品牌所能比拟。

一、公司简介

四川沱牌舍得酒业股份有限公司（以下简称"舍得酒业"）位于素有"观音之乡"、"诗酒之乡"美誉的千年酿酒之都——四川射洪。作为巴蜀的腹心，射洪是中国高端白酒的核心产区之一，是"中国名酒"企业之一，是四川白酒的"六朵金花"，也是2010年世界侏罗纪大会举办地。公司秉承"天地人和，润泽人间"的企业使命和"质量求真，为人求善，生活求美"的企业核心价值观，致力于实现"引领生态绿葡萄酒，打造中国食品安全标杆企业"的愿景，倾力打造了"实力沱牌，科技沱牌，绿色沱牌，生态沱牌，效率沱牌，和谐沱牌"。公司先后被评为"全国文明单位"、"全国环保先进单位"和首批"四川省工业生态园"，被授予全国"五一劳动奖"，有着"中国食品文化遗产"、"国家级非物质文化遗产"和"全国质量奖"等称号。

二、匠心打磨品质，文化赋能品牌

舍得酒业一直遵循匠心精神，提出生态酿酒的理念，打造了中国第一座白酒生态工业园。舍得白酒生态工业园是四川省首批工业旅游示范基地，其正在打造的中国首个白酒小镇也已显现雏形。工业园拥有650万平方米，绿化率达95%以上，拥有特别适宜酿酒微生物富集繁养的生态环境。未来，舍得酒业将坚持以生态酿酒，做环境友好型、质量效益型和资源节约型的企业，这也是舍得酒业追求白酒卓越品质的永恒坚守。

此外，公司一直在践行品牌文化赋能，打造了四大自主IP，推出了中国首个以酒为媒的大型诗乐舞剧——《大国芬芳》，立志走向世界，飘香全球；舍得艺术中心，将古老的中国智慧与现代工艺相结合，体现了一种诗意的艺术；舍得智慧讲堂，汇聚中外名家的思想精髓，向世界传递舍得智慧；正在兴建中的舍得博物馆，通过中国白酒的千年演绎，让外国看到中国白酒的过去、现在和未来。舍得酒业花费大量的心血和精力打造四大IP，是为了将酒与文化相结合，推动中国白酒走向世界。目前，《大国芬芳》已经成为中国白酒的一张文化名片。如图5-13所示。

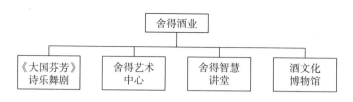

图 5-13　舍得酒业的四大 IP

三、以渠道为基础，消费驱动美好生活

2019年是舍得酒业发展的关键之年，公司以"传播中国白酒文化"为使命，推动了沱牌品牌及产品的全面升级。在品牌塑造上，舍得酒业推出了"舍得智慧名人说纪念酒"和"沱牌曲酒名酒复刻版"两款新品，唤醒了消费者的记忆，丰富了品牌文化的内涵。公司产品线清晰、价格带分明，以舍得系列为高端代表，聚焦次高端，沱牌定位区域大众白酒龙头，设置了多款培育性品牌，并进行了分事业部运作。舍得酒业以舍得品牌为突破口确立了"文化国酒"定位，完成了包括沱牌系列、沱小九、陶醉和吞之乎在内的品牌线布局及新产品矩阵的构建。在渠道模式方面，公司坚持渠道扁平化深度分销，渠道利润率合理，经销商及销售人员优胜劣汰奖惩分明。此外，公司还构建了万家联盟体店中店，提升了终端服务水平。舍得酒业在不断升级迎合消费者需求，以其舍得精神结合新中国发展的物质和精神产物，在为消费者持续创造价值时，公司的价值也得以体现，最终实现了品牌与消费者的价值统一。

舍得酒业针对此前长期重生产、轻营销导致的弊端，实施了"优化生产，颠覆营销"的战略方针。未来，舍得酒业将持续推进六大营销体系建设，即营销人才服务体系，构建中国高端白酒最具规模的人才服务体系；经销商支持体系，建立中国高端白酒最有竞争力的经销商支持体系；品牌传播体系，传播白酒文化，让中国智慧，全球共享；消费者培育体系，全面构建以增强用户体验为核心的消费者培育体系；渠道建设体系，提升终端管理水平，与主销渠道形成深度的合作关系；大数据营销体系，实施数据化精准营销，提升管理效率。

伴随着中国的高速发展，消费者对美好生活的需求更加迫切。白酒行业的消费升级趋势也愈加明显，未来，舍得酒业将不断满足用户对美好生活的向往，建立与用户沟通的全新模式，实现品牌与用户间的近距离互动，让用户与品牌产生共鸣。

资料来源：舍得酒业官网，http://www.tuopaishede.cn。

三、编织缺失的工匠精神：老工匠 vs. 新工匠

在新科技革命、工业4.0时代，标准化、机械化大生产越来越普遍地被应用于各行各业。尤其是在某些极其精密和复杂的领域，机器并不能完全替代人，只有依靠技术人员精湛的技艺，才能把世界闻名的"中国制造"提升为"优质制造"。而在这个过程中，中国工程制造的力量及其顶尖技术的确很好，但对于更多的中国制造业，如手机、冰箱等，我们仍然缺乏响当当的"中国名片"，这背后映射出来的是我国基础制造行业缺乏优秀技术人员的问题，即所谓的大国工匠的缺失。随着大型机械工业的发展，一些与现代生产有关的老技能和老工匠逐渐淡出人们的视野，但不可否认的是，工匠的精神在任何时代都不会消失。

北京大学经济学院教授董志勇曾将工匠精神概括为四个方面：精益求精、持之以恒、爱岗敬业和守正创新。精益求精是工匠精神最为称赞之处；持之以恒是工匠精神最为动人之处；爱岗敬业是工匠精神的力量源泉；守正创新彰显了工匠精神的时代气息。工匠精神是当今商业发展所欠缺的重要文化，更是协同文化这道全席宴上不可或缺的一道大菜。2016年6月，世界品牌实验室在北京发布了2017年（第十四届）《中国500最具价值品牌排行榜》，这份榜单的前十名除了有腾讯、阿里巴巴等互联网巨头，也有海尔、华为这些老牌传统企业，还有21年专注于插排制造的公牛。公牛集团在插座这个不起眼的行业里做出了自己的品牌，诠释了属于自己的"新工匠精神"。

极致地做产品就是工匠精神。产品是企业的阳面，管理和营销是企业的阴

面，它们的融汇调和了企业的阴阳。企业发展得顺风顺水的时候，是我们关注产品的时候，是产品供不应求的时候；等我们关心管理和营销的时候，就是公司发展慢下来的时候，毛利低的时候。很多企业都说自己的产品好，只是缺乏好的管理和营销，但要深究的话，就会发现，他们对管理和营销的恐慌来自于对产品的不自信。互联网代表着创新和颠覆，这是工匠精神所欠缺的重要元素，两者的协同融合是新工匠精神诞生的必由之路，也是工匠精神重回协同文化全席宴的重要途径。

【章末案例】　长川科技：工业心脏背后的"操纵者"

2019 年 5 月 8 日，浙江省半导体装备和材料创新联盟筹备会在长川科技大厦召开，由杭州长川科技股份有限公司和其他企业共同参与，共谋浙江省半导体装备和材料行业发展。集成电路属于工业的心脏，长川科技的整体业务主要围绕集成电路测试设备展开，公司始终坚持自主创新，为将长川科技打造成为国际一流的集成电路装备供应商而奋斗。长川科技一直专注于集成电路专用设备的研发、生产和销售，主要产品有 IC 测试机和分选机。经过多年的不断技术创新，公司已掌握了集成电路测试设备的核心技术，其主要产品已被长电科技、华天科技、通富微电、士兰微、华润微电子和日月光等多家一流集成电路企业使用和认可。公司最大的优势在于其用户服务精神，能够为用户提供最完美的产品，第一时间响应和解决用户需求。长川科技以"服务第一，销售第二"的服务理念为公司树立了良好的市场信誉。

一、公司介绍

杭州长川科技股份有限公司（以下简称"长川科技"）成立于 2008 年 4 月，位于杭州高新技术开发区，是集集成电路设备研发、生产和销售为一体，为集成电路电气参数测试提供生产平台和技术服务的高新技术企业。公司于 2017 年 4 月 17 日在深圳证券交易所创业板上市（股票代码：300604），成为中国集成电路封装行业的上市公司。公司主要业务包括集成电路测试仪、分选机等一般业务项目；计算机软件的技术开发、技术服务和成果转让；半导体设备、光学机械一体化产品。公司现有员工 500 余人，独立办公楼 3.4 万平方米。从芯片设计到芯片制造再到芯片包装，全产业链协同发展，长川科技是产业链中最重要的部分。

二、专注电路集成，打造国家高新技术企业

公司秉承"诚信、奋进、专业、务实"的服务理念，始终坚持自主创新，其核心技术均来源于自主研发，申报专利152项，授权发明专利106项，实用新型专利83项，计算机软件著作权47项。公司已被认定为国家级高新技术企业、省级重点企业研究院、省级高新技术企业研发中心和省"隐形冠军"企业等。其产品也获得了"浙江省优秀工业产品""杭州市科技进步奖"和"杭州市名牌产品"等荣誉称号。

三、合作伙伴：技术的助推器

在研发方面，公司非常重视研发团队的建设。研发人员占公司员工总数的30%以上，年研发投入约占销售额的18%，其技术在中国处于领先地位。承担了国家创新基金和国际学科项目、科技合作项目和省级重大科技项目等科研项目，已成为集成电路装备行业的技术龙头企业，被认定为高新技术企业和软件企业。

四、开展多元化产品服务，重视知识产权

长川科技自成立以来，一直根植于半导体设备行业，形成了检测系统和分选系统，并积累了大量的经验和技术。在开发过程中，企业利用专利、计算机软件著作权等手段保护自己的知识产权，深耕于分选机、试验机及自动化设备等领域，进而不断创新和发展。在测试系统中，CTA8200测试系统是一种性价比较高的集成电路测试仪，主要用来测试模拟电路，也可测量运算放大器、比较器、模拟开关、功率放大器、电机驱动器、霍尔器件、三端稳压器、DC–DC电源管理器、AC–DC电源管理器和锂电池保护电路等各类模拟电路。在自动分选系统中，分选系统主要分为三类：重力类产品、平移类产品和自动化类产品。目前，公司积极投资研发高端数模混合测试系统、电力设备测试系统和高端自动分选系统，产品已批量应用于中国多家包装检测工厂和设计公司，并受到用户的广泛好评。公司通过借鉴先进的设计理念和方法，走自主研发的道路，通过公司全体员工的不懈努力，不断提高公司的研发和生产，为用户提供高性价比的产品，不断加强与用户的沟通，将普通的业务关系发展成伙伴关系，为用户提供最完美的产品，并在第一时间响应和解决用户的需求，同时，加强整个产业链的质量管理，树立良好的市场口碑。

五、案例启示

长川科技致力于为每一位员工提供可持续发展的机会和空间，创造公平的竞争环境，为员工建立平台以提高能力，从而实现自我价值。

第一，融合多学科，协同发展。企业应积极培养高素质的专业技术人才，采用校企对接的人才建设方式，加快产学研合作步伐。在分析公司自主研发的产品和设备运行原理的基础上，了解科研人员的现状，重点投资和培养一定的学科，同时注重集成电路及电子设备人员的培养，以及与战略合作伙伴的深入互动。

第二，实施有效的人才战略规划，提升整体素质。长川科技应实施有效的人才战略规划，完善相应的处罚措施，提高优秀人才的奖励，从物质、精神等方面完善奖励的标准和内容，提高人才的积极性。此外，公司通过人才激励机制，保持和提高了人才的旺盛创新活力和发展潜力，并建立了良好的继续教育培训体系，包括职业生涯规划、内部培训、外部培训等，使企业的每一位员工都肩负起培训的责任。

第三，借助互联网思维，打造科技创新平台。公司致力于自主研发垂直互联网专业平台，旨在提高企业的自主创新能力，并推进科技创新平台建设。公司以综合性科技创新平台为主导，结合科技孵化平台、产业研发平台和企业研发平台，初步实现了构建科技创新平台的目标，借助供应链金融和线下专业团队，大力推进科技创新平台建设，构建具有企业特色的现代经济体系，使创新真正成为引领发展的第一动力。

资料来源：

（1）长川科技官网，http：//www.hzcctech.com.

（2）《长川科技：国家重金搭建半导体产业链，他将率先分到一杯羹》，http：//www.myzaker.com/article/59f15d721bc8e0c316000015.

（3）《长川科技赵轶：工业心脏背后的"操纵者"》，http：//www.p5w.net/qjsxy/yjzbr/201704/t20170419_1765485.htm.

第六章 生态组织，共享未来

开篇小语： 现代管理学之父彼得·德鲁克曾说："管理是一种赋予机构以生命的、能动的、动态的组织，其主要任务就是建立能顺利运转的组织。"并指出，"你不可能只雇用一双手，你雇用的一定是整个人"，说到底，管理就是对人的管理。而"阴阳调和""奇正相生""刚柔相济"和"天人合一"的协同管理是兼具人性管理和企业管理的最好的管理模式之一，是企业管理智慧的真实体现，也是加速企业从"智能"到"智慧"，进而建立差异化的竞争优势的必由之路。在互联网新时代，入口流量已不再是检验企业成功与否的唯一标准，企业对产业链、人才、资本以及技术等相关资源的整合能力才是最重要的。因此，互联互通、协同发展和融合创新也顺理成章地成为这一时期最显著的特征。

坚持聚焦战略机会点上构筑持续领先的优势，争夺世界战略高地。我们决不能妥协，一定要胜利，除了胜利，我们没有其他路可以走。

——任正非

【开章案例】 商汤科技：人工智能产业化引领者

2019年5月15日，商汤科技以"大爱［AI］无疆"为主题召开了第二届人工智能峰会，现场发布了一系列创新的人工智能产品及解决方案，覆盖了智慧城市、智慧健康、智慧零售、教育及AR五大领域，旨在将领先的人工智能技术赋能不同产业，从基础改变世界，普惠人们的生活。此次峰会上，商汤科技发布了五大行业解决方案，覆盖了惠及民生的多个方面，从出行到购物，从求学到求医，以及互动娱乐等，通过领先的人工智能技术，打造平台型解决方案，构建产业生态，推动行业创新和发展。商汤科技通过新产品的发布，将大力推动人工智能技术的普及，从基础上改变人们的生活方式，让你我身边的街道、商店、医院、学校、楼宇等各种场景都可见到人工智能的身影，使更多的人享受健康、安全、便利和高效的生活。商汤科技始终坚持原创技术，致力于引领人工智能的发展，让AI从基础改变世界。

一、公司介绍

北京市商汤科技开发有限公司（以下简称"商汤科技"）成立于2014年11月14日，是一家专业从事计算机视觉和深度学习的创新科技公司，提供人脸识别、语音技术、字符识别和人脸识别等服务及一系列人工智能产品和解决方案，帮助各行各业的用户构建智能商务系统。

作为世界领先的人工智能平台公司，商汤科技被中国科技部授予"智能视觉国家新一代人工智能开放创新平台"的称号。同时，商汤科技也是世界知名的人工智能创新企业，其融资和估值总额领先于业界，其使命是"坚持原创，让AI引领人类进步"。公司自主研发并建立了世界领先的深度学习平台和超级计算中心，推出了人脸识别、图像识别、文本识别、医学图像识别和视频分析等一系列先进的人工智能技术，已经成为中国人工智能算法的主要提供商。商汤科技在许多垂直行业的市场份额居于首位，包括智能城市、智能手机、互联网娱乐以及广告、汽车、金融、零售、教育、房地产和其他行业。目前，商场科技已与美国麻省理工学院、高通、英伟达、本田、SNOW、阿里巴巴、苏宁、中国移动、OPPO、vivo、小米、微博、万科和融创等700多家国内外知名企事业单位建立了合作关系。

二、踏上爆发的快车道：实现"1＋1＋X"业务模式

AlphaGo在2016年击败韩国围棋大师李世石，引爆了中国人工智能热潮，大量资本投入到人工智能公司。商汤科技的业务团队在2016年下半年实施扩张，公司的收入增长，价值上升到10亿美元。2017年，商汤科技已经完成了厚朴投资、银湖投资和阿里巴巴的巨额融资，其业务涵盖了自动驾驶、金融业、手机等行业。在这些行业中，传感技术是重点，计算机领域已成为人们关注的热点。在大数据和深度学习技术的推动下，商汤科技在以计算机视觉和语音识别为代表的感知智能方面取得了长足的进步，在安全、汽车和金融等领域取得了显著的应用效果。

商汤科技的业务模型为"1＋1＋X"模式，其中第一个"1"代表研发，第二个"1"代表技术产业化，"X"代表赋能各个行业合作伙伴。商汤科技的主要业务是将计算机视觉技术授权给各行各业，包括安防、金融、机器人、政府大数据分析和虚拟增强现实等。人工智能项目团队的技术实力是公司技术融资不可或缺的条件。一流的人才队伍和计算机视觉技术储备已成为投资者最重要的依据。未来，商汤科技将继续以"平台化"为科技战略方向，

不断在人工智能领域作出投资。商汤科技不仅是一家人脸识别公司，更是一家拥有独创技术、国际布局、战略投资团队的人工智能平台公司。

三、打造智慧城市全场景的 AI 新视界

作为人工智能领域无可争议的独角兽企业，商汤科技积极探索"AI＋城市"的最大可能性。商汤科技的战略规划是建设智慧城市的人工智能基础设施，勾勒出"AI＋城市"在整个应用场景中的精彩画面。公司的产品和服务涉及智慧安防、智慧交通、智慧地产、智能设备、运营商、遥感和视频大数据等领域。

Sense Foundry 方舟城市级开放视觉平台是商汤科技智慧城市视觉中枢系统的核心，该平台以商汤科技原创深度学习算法为核心，采用 SOA 与微服务架构设计，支持人脸识别和分析，可支撑上层应用的实时黑名单布控、轨迹还原等业务，是定位于可扩展至十万路级别视图源、千亿级别非结构化特征和结构化信息融合处理和分析的开放视觉赋能平台。在智能手机方面，基于深度学习算法与大量的数据积累，Sense AR 为智能终端实现人脸解锁、人脸支付、AR 特效、双摄虚化、智能相册、人像光效、手势识别等功能方案；在智能汽车方面，Sense Drive 引领自动驾驶领域的高速爆发，通过人工智能算法，视觉感知技术，实现车道偏离预警、前车碰撞预警和行人检测等功能，打造新一代交通方式；在医疗方面，领先的 AI 医疗和医学图像可视化技术，为临床疾病的诊断、治疗、康复环节提供全方位的智慧解决方案；在商业零售上，Sense Go 是商汤科技基于计算机视觉技术专为零售行业打造的智能化解决方案。通过 AI 技术将线下消费场景数据化，直观地反映人、货、场的关系，为零售企业的精细化运营和精准营销提供智能化指导；在教育方面，Sense Hello SE 针对新高考走班教学的需求，提供基于人脸识别的课堂签到服务，实现毫秒级签到，可以灵活地随时随地自定义签到任务，同时可以用于考场签到、会场签到、培训签到等，使工作变得高效便捷。

四、坚持原创，掌握核心技术

商汤科技坚持创新，其核心技术均为自主研发，其使命是"坚持原则，让 AI 引领人类进步"，强调"坚持原创"是因为商汤科技的核心技术均为自主研发，公司信息只有原创的技术才具有持续更新、持续发展的能力，才能创造真正的价值；强调"让 AI 引领人类进步"，是因为人工智能是人类智能的延伸，研究人工智能的最终目的是造福人类，商汤科技通过对人工智能

技术，特别是对计算机视觉和深度学习技术的研究和应用，增强人类视觉体验，提高生产效率，为人们生活带来便利，并激发人类的创造力，给人们带来快乐、灵感和激励。

商汤科技以原创技术体系为根基，以深度学习平台为核心"大脑"，快速打通 AI 在各个垂直场景中的应用。公司利用企业自主研发建设的大规模 AI 超算平台，集合多种存储后端，针对 AI 应用特点进行专门的优化，支持海量数据高速读写，采用 InfiniBand 高速网络互连，轻量级虚拟化，提供强劲的计算能力支持。其自主研发的原创 AI 训练框架 SenceParrots，拥有自主知识产权和完整技术线，支持动态图大规模并发训练。在整体上达到业内领先水平，大幅度提高 AI 技术的研发和部署效率，拓宽了应用边界。此外，企业还拥有多项核心技术能力，包括人脸与人体分析技术，通用与专业图像识别技术，视频指纹算法技术、图像处理技术和医学图像分析技术等，涉及人们生活的各大方面。商汤科技拥有四大核心技术能力，分别为人工智能计算平台、自研训练框架、AI 高性能存储和高性能异构计算。

五、结论与启示

商汤科技时刻把握时代的前沿。人工智能作为前沿技术领域，不同于互联网消费领域的原因在于，其市场大、壁垒强，技术的先进性和成熟度决定了产品的商业化程度和市场竞争力。正如商汤科技创始人汤晓鸥所述："商汤就要跟别人不一样，敢于不一样。我们公司的核心理念就是，要做以前别人没有做过的事情，做别人想不到的事情。"

第一，战略合作，打造人工智能商业生态圈。商汤科技将自己的角色定位为"卖人工智能领域的乐高积木"的人工智能的平台性企业，将市场里的行业细分，解决用户的问题，同时与合作伙伴展开战略合作，推动人工智能在多个领域的场景应用。如苏宁和商汤科技展开战略合作，共同开拓全新业务场景与模式，将商汤科技的技术与苏宁智慧零售大脑结合，共同打造人工智能零售商业生态圈。

第二，创新人工智能技术，人工智能与产业相协同。商汤科技是被中国科技部授予"智能视觉国家新一代人工智能开放创新平台"称号的企业。商汤科技在打造智慧城市的过程中，融合了多个产业，包括互娱广告、汽车、金融、机场与交通枢纽、智慧零售、教育、机器人等十几个行业。人工智能和城市的结合，是一个典型的场景，城市是所用人工智能应用对象里最具代表性和综合性的。商汤科技建立了深度学习平台，这样的平台所承载的计算资源和数据资源一定是产业化的。商汤科技最初的注意力集中于 AI 产品，后来希望将 AI 做成产业，利用 AI 来赋能公司，赋能行业，在多个垂直领域的市场继续保持领先优势。

第三，进行智能制造，推动数字化转型。企业需进一步加强创新能力，深化模式创新能力，强化科技创新水平，切实提高电商企业科技含金量，推动产业转型升级，提质增效，同时在制造中抢抓机遇，推动数字经济发展，进一步发挥优势，直面各项挑战，以创新推动电商的数字化转型与发展。

资料来源：
（1）商汤科技官网，https：//www. sensetime. com.
（2）王雷生，王攀. 商汤科技：AI 登陆战［J］. 中国企业家，2017（19）：59 - 65.
（3）《算法、平台、场景三连击，看商汤如何渗透智慧城市》，http：//www. 360doc. com/content/19/0121/09/58079549_ 810324178. shtml.

第一节 协同创造：入局和破局的"洪荒之力"

随着云计算、大数据、智能终端、移动互联网和人工智能等新兴技术的成熟，以人为本的协同创造时代已经到来。在新的经济常态下，网络和分享经济已成为中国未来经济发展的新动力。产品和服务不断创新，促进了智能化和网络化发展。工作不仅是人与人之间的工作，而且是设备、制度和以人为本的组织管理的核心。它能推动组织间人、信息、资源和环境的协调发展，促进组织战略目标的实现和进步。这些协同创造理论和技术将在移动互联网、认知计算、人工智能、大数据和人机智能等领域的突破性进展中不断拓展和深化。

一、发现：消费升级下的私人定制

现在互联网的发展已经重新定义了商业模式，从研究生产与消费的关系，到私人定制，消费模式不断升级，用户的需求不断升级。随着 3D 打印技术的发展，私人定制终将成为互联网的下一次革命。互联网下的企业，逐渐从传统营销模式中突出重围，以高端私人定制模式作为其突破重点，为用户打造全新的消费体验。

1. 消费升级激荡出行业的蓝海市场
顾名思义，定制是一种定制产品。当然，定制的类型并不局限于产品，服务和技术也可以通过定制的方式实现。无论是化妆、旅游、家具和教育，还是其他在生活的方方面面，定制化都越来越流行。用户之间是存在客观差异的，基于他们不同的需求和爱好，企业在设计和生产产品之前，要让用户主动做出选择，私人定制的核心就是为用户打造独一无二的体验。

2016年后，互联网的逆春寒效应似乎没有减退，蜜桃网、神奇百货、美味七七、博湃养车等明星企业纷纷打道回府，回归"混沌"；老牌互联网企业似乎也不是一帆风顺，如京东到家业务掉入了"伪需求"的坑，客户难寻，变现困难，万般无奈之下京东将其关闭，重新考量市场需求。国外的明星企业也无法独善其身，融资10亿、用户千万也难逃灭顶之灾，如可再生能源领域的KIOR、在线支付领域的Powa Technologies和可燃电池领域的Lilliputian Sysestems等已经成功开辟了蓝海市场，距离成为独角兽企业也只差临门一脚，但仍未逃脱被强行洗牌的命运，十足让人不解和惋惜。

身处蓝海市场的企业本来是应该大有作为的，但在新能源、新金融和新科技等领域企业却屡屡失误、错漏百出，甚至流产覆灭，原因何在？是蓝海理论要被颠覆吗？非也！红海和蓝海其实也是相互转化、互为因果的，不能厚此薄彼，就像太平洋中的海水和大西洋中的海水一样，彼此是相互包含、循环流动的，是促成整个海洋生态有序运行的基础。因此，企业无论身处蓝海还是红海，都不必得意或沮丧，关键是把握好红海和蓝海市场的协同创造，充分利用红蓝两个市场的资源要素，实现多元协同的业务新格局，积极拓展共享价值空间，化不利环境为有利条件，稳扎稳打，这样必能实现老树发新枝或杠上开花。

2. 私人定制：蓝海市场的细分

私人定制所形成的蓝海市场其实只是传统市场的一个细分市场，传统市场的竞争为定制家具提供了充足的准备和基础，而且，市场的竞争态势越激烈私人定制的竞争优势就越明显。例如，由于家居建材本身极其分散，单品类家具品牌市场占有率逐渐趋于饱和，部分家具制造品牌如宜华生活（股票代码：600978）、德尔未来（证交所：002631）和大亚圣象（证交所：000910）等，营业收入自2013年起连续4年出现下滑，家具制造业陷入发展瓶颈，已经进入红海市场。从国家统计局公布的2016年家具行业整体运营数据来看，虽然家居制造业的主营业务收入都在稳步增长，但家具行业的营业收入增速却逐年放缓，中国家具业已然告别"暴涨"时代，步入稳定新常态阶段。定制家居业的年均复合增长率为33.2%，其火爆程度是传统家居制造业可望而不可即的。伴随着消费升级对个性化需求的增加，"定制热"走红整个家具建材市场，定制家居品牌频繁上市，也多次登上舆论之巅。欧派家居、尚品宅配作为定制家居新秀，市值远超索菲亚、好莱客和兔宝宝等行业元老。

中国有很好的制造基础，只要把互联网应用到车间，把车间信息化，智能制造便能快速来临。当家具完全实现个性化、规模化生产的时候，一定会引起零售的改变，因为新制造就是未来。持续增强创新研发能力，依托企业目前的资源进一步深化改革，统筹资源，融入新时代基因，保持创新发展常态是企业发展过程中不可忽视的条件。只有如此，企业才能立于不败之地，既可以深耕蓝海市场，又能储备能量去发现下一个成长风口，即新消费、新模式及新技术。

专栏 6 - 1　　　　新石器：无人驾驶，全球送达

无人驾驶产业将是我国对美欧日等传统汽车大国实现变道超车的重要领域。我国无人驾驶产业需求巨大，规模增长快速，但是人才缺口和尚不完善的法律制约了产业的发展。无人驾驶产业改变了就业结构，促使了我国行政法律制度的完善，同时也对人类的身体机能、现有交通秩序和网络安全等方面提出了新的挑战。新石器致力于引领L4级自动驾驶技术在商用车领域的应用落地，打造一流的自动驾驶公司。公司秉承"阳光、责任、共享共担、拥抱变化"的理念，在无人驾驶汽车领域开拓了自身的一片天地。

一、公司简介

新石器慧通（北京）科技有限公司（以下简称"新石器"）于2018年2月正式成立。2019年，新石器完成了云启资本领投，耀途资本跟投的逾亿元A轮融资，并建立了全球首座L4级无人车智造基地的新石器常州智造工厂，率先完成了L4级无人车产品商业化落地和规模化交付。2019年，公司正式入驻由清华大学与西安高新区共建的交叉信息核心技术研究院，成立无人车研发中心，同时与西安市及航天基地签订国内最大无人车订单，并于同年6月陆续交付100辆无人车产品，并投入正式运行。无人机服务平台有三个，即车联网运营平台、无人车零售平台和远程驾驶平台。公司围绕车辆配置、行车安全和物资管理等方面，形成了完善的大数据智能系统。

二、重构智慧城市物流，满足多用途多场景

新石器致力于重构智慧城市物流基础设施，凭借十余年打造物流行业智能硬件经验，融合车规级产品化能力，率先以L4级无人车为载体，借车联

网之力，创造出智能时代的新物种。无人车通过RTK和IMU组合惯导技术，结合厘米级的高精度地图，实现任意点到点的全局规划，自动识别障碍物，利用智能防碰撞系统实时监测周围情况，实现及时紧急制动。新石器无人车是面向未来、可移动的智能终端，旗下拥有四个产品类型：零售型、快递型、运输型和安防型。新石器无人车的模块化智能货箱，满足了用户多用途多场景的多元需求。如图6-1所示。

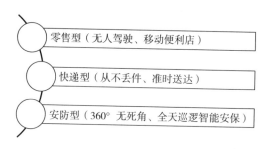

图6-1 新石器无人车多功能模块

三、探索商业化，携手合作伙伴

在2018年百度人工智能开发者大会上，百度推出了名为"新石器"无人驾驶物流车。7月，美团无人配送开放平台发布，新石器与美团合作开发了全新的无人物流概念车。新石器的合作伙伴提供基本的资源和物资，新石器专门负责车辆的开发和运营，并已成为物流领域无人驾驶车辆的主要开发和运营商。

商业化落地一直都是自动驾驶行业最头疼的事，因为传感器、计算设备和通信网络的产业链还不成熟，未来3~5年内只能支持L4级自动驾驶在简单、低速的环境下做大规模运营。与掌握乘客"生杀大权"的自动驾驶乘用车相比，无人驾驶卡车直接避开了用户和市场的关注，节省了等待市场成熟所消耗的时间，技术落地更快。

L4级短途商用无人车是从2015年底开始研制的。2017年底，新石器团队调整战略方向，重新定位为物流领域的自动驾驶公司。公司已在雄安新区、博览园、朝阳公园等地部署运营新石器无人驾驶汽车。新石器致力于与百度、菜鸟、美团等国内外合作伙伴合作，共同探索无人机的大规模商业化落地，并与车和家、百度建立战略合作伙伴关系。

> 自动驾驶技术不断发展和成熟，未来将占据巨大的市场空间。现在，许多公司正在开发和测试无人驾驶汽车，可以肯定地说，无人驾驶汽车将是未来。新石器将继续深耕于无人驾驶汽车领域，自主开发技术，实现突破和自我实现。

> 资料来源：新石器官网，http://www.neolix.cn。

二、创新：不只是创业

创新在经济和社会领域生产、吸收和开发新的增值产品，更新和扩大产品、服务和市场，发展新的生产方法，建立新的管理制度。这既是一个过程，也是一个结果。创新是指不同于一般人或普通人的思维观念。只有以现有的知识和材料为指导，在一个特定的环境中，本着理想化需要或为满足社会的需要，我们才能改进或创造新的事物、新的方法、新的元素和新的环境，以取得良好的结果。

1. 创新创业创造风口

"互联网+人工智能"科技改变了人的生活方式，更改变了社会资源的传统配置方式。"泛爱众而亲仁""己欲达而达人"这千年家国情怀传承下的中国心和中国魂，随着企业固有边界的打破，普惠思维和协同意识逐渐成为主流。

分享经济持续加速，共享经济崭露头角。协同创业是对分享经济和共享经济的充分洞察与应用，是以核心自主技术研发团队持续开发运营的"普惠主义+信任价值沉淀+协同分享消费+WE众"为一体的友好型商业生态平台。"WE众"创业通过协同平台打通资源、用户、市场和服务的交互与融合，拓宽网络经济边界，重塑消费价值空间，改变社会规范与群体性合作及个体生产生活方式，激发合作意愿，促进产销融合，让每一位创业者获得了更便捷、生态、智能、价值持续输出的新商态协同创业方式。

2. "WE众"创业

"WE众"创业是以人为中心的新的连接方式，新的关系模式，新的创业结构及其规则，使大众积极参与跨界融合，协同创新创造。概括地说，众包（汇众力创新业）、众筹（汇众资促发展）、众挖（利用人的认知和大众间的交互，融合计算机存储对大数据进行挖掘）、众扶（汇众能助创业）、众创（汇众智搞创新，通过创业创新平台集聚社会资源，形成大众创造、释放众智的新局面）、众智（一人之智，不如众人之愚，强调大众智慧，大众协作）、众设（大众参与设计），再加上交互、分享和协同，就可能获得"WE众"创业，实现生态优化，借助互联网与平台，进行新的创业合作。协同创造，让每一个个体的创意、创新和创造的能动性与活力充分释放！

创新是创业的基础。没有创新，创业就像没有水源的水，没有根，没有活力。创业是创新的载体和形式，创新和科研力量是创业的根本支撑。创新促进创业，创业依赖创新，二者相辅相成，相互制约，是一个不可分割的辩证统一体。

专栏6-2　　百度人才智库：大数据智能人才化管理

随着互联网产业的快速发展，我国本土的高科技企业在人力资源管理方面面临着许多共同的挑战。就百度而言，"招最好的人，给最大的空间，看最后的结果，让优秀人才脱颖而出"是公司一贯的人才理念，但什么是最好，什么是优秀，如何来评价结果？传统的人才管理主要依靠经验判断和简单的统计分析，在与员工的日常沟通中，可能会出现缺乏及时关注和全面理解等问题。自2015年以来，国内首套基于大数据的智能化人才管理综合解决方案诞生。自百度实施智能人才管理以来，不仅大大提高了人力资源部门的工作效率和准确性，而且在人才选拔与匹配、舆论控制和人才保留率预测等方面也取得了创新突破。

一、公司简介

百度人才智库成立于2015年。经过多年开放创新的"工程师"企业文化积累、强大的搜索功能开发、"三库"建设，百度已成为大数据智能人才管理的领跑者和先行者，在人才流动迅速、竞争激烈的高新技术产业中保持着较强的竞争力。人力资源管理的人工智能是一片蓝海，其市场价值已超过200亿美元。

二、立足管理痛点，用大数据分析为智能决策提供支持

百度相信技术可以改变世界。为了释放顶尖人才管理技术的能量，世界一流的人工智能和数据挖掘专家、ACM杰出的科学家熊辉教授，带领着同样资深的TIC团队成员，基于百度人才管理的痛点，使用世界领先的大数据分析技术，为百度人才管理提供了科学的分析工具和智能决策支持。百度拥有强大的大型数据挖掘团队，充分了解人力资源业务，利用内

外部 ERP 系统和舆情系统数据，从科学的角度，定量分析和把握人才，如图 6－2 所示。

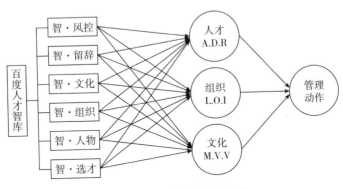

图 6－2　百度人才智库系统

三、场景入手：提供人才管理综合解决方案

TIC 团队从商业场景出发，与不同背景的人才管理专家和百度员工进行沟通，创造并提供了中国第一套智能化的人才管理综合解决方案。通过 TIC 科学的理论模型，百度可以从人才、组织和文化三个方面，更加量化、客观地实践"让优秀人才脱颖而出"的人才管理理念。TIC 开发的智能人才管理系统主要从人才、组织和文化三个方面进行工作，包括智·风控、智·留辞、智·文化、智·选才、智·组织和智·人物六大功能模块。在人才方面，TIC 可以帮助企业大幅提高招聘效率，科学识别优秀管理者和人才的潜力，预测员工的离职意向和离职后的影响，为有针对性的人才获取、培训和保留提供智能支持。在组织方面，TIC 可以科学地评估组织的稳定性，通过分析部门的活力、人才结构和行业圈，揭示组织间人才流动的规律，并为组织的优化和调整、有效的人才激励和促进人才流动提供智能化的支持。在文化方面，TIC 可以及时呈现组织内外的舆情热点，智能地分析外部人才市场的情况，为管理者提高公司的声誉，提升员工的士气，提供智能决策支持，并制定公司相关工作的文化策略。如图 6－3 所示。

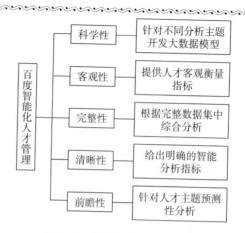

图 6-3 百度智能化人才管理

未来，随着 TIC 智能人才管理系统的不断成熟和完善，它也可以在云端应用，更好地帮助百度等企业进行智能人才管理转型。

资料来源：百度官网，https：//www.baidu.com。

三、最痛的爱：5G 市场"饕餮盛宴"

2019 年 6 月 6 日，工信部向中国电信、中国移动、中国联通和中国广播电视颁发了 5G 商业牌照，这标志着 5G 网络建设结束实验阶段，正式进入我们的生活，中国将进入 5G 时代。5G 应用场景聚焦于智能医疗、智慧教育、智能建筑、虹口足球场、智能社区、无人机巡航、城市安全、城市管理、金融服务和文创体育十大领域。5G 市场前景广阔，通信是 5G 最基本的应用场景。在金融、医疗等诸多领域，通过人工智能计算平台构建的 5G，是低延迟、大带宽的"城市大脑"，有效地加快了"城市大脑"的神经反馈速度。

1. 5G 时代下的协同创新是未来的大势所趋

5G 产业联盟以信息共享、协同创新、产业促进、产业交流和联合推广为核心，在智能制造、智能政务、数字化校园和便捷服务等领域大力推广 5G 技术，深入不同行业，增强行业实力。5G 仅是一项基础设施，只有与人工智能技术等大数据相结合，才能进一步改变社会。网络驱动、应用驱动规模和平台驱动效应是 5G 发展的三大战略，其中，"平台 + 生态"对技术推进尤为重要，如"5G + AI"可以和各行各业深度融合，通过与工业生态学、研究所、运营商和解决方案提供商合作，搭建平台，协同创新，找到技术与商业的交叉，形成一个更加完整的技术体系。

2. "5G + AI" 将如何改变生活

AIoT 就是 "AI + IoT"，就是融合了人工智能技术的物联网，我们可以把它叫智联网，能推动万物互联。相比较一般物联网，AIoT 增加了很多的内容，除了有一般的 AIoT 模块外，它还引入了 AI 的芯片与开发框架、运用端的开发工具及面向终端设备的开发平台和 AIoT 的操作系统。5G 的增强移动宽带、高可靠、低时延、广覆盖和大连接及与边缘计算的结合，使得 AI 与 IoT 融为一体。在 5G 时代，不仅车和车之间可以进行信息交互，车和道路、信号灯、传感器以及停车场也可以实现信息交互，这样可以真正实现车路协同和万物互联。在这样的场景下，我们可以把这些信息全部上传到云端，实现多个路口或者跨区域协同的调度，真正实现全局最优，也可以给城市交通和管理提供新的技术解决方案。

第二节　新时代：人才与数据大格局

随着大数据的发展，从国防、金融到物流、医疗、交通等大数据的定义越来越广泛。大数据不仅给企业带来了巨大的商业价值，也改变了传统企业的商业模式。大数据时代对人才的素质提出了越来越高的要求，因为数据处理越来越复杂，数据人才的竞争也越来越激烈。目前，企业主要需要两类大数据人才，一是数据平台建设人才，二是数据挖掘应用人才。大数据应结合应用反映其价值，例如，推动大数据技术在金融、气象、行政等领域的应用，推动基于大数据技术的个人信贷和医疗保健等。

一、产业互联网：协同与分享

过去所认识的互联网，是以用户为主导的消费互联网，而现在，互联网的主导力量逐渐转移到生产者手中，我们称之为工业互联网。与用户互联网不同，工业互联网一般是指以生产者为用户，以生产活动为应用场景的互联网应用，它反映了互联网向生产、交易、融资和流通等各个行业的转化和整合，形成了以互联网为平台的新的产业生态。工业互联网要求传统产业用互联网思维来改变企业的管理、运营、流程和运作逻辑，使其运作逻辑网络化、平台化。值得注意的是，传统工业需要突破过去封闭的边界，走向开放和跨界，并建立一个工业生态系统。

1. 产业互联网的协同之路：生态协同 + 协同创新 + 未来技术

产业互联网在发展到一定阶段之后，协同大数据、云计算和人工智能是其必然的走向，而今天它正在开端期。产业互联网的发展源于"互联网 + 人工智能"

科技的驱动。在产业互联网时代，企业之间的竞争更多地表现为整体价值的竞争，围绕价值发现、价值创造、价值传递和价值实现的全链条、全节点展开。企业竞争优势突破了内部资源的限制和束缚，其重心从企业内部转向企业外部，从经营企业自身的能力和资源转向撬动价值平台相关企业的能力和资源。

生态商业以其平台化、共享化和协同化的优势和化反效应，通过资源整合、知识转移、信息共享和协同创新，实现了从竞争到合作、从交易成本最小化到交易价值最大化的转变，扩大了企业经营发展的边界，增强了企业的环境适应性，成为企业竞争优势的新来源。

在产业互联网里，要想做好一家公司，核心必然是人工智能和商业智能。人工智能跟大数据、云计算是一脉相承的，在未来两三年里，其最能解决的问题是服务用户。

2. 产业互联网驱动协同供给和协同消费的融合

产业互联网是应用系统理论模式，以生产者为主导，通过物联网技术、云资源和大数据分析及工业智能化，以生产活动为应用场景，深层次地反映了"互联网＋人工智能"科技对生产、交易、融资、流通各个系统的变革，改变了企业与外部的协同交互方式、公司治理与组织架构、运营管理方式与服务模式，真正打通了消费者跟生产者之间的价值链条，实现了人与人、人与物、物与物的互联互通，把物与人的价值和创造要素全面激活，从而推动了传统产业升级与创新发展。

通过产业互联网的应用，能够很好地解决市场中需求端和供给端的有效协同问题，产品、技术和产业的升级问题，有效供给和多层次的需求问题，从而完成中国产业升级换代与市场规则和信用体系的重构。简单来说，产业互联网是一个能够真正地使实体经济与虚拟经济融为一体，促使产业协同发展，建立协同共享机制商业生态文明的有效路径，也是催发供给侧结构性改革协同潜力的重要驱动力。

专栏6-3　　　瑞幸咖啡：打造全球领先咖啡新鲜式

中国是世界上最大的咖啡新兴消费国之一。随着人民生活水平的日益增高，生活品位也在不断提升，咖啡的年平均消费量以两位数增长，持续创造着世界上最迅猛的涨势。在客群年轻化迭代的今天，咖啡是一个文化，是一种时尚，更是一个充满朝气的行业。瑞幸咖啡选中了热衷便利的年轻人群体，定出最高27元一杯的价格，高举"年轻、独立、自主"的口号闯进了咖啡领域，并先于星巴克打通了线上咖啡这条商路，成为了咖啡领域里的后起之秀。在这场咖啡持久战中，以消费受众为中心群体，衡量自身价值资源，均衡各方面条件，精准找到自己的定位，是瑞幸咖啡长青的战略。

一、公司简介

luckin coffee（瑞幸咖啡），于 2018 年 5 月 8 日宣布正式营业。7 月 11 日，瑞幸咖啡宣布完成一轮 2 亿美元的融资。2018 年 8 月 1 日，瑞幸咖啡宣布进入轻食市场。2019 年 5 月 16 日，瑞幸咖啡确定 IPO 发行价，并于 5 月 17 日挂牌上市。瑞幸咖啡本质上是一家科技互联网公司，或者说是一个"咖啡食品＋科技互联网"的产业互联网，致力于成为中国领先的优质咖啡品牌和专业的咖啡服务提供商。瑞幸咖啡是一个新的零售咖啡连锁品牌，采用无人零售、实体店和外卖的运营模式，主要是针对职场人士和年青一代的用户。瑞幸致力于精品咖啡商业化，提倡更方便、快捷的咖啡新零售体验，用户可以通过移动终端自由购买咖啡，彻底改变了传统的咖啡业务模式，并在提供优质咖啡消费新体验的同时，努力推动咖啡文化在中国的普及和发展。

二、全程数据化，构建商业模式蓝图

瑞幸咖啡的商业模式，是通过交易模式的创新和技术的应用，从根本上改变原有咖啡行业的交易结构，从而带来了交易成本的显著下降，同时，通过和各领域顶级供应商的深度合作，为用户带来高品质、高性价比和高便利性的咖啡及其他产品。这种商业模式的本质，是在用户和供应商之间构建起一个最为高效的销售渠道和流通平台，如图 6 - 4 所示。

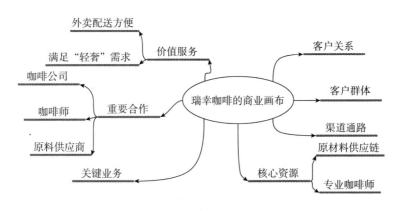

图 6 - 4　瑞幸咖啡的商业画布

瑞幸咖啡能够快速上市的原因，是其采用了比较独特的产业互联网模式，即"产业投行＋流量投行＋用户数字化"模式，而瑞幸咖啡的产业模式最开始就确定了资本驱动，一切都是为了上市。瑞幸咖啡基于数字化建立了小型的新零售场景，运用云计算、大数据等技术采集咖啡用户的行为和偏好，实现精准推荐服务。瑞幸咖啡通过快速整合各种资源、人力和物力来打造新型产业模式，努力培养用户的咖啡消费习惯，让用户能够体验服务，改变一些对咖啡的固有认知。

三、线上线下多渠道融合，玩转无限场景

作为咖啡界的新秀，瑞幸咖啡定位非常准确，就是依托互联网介质来进行新零售的咖啡运营商。新零售咖啡卖的不仅是产品本身，而且还是好的线上用户体验。用户通过 APP 在线下单，采取自助或配送方式取咖啡，大大降低了实体店的运营成本和空间成本。瑞幸咖啡打造的是一种无限场景。为了满足不同用户的无限场景需求，瑞幸咖啡开设了旗舰店、休闲店、快速自助小食店和外卖厨房店等不同类型的门店，满足了用户的线下社交需求。瑞幸咖啡拥有多种线上终端和线下实体营销渠道，掌握大量场景需求和用户数据，并与腾讯 QQ 合作开展了一次"刷脸喝咖啡"的快闪体验，利用"真机小黄马"为用户提供精准服务。瑞幸咖啡与传统咖啡店有着众多的不同，主要体现在品质、价格、便利性、服务、消费主张和消费心理等方面，如图6-5所示。

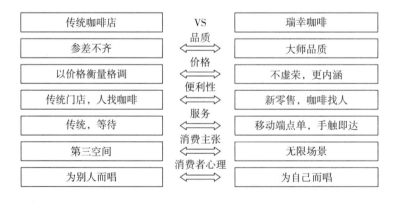

图6-5　瑞幸咖啡与传统咖啡店的不同之处

自瑞幸咖啡"出道"以来，中国咖啡市场迎来爆发期。多个咖啡品牌在

场景体验、产品和渠道等各方面进行调整升级，着力打造更加细分的咖啡市场。瑞幸咖啡通过上市后的资金优势进一步扩大市场，从资本端、产业端和消费端综合来看，瑞幸咖啡的盈利模式、运营模式以及可持续发展能力是很乐观的。

资料来源：瑞幸咖啡官网，http：//www.luckincoffee.com。

二、数字经济：全球的协同商机

近年来，移动互联网、大数据、云计算、物联网和人工智能等信息技术的突破和融合，推动了数字经济的快速发展。二十国集团领导人杭州峰会通过的《G20 数字经济发展与合作倡议》指出，数字经济是指以数字知识和信息为关键生产要素，以现代信息网络为重要载体的经济，有效利用信息通信技术，是推动一系列经济活动提高效率、优化结构的重要动力。近年来，随着互联网行业的快速发展和突破，虚拟现实（VR）、人工智能（AI）和其他技术不断创新，在数字经济中，只有相关的网络世界继续扩大，并开始部分覆盖人类社会和物理世界的两个字段，而后将这三个循环融合成一个全新的数字经济。

1. "数字化原生代"已成为市场消费的主流

为了应对市场竞争和用户的个性化需求，未来所有组织都将变成数字化原生企业，即在一个组织中，它的管理层和员工像数字化原生代一样思考和行动，而数字化转型则是成为数字化原生企业的必备战略。67%的全球 Top 1000 大企业和50%的中国 1000 大企业都已把数字化转型作为其核心战略。在数字化转型背景下，技术产业将被重新定义。IDC 预计，2017～2020 年，中国经济仍将稳步增长，GDP 的增长率将超过 6%。"十三五"的四大发展目标是中国经济稳增长的基础——服务业与智慧制造驱动经济增长，创新创业成为社会发展的新常态，走向全球化是政府和企业的方向，环保与民生是可持续发展的保障。

2. 聚焦数字化转型经济时代的增量商机

未来中国最具增长潜力的行业包括医疗与健康、教育、互联网、能源和智能制造等，这些行业的 ICT 花费增长较高，但本身的 ICT 市场总量并不大，而且很分散。数字化转型的经济增加值则意味着 ICT 支持的行业 GDP。IDC 预计，到2020 年，这一数字将达到 2.8 万亿美元，占中国 GDP 总量的近 20%。这也是很多互联网创业公司纷纷进入传统行业的缘故。狭义的传统 IT 市场已经变成一片红海，其增长已经低于 GDP 的增长。因此，维持存量商机的同时，必须聚焦增量商机。

第一，新技术的增量商机。6项行业创新加速器技术是重点：3D打印、机器人、认知系统、物联网、增强和虚拟现实、下一代安全。IDC预计，到2018年，中国这6项技术总市场规模将达到3849亿美元，超过美国，位居全球第一。

第二，区域增量商机。"一带一路"、"雄安新区"和"大湾区"是未来的区域重点。IDC预计，"一带一路"沿线的64个国家（不含中国）每年的ICT商机将超过2000亿美元。雄安新区未来10年的ICT商机也将超过1000亿元人民币。

第三，行业数字化转型经济增加值商机。ICT厂商为了获取数字化转型经济时代的增量商机，行业用户首先要利用新技术实现转型、创新、增长，实现真正的数字化转型，您的组织必须变成数字化原生企业，满足数字化原生代的消费需求——数字化、智能化、个性化、快速化；其次要利用最新技术的组合，重新定义您的业务、生态系统和商业模式，给数字化原生代消费者提供最好的支撑；最后聚焦增量商机——聚焦新技术、数字化转型、政府政策影响所带来的增量商机，这里的商机将是您当前业务市场的3倍以上。

专栏6-4　　　蚂蚁金服：区块链，互联网的推进器

目前，新一轮的科技革命和产业转型正在席卷世界，大数据、云计算、物联网、人工智能和区块链等新技术不断涌现。区块链作为一种颠覆性技术，引领着新一轮的全球技术产业转型，有望成为全球技术创新和模式创新的"策源地"。我国区块链产业目前处于快速发展阶段，企业家和资本不断涌入，企业数量快速增长。然而，区块链的发展还存在着顶层设计缺乏、第三方评价机制亟待建立和技术不完善等问题。作为一个区块链企业，蚂蚁金融服务致力于创建一个开放的生态系统，为小微企业和用户提供包容性金融服务。

一、公司简介

蚂蚁金服自从2014年10月成立以来，就以"为世界带来更多平等的机会"为使命，致力于通过科技创新能力，建设一个开放、共享的信用体系和金融服务平台，为全球用户和小微企业提供安全、便捷的普惠金融服务。2018年9月，蚂蚁金融云升级为蚂蚁金服金融科技（以下简称"蚂蚁金服"），金融科技围绕金融智能、金融安全、金融分布式架构、移动开发、区块链和金融分布式数据库等关键技术，在研发、发布、运维、运营和下线等阶段，帮助金融机构实现快速交付、轻松管理，降低业务启动门槛。同时，

金融科技在数字银行、数字保险、数字证券和数字监管等方面提供更多、更优、更专业的行业解决方案，提高数据的安全性，保障业务的稳定性，优化数据分析，实现精准营销。

二、研发区块链自主平台，创造无限场景

蚂蚁区块链 BaaS（Blockchain as a Service）作为一个服务平台，是由蚂蚁金服自主开发的一个具有高性能、强隐私保护的金融级区块链技术平台。公司在构建独立可控的金融区块链平台的同时，将蚂蚁区块链技术落地应用，为实体经济服务，如图 6-6 所示。

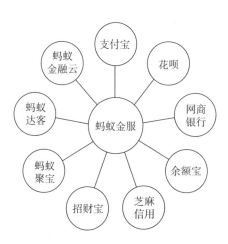

图 6-6　蚂蚁金服的子业务板块

区块链平台致力于创建一站式服务，提供简单易用、一键部署、快速验证和灵活可定制的区块链服务，加快区块链业务的应用开发、测试和在线，促进不同行业的区块链商业应用场景落地，提供高性能、稳定可靠和隐私安全的多种数据块链认证功能。蚂蚁金服通过区块链 BaaS 平台，鼓励企业、ISV 和开发者利用区块链平台提供的强大功能，在各行业进行应用创新，打造明星产品。

慈善公益是蚂蚁金融首次尝试将区块链技术应用于实际场景，采用区块链技术宣传捐赠资金的流向，提高捐赠者的信心，增强人们的捐赠感受，提高公益组织和受赠者的信誉，使公益事业良性循环发展。蚂蚁区块链会进一步探索医疗救助、帮扶等项目，实现善款走向全流程公开、透明和可追溯。

三、打通数据孤岛，协同创新构建未来

蚂蚁摩斯（ANT MORSE）是蚂蚁金服为了数据流动的价值，利用多方安全计算、隐私保护和区块链打造数据安全共享的基础设施能够解决数据合作过程中企业之间的数据安全和隐私保护问题，打通数据孤岛，将计算移动到数据端，达成数据可用不可见，实现安全发布、安全模型、安全统计以及安全查询，从而促进业务创新。蚂蚁金服积极与多方展开合作，如友盟＋、华数康、易联众和卫宁健康和联空网络等，在保证企业数据安全和个人用户隐私的前提下，促进行业数据共享，提升风控能力。此外，蚂蚁区块链可以在不同场景下为用户创造价值，场景分为三大类：链上金融、链上零售和链上生活。蚂蚁区块链始终立足于实现在性能、隐私保护、跨链互联等区块链领域的技术突破，打造智慧租房、通用溯源、处方流转、合同存证和电子票据等多种区块链应用技术。如图6-7所示。

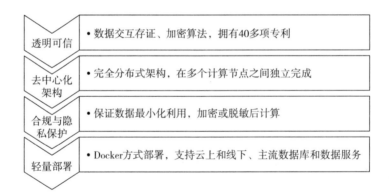

图6-7 蚂蚁摩斯的产品特色

蚂蚁金服未来将继续为全球用户和小微企业提供安全、便捷的普惠金融服务，以"让信用等于财富"的愿景为引领，致力于打造开放的生态系统，通过互联网推进器计划助力各方合作伙伴加速迈进"互联网＋"时代，为中国践行普惠金融的重要实践。

资料来源：蚂蚁金服官网，https：//www. antfin. com。

三、区块链，千面人生

区块链的出现，促进了信息去中心化、分散、开放和透明信息不可篡改的数字世界的发展。所谓区块链，就是一种新的分布式数据存储、点对点传输、协商一致机制、加密算法等计算机技术的应用模型。区块链的发展过程大致可以分为三个阶段：区块链 1.0 时代的标志是比特币等数字货币的诞生，在这一阶段，数字货币的买卖是人们参与区块链的主要方式；区块链 2.0 时代的标志是实现智能合约，以太坊的诞生，允许别人在以太坊块链上支持大家编写智能合约，开发 DAPP 应用程序；区块链 3.0 时代的标志是通证开始出现。通证带来了传统商业模式和生产关系的转变，已从数字世界转移到实体经济，并开始在每一行业中应用。

1. 区块链赋能实体经济

百度区块链引擎 BBE 在搭建企业区块链操作系统的同时，也为开发者提供了完善的多链、中间层以及各种合约模板、DAPP 模板等服务，让区块链业务系统的开发更加快捷、简单。赋能实体经济已经成为一项区块链行业的基本共识，它与数字经济的最小载体是企业，更大的载体是产业链，最大的载体是产业生态。

2. 区块链的协同价值

区块链这种全球公认的颠覆性新技术的不断探索、研究和应用落地，带来的了新型社会协同方式的思维，催生出了新型的商业新模式和监管服务新模式。区块链给人类带来了全球高效协同新方式，使信任成本降到最低，这种共识必然会推动社会的发展。

第一，多元协同的组织互动信任服务。区块链技术能够帮助实体经济解决更多的协同问题。区块链技术提供的是平台式的信任服务（Trust Service），可以取代原先需高昂成本式的中间人性质信任。假设在未来，这种多元协同的互组织思想能够在后现代认识论中立足，那么，不管是企业竞争和人际关系，还是人类面临的许多难题，如中东战争和经济危机等，都可以找到根本解决的线索与方案。

第二，信任所需付出的代价。人们经历了集中还是分散、权威还是自由、政府还是市场两种对立思想体系的长期摩擦以后，开始寻求超越工业时代二元哲学思维模式，用多维模型、统筹兼顾的方法，建立人与人、人与环境之间的多元协同关系。因此，通过区块链技术构建可信任的多中心体系，使互联网从信息传递上升到价值传递的新高度，形成价值互联网，从而提高信任传递的效率，降低交易成本，用技术来彻底解决信任、效率和贸易等这些问题将是未来大趋势。

3. 区块链的协同认证模式

在现实生活中，大部分的网络交易都面临着严重的交易信用问题，虽然大数据技术的发展给交易信用问题的解决带来了契机，交易双方可以借助对方交易的大数据获取对方交易数据信息的证明，但由于数据来源受限及竞争壁垒的阻碍，交易双方无法获取完善的交易信用证明数据，另外，由于数据源及数据信息的独立性，大数据技术也为不法分子修改、破坏、盗窃、交易数据提供了更多的可能性，所以从根本上来说，大数据技术仍然不能彻底解决交易的数据证明问题。特别是在供应链和产业链中，所涉及的交易主体众多，交易关系复杂，各交易主体之间交易行为认证的难度较大，而区块链技术的产生恰恰能解决这一问题。

4. 区块链之舞：共享 + 金融

基于互联网通信和密码学技术发展起来的区块链技术，与共享经济有着天然的契合性。在去中心化的系统中，区块链技术的应用，不但可以促使全网信息技术的共享，有效避免了用户的损失，让诈骗者无可乘之机，并且减少了供应者的麻烦、成本和风险。而且，区块链技术的普及和发展，能够使共享经济的技术基础发生变革，实现资源的最优匹配和零边际成本，解决技术和制度问题，进一步推动共享经济向更为广阔的范围延伸。

第一，"雪中送碳"的共享经济。传统的共享经济模式主要通过政府或商业组织提供的平台进行信息共享和资源互换，以降低交易成本，实现供应者和消费者的双赢，其本质是中心化的共享经济模式。但传统的共享经济模式存在一个严重的弊端，即不同网络平台之间缺乏互通性，服务在不同平台间存在断裂性。例如，在 Airbnb 网站上获得好评的服务，无法在 Uber 或其他平台上看到，供应者换了平台后需要从头做起，之前的优良信誉无法转移，增加了失败风险和运营成本，同时，信息无法在全网共享，使得消费者容易上当受骗。

第二，区块链催生新金融。区块链"去中心化"的本质能让当今金融交易所面临的一些关键性问题得到颠覆性的改变。区块链技术的影响最可能波及支付、交易银行、资本市场及投资银行等领域。区块链将在数字货币、跨境支付与结算、票据与供应链金融业务、证券发行交易及客户征信与反诈欺等应用场景解决当前金融业务的痛点。

第三节　新趋势：管理智慧升华

在新的互联网时代，工业互联网不仅带来了过程的变革，也带来了管理思维和管理模式的变革。企业纷纷走出传统产业，寻找互联网与传统产业的交叉点，创新适合自身发展的商业模式。在这种新趋势下，管理的方式也逐渐改变。从前依靠人的生产制造活动逐渐被机器取代，实现了从管"人"到管"物"的转变。万物互联已经成为趋势，企业之间的竞争从产品竞争升级到生态系统的竞争，企业需要构建商业生态圈，借助互联网平台赋能，创造商业价值。而这些可以概括为三点，分别是协同化、智能化、数字化。

一、协同：分享经济，协同创造

在一个组织中，职能既有使命，也有生命周期。各部门的生存过程也是一个不断演变和发展的过程，不良的发展可能成为组织的拖累或阻碍，成为无用的组织器官，如图 6 - 8 所示。

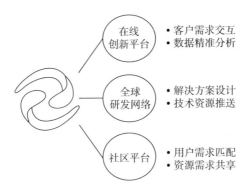

图 6 - 8 协同化的构成要素

无论在未来的何时何地，商业的走向最终会围绕"人"这个核心回归到效率与利润上，实现自我的迭代与变革。而协同创造的目标是以人为原点，以"互联网＋人工智能"科技作为半径，通过资源的连接、匹配和融合，激活闲置存量，不断实现企业从混沌到有序再到高级有序的跃迁（跨越式发展），促使企业内部协作向全产业链协同演进。协同创造作为企业卓有成效的管理方法，与"互联网＋人工智能"科技本身就是天作之合，两者的融合造就了一个新的商业密码——协同创造的方法论。协同创造所预示的是以数字经济和商业智慧为载体的未来商业发展趋势。

第一，协同创造是企业发展的"润滑剂"与"黏合剂"。协同创造可以更好地辅助企业建立智慧协同云平台，实现多组织协同管控，加强企业自身的信息沟通与协作，激发员工创新创业活力，实现组织的智慧运营及智能迭代。

第二，协同智慧释放商业发展潜力。互联网技术可以将电子商务、互联网金融、智能生产和移动办公等独立的应用领域连接起来，使产业链的上下游企业协同连接，形成产业链的联动与产业生态，不断打造智慧商业新物种，实现信息商品的价值成倍放大以及数据资产的协同共享，无缝连接社会商业力量，推动全社会商业模式的协同创新与发展，以协同之力一举扭转传统利己的商业价值观，构造以"竞协"为标签的未来新商业竞争体系，重新释放商业发展之潜力，打造共治、共享和共赢的商业新生态。

专栏6-5　苏宁易购：赋能千店万商，共享智慧零售

当前，我国的电子商务发展正在进入密集创新和快速扩张的新阶段，日益成为拉动我国消费需求、促进传统产业升级、发展现代服务业的重要引擎。我国的电子商务仍然保持着较快的增长趋势，而且发展潜力巨大。信息化行业的快速发展，为加快电子商务应用提供了坚实的基础，促进了电子商务服务业的迅猛发展，初步形成了一个功能完善的商业模式体系。同时，跨界电子商务模式不断创新，出现了一站式推广、平台化运营、网络购物业务与会展相结合等模式，使得更多中国制造产品得以通过在线外贸平台走向国外市场，有力推动了跨界电子商务的发展。作为一家典型的B2C购物平台，苏宁易购是中国领先的O2O智慧零售商。2017年，苏宁易购首次跻身《财富》杂志发布的2017年全球财富500强榜单。

一、公司简介

苏宁易购，是苏宁易购集团股份有限公司旗下的新一代B2C网上购物平台，现涵盖传统家电、3C电器和日用百货等品类。2013年，公司推进线上线下的融合，打造"店商+电商+零售服务商"的"云商"模式，公司名称从"苏宁电器股份有限公司"变更为"苏宁云商集团股份有限公司"。2017年，公司将互联网技术和资源整合到线下渠道，实现线上线下O2O融合运营，形成智慧零售模式，并逐步将线上线下多渠道、多业态统一为全场景互联网零售模式。苏宁易购旗下的零售云平台的本质是开放的智慧零售解决方案平台，全面输出苏宁智慧零售能力，链接千万合作伙伴，共同搭建自学习属性的协同网络。

二、融合战略："智慧零售+线上线下"

在互联网、物联网和大数据时代背景下，苏宁易购继续推进智能零售、线上线下融合的战略，主打全品类经营、全渠道运营、全球化扩张、开放式物流云、数据云和金融云，通过存储、PC、移动和家庭四端，实现无处不在的战略协同，达到一站式服务体验的目的。截至2018年底，苏宁易购线下连锁网络已覆盖全球，拥有苏宁易购广场、苏宁云店、苏鲜生、苏宁红孩

子、苏宁汽车超市、苏宁易购直营店和苏宁小店等业态及1万多家自营创新的互联网门店和网点，在国内线下连锁经营中保持着稳定的主导地位。苏宁易购通过自营、开放和跨平台运营，跻身中国B2C市场前三名，引领主流电子商务的成长。未来，苏宁将继续深化"科技苏宁，智慧服务"的战略，秉承"百年苏宁，全球共享"的愿景和"输出能力，链接资源，构筑平台，合作共赢"的经营理念，苏宁将与各领域合作伙伴共同开拓全球市场，建设科技、国际、合作共赢的企业，如图6-9所示。

图6-9　零售云平台的优势

三、苏宁硅谷研究院：用大数据做实用的"小事儿"

技术是智慧零售的核心支撑。硅谷研究院是发展智慧零售最重要的基地。苏宁硅谷研究院的研究方向是搜索、大数据、高性能计算等前沿技术和未来商业模式探索。苏宁硅谷研究院金融团队与苏宁金融集团开展合作，研究院的科学家们在不到两个月的时间里完成了反欺诈的大数据分析模型。此外，苏宁硅谷研究院的智能搜索团队，利用大数据和机器学习技术，开发了一款购物助手，完成了一系列技术突破，并申请了很多专利。

目前，苏宁易购集聚了5000多名专业IT研发和维护人员，建立了集前端产品、后端运营和内部管理于一体的信息系统，实现了对商品、供应链、金融支付、物流服务和市场推广等全过程的实时在线管理。这符合苏宁易购一贯的后台优先战略，即先打造物流、信息、供应链等后台能力，然后才是线上线下的零售布局推进。如图6-10所示。

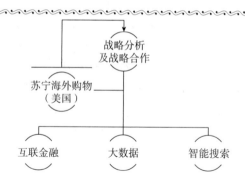

图6-10 苏宁硅谷研究院功能

未来，苏宁易购将继续深化推进"科技苏宁，智慧服务"的战略，秉承"百年苏宁，全球共享"的愿景和"输出能力，链接资源，构筑平台，合作共赢"的经营理念，与合作伙伴共同开拓全球市场，建设科技化、国际化、多元化的新苏宁。

资料来源：苏宁易购官网，https://www.suning.com。

二、智能："智"享未来

智能是指能够在网络、大数据、物联网和人工智能等技术的支持下，积极满足人们的各种需求的事物的属性。基于物联网技术的智能互联网，以智能硬件平台为载体，按照约定的通信协议和数据交互标准，将云计算、大数据应用、智能终端、云服务人员、智能网络的信息采集、处理、分析和应用、高速运动、数据分析和挖掘及智能归纳与传统产业相结合，提高了传统产业的服务能力。

1. 云数赋能，智领未来

要成为一个智能企业，首先必须完成核心业务在线化和所有的业务流程服务软件化。核心业务流程必须完全建立在互联网上，收集互联网大数据以支持决策，并实时与用户互动，形成基于智能业务的反馈。在数字化、智能化大潮下，任何一家企业都不可能独撑天下，企业既需要不断探索科技前沿，又要构建全新的数字经济生态。例如，浪潮信息凭借着其在 IT 领域的深厚积累，基于强大的云计算和大数据技术能力，逐步构建了以平台产品为核心的生态体系，携手生态伙伴提供了全栈式的产品服务与解决方案，打造出了政务云、政府数据运营与服务、爱城市网 APP、质量链、爱健康、智慧城市运营、工业互联网等多个板块应用，为区域经济发展提供了强有力的技术支持。

2. "端""网""云"，万物智联

智慧商业是一个建立在"互联网+人工智能"科技基础上的以人为核心的"端""网""云"完整的协同创造闭环。如果没有"端"，就无法获得数据，正如"巧妇难为无米之炊"，再先进的算法如果缺乏数据，也无法训练和迭代，系统连"智能"的水平都达不到；如果没有"网"，离散的各类数据就无法汇集、标准化，算法就只能针对局部进行优化，无法产生聚变的价值；如果少了"云"，整个商业系统就会像一个没有灵魂的躯壳，丧失了智能的根基。只有"端""网""云"相互配合和支持，才能够赋予整个商业系统不断迭代和学习进化的能力以及焕发自我更新的生命力，形成以人为核心的商业生态。

专栏6-6　易创互联："企业+互联网"战略升级IT服务商

互联网行业的发展正在从消费互联网转向产业互联网。自2018年9月底以来，腾讯、阿里巴巴和百度等互联网领军企业纷纷调整升级组织架构，强化2B业务，拥抱产业互联网。2019年，5G开始陆续商用，万物互联的IoT时代快步向我们走来。我们身边的智能设备将会成百倍增加，更多的设备信息将被数据化，并汇聚到云端进行智能运算，从而更多产业层面的商业价值和商业模式将被创造出来。易创互联将自己定位为"企业+互联网"战略升级IT服务商，通过IT咨询、IT开发、IT人才、技术VC服务、BI系统和供应链金融产品，促进企业战略升级和创新创业，将最优质的产品和服务推广给用户。

一、公司简介

易创互联是一家为用户提供产品咨询和技术服务的技术产品孵化器。公司专注于为互联网创业团队或传统企业提供互联网产品解决方案，涵盖需求分析、UE（原型）设计、UI设计、技术开发、产品测试和项目管理等领域，通过设立互联网金融部、互联网教育部和互联网社会服务部，将专业的产品经理、设计师和开发团队分配到企业的各个部门，进一步细分产品设计和技术开发领域，确保效率和质量。易创互联主要通过技术对合作企业进行投资，降低了合作伙伴的开发和试错成本，保证了产品开发的可持续性，目前已投资数十家企业，涉及互联网金融、社交网络、电子商务、医疗、智能

硬件和O2O生活服务等领域。公司的核心价值观是"互利才能共生，合作才能共赢"，让最适合的人做最适合的事，用最优的成长空间成就最优的人。

二、专注技术 VC 模式，实现战略升级赋能

易创互联还从事 IT 咨询、开发和人才服务等工作，创建了互联的 BI 系统技术架构，如图 6 – 11 所示。

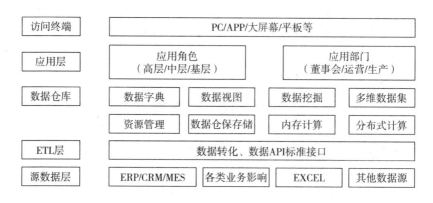

访问终端	PC/APP/大屏幕/平板等			
应用层	应用角色 （高层/中层/基层）		应用部门 （董事会/运营/生产）	
数据仓库	数据字典	数据视图	数据挖掘	多维数据集
	资源管理	数据仓保存储	内存计算	分布式计算
ETL层	数据转化、数据API标准接口			
源数据层	ERP/CRM/MES	各类业务影响	EXCEL	其他数据源

图 6 – 11 易创互联的 BI 系统技术架构

易创互联始于技术 VC，伴随着服务能力的改进和经济环境的变化，逐渐实现了从技术 VC 模式转变为"企业＋互联网"战略升级服务提供者的首选模式，并通过"服务＋产品"的双引擎，驱动商业模式实现战略赋能升级。在提供服务的过程中，易创互联通过产业和技术的积累，逐渐形成了 BI 系统和供应链金融两大产品线。BI 系统解决了复杂数据、孤岛数据和企业分散管理等开发问题，使企业能够进行精细的操作和数据分析。供应链金融产品的本质是为企业战略升级过程中的互联网金融服务提供解决方案，主要为产业集群的上下游企业提供及时、便捷的金融服务产品，包括订单融资、应付账款融资和应收账款融资。

三、整合码农，打造"一体两翼"生态平台

易创互联是一个技术孵化平台，本质上是创业生态的基础架构，拥有专业高效的技术对接平台，平台下拥有专业的技术团队。互联网产品技术人才可以通过平台深入接触项目，促进项目和人才的优化配置。易创互联打造的"一体两翼"生态平台，是由"技术 VC ＋技术培训＋融资服务"形成的。

技术 VC 是以技术输出参股到创业公司；技术培训是通过各种培训来输送技术人才；融资服务是给创业项目对接资本，通过众筹平台来募集资本。易创学院和易创金融迅速发展，以服务和产品作为双引擎，推出各种 IT 产品和服务。目前，"一体两翼"的模式已经有了一些成效，技术 VC 已入股 27 家创业公司，易创学院的产品、技术培训和猎头模式已在线下成功获得了验证，易创金融的融资服务、众筹平台也在快速推进，如图 6 - 12 所示。

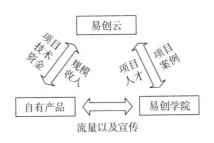

图 6 - 12　易创互联"一体两翼"生态

　　未来，公司将继续把握市场发展趋势，用自身 IT 技术带动升级变革，在已经熟悉和擅长的领域里继续扎根，提供咨询、IT 外包和人才外派等一条龙服务，同时，将加大在制造业、金融、新零售和物联网等各大事业部的投入，共同为公司未来三年内的上市计划赋能。

资料来源：易创互联官网，http：//www.huimor.com。

三、数字："数"说中国新时代

　　数字化管理是指利用计算机、通信和网络等技术，通过统计技术对管理对象和管理行为进行量化，实现研发、策划、组织、生产、协调、销售、服务和创新等功能的管理活动和方法。网络企业通过数字化分析用户需求、购买心理、消费模式、产品特征和产品服务等行为，使每一位员工都成为其工作任务的管理者。

　　1. 数据资产化：让用户数据成为动力源

　　以数据为核心要素的数字经济已经成为新世界的生产力。如果在这股新的生产力前面加上一个定语，那就是"强劲"。数据是数字经济发展的核心要素，企业之间的竞争已经成为一场关于数据的争夺，更准确来讲，是关于线下消费者数据的争夺，因为用户才是商业的核心。数据只有落实到实际的应用场景，才能创造价值。平台是大量被形式化的"大数据＋人工智能"的载体，其核心就是要激发那些以新一代信息技术为代表的技术创新的新潜能、社会化组织管理的新动能已将数据作为一个新的主导性驱动要素的新价值。未来，个性化时代的开放经济，更多的是需要大家形成一种价值共创、共建和共享的能力，是一种开放价值生态共建的能力。

2. 转型升级：数字经济与实体经济融合

数字经济是融合性经济，有助于推动传统产业优化资源配置、调整产业结构、实现转型升级。进入 21 世纪后，随着互联网技术的创新，主要国际组织和各国政府开始将政策重心转向数字经济，希望能够促进产业创新，拉动经济增长。推动数字经济与实体经济融合创新，意味着利用互联网、大数据和人工智能等新一代信息技术对传统产业进行从生产要素到创新体系，从业态结构到组织形态，从发展理念到商业模式的全方位变革和突破。2019 年上半年，国家和地方层面不断细化数字经济治理政策，消费型数字经济的区域分布呈现差异，实体经济领域内的生产型数字经济发展空间广阔。下半年，我国 5G 商用的逐步落实，将带动其在超高清视频、智能制造、智能电网和智能网联汽车等领域的应用。

【章末案例】　　　菜鸟网络：如何构建 72 小时全球物流网？

　　物流业作为国民经济的动脉系统，连接着国民经济的各个部门，使之成为一个有机的整体。其发展程度已成为衡量一个国家现代化程度和综合国力的重要标志之一。虽然与发达国家相比，我国在基础设施建设、经营管理、理论研究、物流技术和信息技术等方面仍然落后，但市场规模巨大，前景广阔。目前，我国物流业的发展主要呈现以下特点：一是物流企业并购力度加大，行业整合速度加快；二是服务范围继续延伸到供应链两端；三是通用物流与专业物流分化加速。菜鸟网络是中国领先的跨境智能物流平台，其目标是让"全球买全球卖"成为现实。由菜鸟网络科技有限公司主办的全球智慧物流峰会于 2019 年 5 月 28 日在杭州国际博览中心举行，主题是"数字化再加速"。如今，随着商业的快速发展和消费的逐步分层，物流业正面临着更加多样化的需求和更加丰富的可能性，充满活力的传统模式将创造新的模式，催生新的服务。

一、公司介绍

　　菜鸟网络科技有限公司（以下简称"菜鸟网络"）成立于 2013 年 5 月 28 日。其菜鸟项目是由阿里巴巴集团、银泰集团联合复星集团、富春控股、顺丰集团、三通一达（申通、圆通、中通、韵达）、宅急送、汇通，以及相关金融机构共同组成的"中国智能物流骨干网"（简称CSN）项目，由马云担任董事长，张永仁担任首席执行官。菜鸟网络的主要业务包括研究、设计、开发和生产物联网软件，并提供相关的技术咨询和技术服务、投资管理、企业管理等。公司致力于构建数据驱动、社会化的协同物流和供应链平台，即在现有物流模式的基础上，建立开放、共享、社会化的物流基础设施平台，打通了跨境、快递、仓储、农村、末端配送的全网物流链路。其核心目标是为电子商务企业、物流企业和第三方物流服务商等企业提供平台服务，而不只是一个自建物流或物流公司。菜鸟网络为淘系进口（天猫国际、全球购）商家提供跨境进口电子商务领域的一站式物流服务，服务功能主要包括商家和商品入境前在海关和商检进行备案、保税仓储及订单履行作业、行邮包裹入境清关、国内配送以及物流相关的增值服务。商家在国外购买货物后，送到菜鸟海外仓，菜鸟网络统一包装，通过集货方式入境。阿里巴巴集团旗下的全球速卖通及菜鸟网络联合推出了Aliexpress无忧物流，为卖家提供一站式物流解决方案，包括收集、配送、跟踪物流细节、处理物流纠纷和赔偿以及售后服务。

二、"天网＋地网"，无缝融合

在建设初期，菜鸟网络系统主要分为"天网"和"地网"两部分。"天网"是利用大数据技术掌握用户的购买偏好和需求，并与供应链中涉及的不同服务提供商、企业和用户共享信息。"天网"致力于实现24小时国内交付和72小时全球交付，是物流数据平台和数据工具，是打通阿里电子商务系统、物流公司、企业和用户之间数据的共享平台。用户通过天猫、淘宝、快销等阿里电子商务及相关行业平台产生的商户订单驱动菜鸟物流系统，并将订单数据与物流数据整合形成"天网"。"地网"是在全国各中心区域布局仓储中心，建设连接全国的高标准仓储体系，与合作伙伴一同为企业提供仓储相关服务。菜鸟网络通过"成长＋合作"的方式解决了物理仓储和配送问题，建立智能和开放的互联网协同模式，实现高效的物流供应，颠覆了传统的电子商务模式，建立物流服务平台，为网购用户提供包裹收集服务及多样化的"最后一公里"服务，实现"天网"与"地网"的无缝融合。

三、IoT，融合与重构的力量

在2018年全球智能物流峰会上，菜鸟网络宣布全面启动物流IoT（物联网）战略，向全行业宣布将建立全球首个基于物流 IoT 的"未来园区"。这是一个拥有物联网、边缘计算和人工智能等先进技术的物流园区。首先，所有的设备都有传感器，通过传感器可以将整个园区的各种设备和设施连接起来，实现对园区温度、湿度，甚至井盖下水位等的实时感知，一旦出现异常，可立即报警。其次，所有摄像头独立运算。未来园区分布的摄像头与普通物流园区不同，每个摄像头都可以通过拍摄图像，实时计算分析，实现智能车辆调度、科学库存管理和员工异常行为预警，这就意味着不再需要人工24 小时值守。接下来，菜鸟网络将与各行业共同打造物流 IoT 开放平台，基于数字孪生技术、AI 和 IoT 技术打造云平台，可以接入任意设备，实现仓储、运输、配送和驿站代收等物流全链路数字化、智能化升级。以仓储为例，接入物流 IoT 开放平台后，仓库会变成一个可以被智能调度的数字孪生体，工人的作业任务由算法根据订单以及库存自动规划。同时，菜鸟网络自研的极简 PDA 将成为数字仓与实体仓的连接器。

目前，菜鸟网络与阿里云、旷视和 Rokid 达成战略合作，共同推进开放平台的建设。菜鸟网络率先发布的物流 IoT 开放平台，目标是建成"每家公司都用得起的普惠物联网"，加快互联网下和行业的数字化进程。未来 3 年，菜鸟裹裹和合作伙伴每年将为超过 10 亿人次的用户提供全新寄件服务，菜鸟驿站将建 10 万个社区站点，菜鸟 IoT 技术和快递行业共同连接智能物流终端 1 亿个。菜鸟网络用电子面单实现包裹数字化之后，未来 3 年将在园区、仓储、运输、转运、配送等全链路投入物流 IoT 技术。如图 6-13 所示。

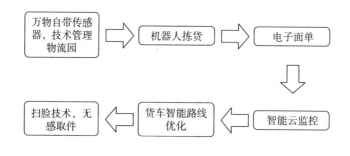

图 6-13 IoT 技术的流程

四、协同加盟合作战略，组建菜鸟联盟

自从菜鸟仓储联盟成立以来，推出了当日、次日、预订和配送等高品质

产品，并承诺"说到就到、不到就赔"。目前，菜鸟仓储联盟已开始推动物流行业的服务分层，赋予物流合作伙伴大数据、云计算等能力，帮助合作伙伴提升服务能力，并将这些优质物流服务在电子商务平台的商品页面上打上专用标识。菜鸟仓储联盟是对社会开放的第三方仓配，共享智能仓储和物流供应链资源。仓储联盟有着全国性的仓网布局，支持多地快速分仓，货品下沉等业务需求，高效的仓网协同，能够提升整体物流效率；并根据行业需求定制解决方案，覆盖鞋服、家电、家清日化、百货等主流消费品类；更为重要的是，菜鸟仓储联盟在技术方面，有专业的 WMS、TMS 物流系统解决方案和强大的云计算大数据处理能力来保证系统安全，完善的系统实施和经验丰富的服务人员，极大地降低仓储周期和成本。如图 6-14 所示。

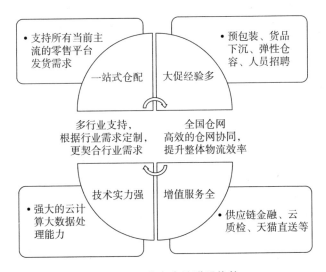

图 6-14　菜鸟仓储联盟优势

菜鸟网络采用合作联盟战略，与宝供物流、科捷物流等公司合作。宝供物流已成为菜鸟联盟智能仓储分配系统的核心服务商，为订购、物流、营销和增值服务提供一站式互联网采购平台。科捷物流作为一家技术提供商，其智能化需求满足了菜鸟网络定制的需求。每到"双十一"前夕，菜鸟网络就会提前与商家进行大数据预测，科捷物流将在 6 个大型电子商务仓库中使用菜鸟网络的大宝 WMS 系统，确保"双十一"期间仓库管理系统的稳定性。菜鸟方面表示，随着智慧物流在行业内的逐步落地，电子商务仓储也将围绕数据、智能和系统三大智能物流核心进行升级改造。大数据驱动的标准化、平台化和定制化的运营时代即将到来。

五、案例启示

菜鸟网络利用先进的互联网技术，构建一个开放、透明、共享的数据应用平台，为不同的企业提供优质的服务，包括供应链服务提供商、用户和物流公司。菜鸟网络不同于其他企业，最大的优势在于大数据和云计算技术的应用，利用智能手段提高竞争力，寻求与竞争对手合作，支持物流行业向高附加值方向升级。

第一，用信息化手段实现物流业的转型升级。菜鸟网络的大物流体系的信息平台提供企业的自有物流和第三方物流企业的配送信息，实现资源共享，基于天猫、淘宝交易、物流信息的数据网络（天网），菜鸟网络利用分布在全国几大重要区域的巨大仓储中心（地网），利用信息大数据的优势，布置仓储，调配物流，在多个方面提高物流快递转运的效率。

第二，自主研发前沿科技，引领物流业。菜鸟网络创立的"E. T. 物流实验室"是一个包含虚拟增强技术、仓库机器人、智能配送和智能园区巡检等产品的物流仓库模型。通过与全球顶级科学家、研究机构和研发企业保持密切合作，菜鸟网络的多项研发已经投入使用，如菜鸟小 G Plus、菜鸟小 G2 代和菜鸟小鹭等菜鸟网络采用智能化技术实现智能拣选、智能导航等功能，让仓库的操作可视化，并能完成园区智能安防巡检，如车辆违章识别、行人违章识别和园区路面异常检测。

第三，基于大数据的物流供应链数据服务，实现对用户需求的准确预测。物流公司在提供物流服务环节，重点要考虑用户科学的预测、各环节之间相互的协调、各种信息技术的应用等，基于对大数据的分析、对用户的需求进行预测，包括销售种类、销售数量等，使买家下单后，商品能及时地从仓库发出配送到买家的手里。马云打造的菜鸟物流在大数据的反应和处理上占有了极大的上风，这极大地改变了传统的物流模式。

资料来源：

（1）菜鸟网络官网，https：//www. cainiao. com.

（2）《菜鸟飞多远，阿里才能做到 72 小时全球运？》，http：//dy. 163. com/v2/article/detail/CPAU4LRF05118K7K. html.

（3）《菜鸟启动物流 IoT 战略 全球首个"未来园区"亮相》，http：//tech. huanqiu. com/internet/2018 – 05/12131285. html？ agt = 15417.

参考文献

［1］阿布都热合曼·阿布都艾尼，妮鲁帕尔·艾山江．基于"互联网＋"视域下新疆跨境电商生态圈构建策略探究［J］．商场现代化，2019（11）：24－25.

［2］把准产业互联网发展脉络　实现和谐共生生态发展［J］．电信快报，2019（06）：47－48.

［3］陈丽娜．基于协同价值创造的商贸物流生态系统重构［J］．商业经济研究，2019（14）：90－93.

［4］陈琦．开思积极打造汽车后市场互联网生态［J］．汽车与配件，2019（12）：45.

［5］陈润瑶．农村经济新生态背景下乡村旅游与共享经济融合探析［J］．中国乡镇企业会计，2019（06）：5－6.

［6］成启明，袁丽伟．"互联网＋"模式下承德市生态文明建设研究［J］．智库时代，2019（33）：2，5.

［7］崔宝秋．打造 AIoT 万物智慧互联的崭新生态［J］．中国工业和信息化，2019（07）：18－20.

［8］谷茂恒．"互联网＋"时代社区休闲体育发展路径研究［J］．体育科技，2019，40（03）：32－33.

［9］韩燕霞．创新创业教育生态圈研究——以中国"互联网＋"大学生创新创业大赛为载体［J］．科技创新与生产力，2019（07）：87－90.

［10］黄柯，祝建军．多类型"互联网＋"物流创新平台的商业模式比较研究［J］．中国流通经济，2019，33（08）：22－33.

［11］赖家淇等．以"伴驴"项目视角看待基于"互联网＋"背景下乡村旅游服务推广的可行性分析［J］．现代农业研究，2019（08）：31－32.

［12］李博，刘一．"互联网＋"时代机场商业生态构建［J］．空运商务，2019（05）：19－23.

［13］刘少渝．"互联网＋"视阈下中医药院校创新创业教育生态系统的构建与优化［J］．江西中医药大学学报，2019，31（04）：83－86.

［14］柳仪．服务生态系统视角的"互联网＋制造"研究综述［J］．市场周刊，2019（06）：12－13，38.

［15］鲁泽霖，李强治．电子商务平台的演化逻辑和运营机理［J］．电信科学，2019，35（07）：152－158.

［16］马昕钰．共享单车商业生态系统与盈利模式创新探究［J］．中国市场，2019（23）：67－71.

［17］牟同飞．试论新舆论生态下的新闻传播挑战与策略——以宁波"甬派"融合发展为例［J］．新闻研究导刊，2019，10（12）：135－137.

［18］宁小浩，黄思懿，伍俊弘．互联网＋创客教育：构建高校创新创业教育新生态［J］．中外企业家，2019（20）：203.

［19］齐丽娜．"馆室通"——"互联网＋"政务打通档案管理高速公路［J］．兰台内外，2019（20）：3－4.

［20］抢占智能家居风口　互联网企业纷纷入局延伸产业链布局［J］．互联网经济，2019（07）：42－45.

［21］任昕．"互联网＋"时代跨境电商生态圈的构建——以义乌市为例［J］．中外企业家，2019（18）：62－63.

［22］沈婷，李伟．"互联网＋现代农业"在中国乡村振兴中的途径研究［J］．中国市场，2019（22）：54－55，64.

［23］史璇，江春霞．互联网"独角兽"企业社会责任的履行及治理［J］．理论探讨，2019（04）：115－119.

［24］汤其建．"互联网＋"生态下优质高职院校人才培养模式研究——以永城职业学院矿井通风与安全专业为例［J］．商丘职业技术学院学报，2019，18（03）：53－57.

［25］腾讯云产业互联网的基石［J］．视听界，2019（06）：129.

［26］王都富．以 App 平台为媒介，打造信用卡线上消费金融生态圈［J］．中国信用卡，2019（08）：9－14.

［27］王燕，李瑞雪，李倩．"互联网＋烟台苹果"生态体验园营销策略研究［J］．中国商论，2019（14）：78－79.

［28］吴红梅．"互联网＋"时代图书馆阅读生态系统构建探讨［J］．中国中医药图书情报杂志，2019，43（03）：57－59.

［29］吴建材，蔡镇声．减少中小微金融服务中信息不对称问题的研究——从建立"互联网＋金融生态系统"的角度［J］．特区经济，2019（06）：150－153.

［30］肖永生，王方杰，张畅．构建短视频舆论场新生态——以重报集团两

会"短视频+"产品为例〔J〕. 新闻战线, 2019 (11): 34 – 36.

〔31〕忻怡. 布局生态, 拥抱场景, 建设具备"中国特色"的开放银行〔J〕. 中国金融电脑, 2019 (06): 37 – 39.

〔32〕徐静茹. "互联网+电视"重构媒体生态圈〔J〕. 企业管理, 2019 (07): 119 – 121.

〔33〕徐莉莉. 上海市节能协会开展崇明低碳生态岛能源互联网示范项目调研〔J〕. 上海节能, 2019 (07): 605.

〔34〕严良. 关于《移动互联网教育生态系统发展战略》的思考〔J〕. 智库时代, 2019 (34): 190 + 192.

〔35〕叶纯亮. "互联网+"背景下大学生创业教育支撑体系建构研究〔J〕. 黑河学院学报, 2019, 10 (06): 109 – 111.

〔36〕张加春. 高校融媒体建设的理念、路径与生态〔J〕. 北京教育 (高教), 2019 (06): 72 – 74.

〔37〕张金平. 钢铁企业"互联网+"销售模式分析〔J〕. 中外企业家, 2019 (20): 153 – 154.

〔38〕张珊珊, 白冰, 黄艾佳. 基于商业生态视角的互联网企业财务竞争力的研究〔J〕. 生产力研究, 2019 (06): 134 – 141.

〔39〕张肖宇. 基于价值网的互联网企业财务管理的作用〔J〕. 管理观察, 2019 (18): 148 – 149, 152.

〔40〕张园. 建设"三型两网"构建能源互联网商业新生态〔J〕. 能源研究与利用, 2019 (03): 14 – 15, 17.

〔41〕Adams B L M, Stavropoulos V, Burleigh T L, et al. Internet gaming disorder behaviors in emergent adulthood: A pilot study examining the interplay between anxiety and family cohesion〔J〕. International Journal of Mental Health and Addiction, 2019, 17 (4).

〔42〕Ahmed A I A, Ab Hamid S H, Gani A, et al. Trust and reputation for Internet of Things: Fundamentals, taxonomy, and open research challenges〔J〕. Journal of Network and Computer Applications, 2019 (145).

〔43〕Bener A, Yildirim E, Torun P, et al. Internet addiction, fatigue, and sleep problems among adolescent students: A large – scale study〔J〕. International Journal of Mental Health and Addiction, 2019, 17 (4).

〔44〕Bhadoria R S, Bajpai D. Stabilizing sensor data collection for control of environment – friendly clean technologies using Internet of things〔J〕. Wireless Personal Communications, 2019, 108 (1).

［45］Bhattacharjee S, Nandi C. Implementation of Industrial Internet of Things in the Renewable Energy Sector ［M］. Springer International Publishing, 2019.

［46］Blackwood J, Wright F C, Hong N J L, et al. Quality of DCIS information on the internet: A content analysis ［J］. Breast Cancer Research and Treatment, 2019, 177 (2).

［47］Bourreau M, Grzybowski L, Hasbi M. Unbundling the incumbent and deployment of high – speed internet: Evidence from France ［J］. International Journal of Industrial Organization, 2019 (67).

［48］Burhan Ul Islam Khan, Rashidah F. Olanrewaju, Farhat Anwar, Roohie Naaz Mir, Allama Oussama, Ahmad Zamani Bin Jusoh. Internet of Things—The Concept, Inherent Security Challenges and Recommended Solutions ［M］. Springer Singapore, 2019.

［49］Burke K. Christians under Covers ［M］. University of California Press, 2019.

［50］Carisimo E, Selmo C, Alvarez – Hamelin J I, et al. Studying the evolution of content providers in IPv4 and IPv6 internet cores ［J］. Computer Communications, 2019 (145).

［51］Coorey G, Peiris D, Usherwood T, et al. An internet – based intervention integrated with the primary care electronic health record to improve cardiovascular disease risk factor control: A mixed – methods evaluation of acceptability, usage trends and persuasive design characteristics ［J］. Heart, Lung and Circulation, 2019 (28).

［52］Dey N, Shinde G, Mahalle P, et al. The Internet of Everything ［M］. De Gruyter, 2019.

［53］Doorsamy W, Paul B S, Malapane J. The Internet of Things in Health Care: Transforming the Industry with Technology ［M］. Springer International Publishing, 2019.

［54］George G, Thampi S M. Vulnerability – based risk assessment and mitigation strategies for edge devices in the Internet of Things ［J］. Pervasive and Mobile Computing, 2019 (59).

［55］Gomez R, Stavropoulos V, Beard C, et al. Item response theory analysis of the recoded Internet gaming disorder scale – short – form (IGDS9 – SF) ［J］. International Journal of Mental Health and Addiction, 2019, 17 (4).

［56］Harbi Y, Aliouat Z, Harous S, et al. A review of security in Internet of things ［J］. Wireless Personal Communications, 2019, 108 (1).

［57］ Hsieh Y P, Wei H S, Hwa H L, et al. The effects of peer victimization on children's Internet addiction and psychological distress: The moderating roles of emotional and social intelligence ［J］. Journal of Child and Family Studies, 2019, 28 (9).

［58］ Huang X H, Song X Y. Internet use and export upgrading: Firm – level evidence from China ［J］. Review of International Economics, 2019, 27 (4).

［59］ Internet Health Report 2019 ［M］. Transcript Verlag, 2019.

［60］ Jacobs E J A, van Steijn M E, van Pampus M G. Internet usage of women attempting pregnancy and pregnant women in the Netherlands ［J］. Sexual & Reproductive Healthcare, 2019 (21).

［61］ Jain J K. Secure and energy – efficient route adjustment model for Internet of things ［J］. Wireless Personal Communications, 2019, 108 (1).

［62］ Janya Chanchaichujit, Albert Tan, Fanwen Meng, Sarayoot Eaimkhong. Internet of Things (IoT) and Big Data Analytics in Healthcare ［M］. Springer Singapore, 2019.

［63］ JayFriedman E. Interpreting the Internet ［M］. University of California Press, 2019.

［64］ Karimi K, Krit S. Internet of Thing for Smart Home System Using Web Services and Android Application ［M］. Springer Singapore: 2019.

［65］ Madakam S, Uchiya T. Industrial Internet of Things (IIoT): Principles, Processes and Protocols ［M］. Springer International Publishing, 2019.

［66］ Mitsch W. Fall 8 Lynchjustiz per Internet ［M］. Springer Berlin Heidelberg, 2019.

［67］ Murphy J, Vaughn J, Gelber K, et al. Readability, content, quality and accuracy assessment of internet – based patient education materials relating to labor analgesia ［J］. International Journal of Obstetric Anesthesia, 2019 (39).

［68］ Nicolas D, Marion H, Soly E. Liberating parents from guilt: A grounded theory study of parents' internet communities for the recognition of ADHD ［J］. International Journal of Qualitative Studies on Health and Well – being, 2019, 14 (1).

［69］ Nikoo M S, Kaya M C, Schwartz M L, et al. Internet of Measurement Things: Toward an Architectural Framework for the Calibration Industry ［M］. Springer International Publishing, 2019.

［70］ Palo V, Monacis L, Sinatra M, et al. Measurement invariance of the nine – item Internet gaming disorder scale (IGDS9 – SF) across albania, USA, UK, and Italy ［J］. International Journal of Mental Health and Addiction, 2019, 17 (4).

［71］Potapova R, Potapov V, Komalova L, et al. Some Peculiarities of Internet Multimodal Polycode Corpora Annotation ［M］. Springer International Publishing, 2019.

［72］Rieß J. Internet in Nairobi, Kenia ［M］. Transcript Verlag, 2019.

［73］Rocha L A, Barreto F, Seman L O. The Internet of Things LoRaWAN Technologies in Academia: A Case Study ［M］. Springer International Publishing, 2019.

［74］Samaha A, Fawaz M, Eid A, et al. Data on the relationship between internet addiction and stress among Lebanese medical students in Lebanon ［J］. Data in Brief, 2019 (25).

［75］Savari G F, Krishnasamy V, Sathik J, et al. Internet of Things based real–time electric vehicle load forecasting and charging station recommendation ［J］. ISA Transactions, 2020 (97).

［76］Senpinar A. Internet–/Arduino–controlled PV automatic irrigation system for clean environment ［J］. International Journal of Environmental Science and Technology, 2019, 16 (9).

［77］Shams S M R. Industry and Managerial Applications of Internet Marketing Research ［M］. Springer International Publishing, 2019.

［78］Silvén Hagström A, Toft T. "TOGETHER WE ARE UNBEATABLE": young sisters' narration of a sibling's cancer in personal blogs on the internet. ［J］. International Journal of Qualitative Studies on Health and Well–being, 2019, 14 (1).

［79］Song W J, Park J W. The influence of stress on Internet addiction: mediating effects of self–control and mindfulness ［J］. International Journal of Mental Health and Addiction, 2019, 17 (4).

［80］Sullman M J M, Stephens A N, Taylor J E. Multigroup invariance of the DAS across a random and an internet–sourced sample ［J］. Accident Analysis and Prevention, 2019 (131).

［81］Tan K A. The effects of personal susceptibility and social support on Internet addiction: An application of Adler's theory of individual psychology ［J］. International Journal of Mental Health and Addiction, 2019, 17 (4).

［82］Tegegne T, Balcha H B, Beyene M. Internet of Things Technology for Agriculture in Ethiopia: A Review [M] . Springer International Publishing, 2019.

[83] Turan B, Demir K A, Soner B, et al. Visible Light Communications in Industrial Internet of Things (IIoT) [M] . Springer International Publishing, 2019.

[84] Tusikov N. Chokepoints [M] . University of California Press, 2019.

[85] Veidlinger D, MichaelRowe M. From Indra's Net to Internet [M] . University of Hawaii Press, 2019.

[86] Vijayaraghavan V, Leevinson J R. Internet of Things Applications and Use Cases in the Era of Industry 4.0 [M] . Springer International Publishing, 2019.

[87] Walters A. Internet gaming disorder: Is it a "real" diagnosis? [J] . The Brown University Child and Adolescent Behavior Letter, 2019, 35 (9) .

[88] Wolf V, Stumpf – Wollersheim J, Schott L. The Internet of Things in a Business Context: Implications with Respect to Value Creation, Value Drivers, and Value Capturing [M] . Springer International Publishing, 2019.

[89] Yang H, Kumara S, Bukkapatnam S T S, et al. The internet of things for smart manufacturing: A review [J] . IISE Transactions, 2019, 51 (11) .

[90] Yrjölä S, Jette A. Assessing the Feasibility of the Citizens Broadband Radio Service Concept for the Private Industrial Internet of Things Networks [M] . Springer International Publishing, 2019.

[91] Yue W Y, Du P, Quan X W, et al. A new strategy based on approximate dynamic programming to maximize the net revenue of IaaS cloud providers with limited resources [J] . Future Generation Computer Systems, 2019 (101) .

[92] Zhu L H, Gai K, Li M. Blockchain and Internet of Things [M] . Springer International Publishing, 2019.

[93] Zhu L H, Gai K, Li M. Security and Privacy Issues in Internet of Things [M] . Springer International Publishing, 2019.

[94] Özer A H. A double auction based mathematical market model and heuristics for internet – based secondhand durable good markets [J] . Computers and Operations Research, 2019 (111) .